0~6岁
儿童身心发展与潜能开发

主　编　石淑华

副主编　杨少萍　樊利春

编　者（以姓氏笔画为序）

王　虹　王晓燕　石淑华　刘国艳　孙　韬　李　丹
杨少萍　吴　静　张　静　张建端　周爱琴　林　俊
胡孟巧　骆　艳　徐　乔　徐翠青　唐述文　黄　燕
戚小兵　彭　华　彭延文　彭安娜　董　萍　曾　理
雷　雨　樊利春

人民卫生出版社

图书在版编目（CIP）数据

0~6岁儿童身心发展与潜能开发/石淑华主编.—北京：人民卫生出版社，2018

ISBN 978-7-117-27270-4

Ⅰ.①0… Ⅱ.①石… Ⅲ.①学前儿童－身心健康－健康教育②学前儿童－智力开发 Ⅳ.①G61

中国版本图书馆CIP数据核字（2018）第192011号

人卫智网	**www.ipmph.com**	**医学教育、学术、考试、健康，购书智慧智能综合服务平台**
人卫官网	**www.pmph.com**	**人卫官方资讯发布平台**

0~6岁儿童身心发展与潜能开发

主　　编：石淑华
出版发行：人民卫生出版社（中继线 010-59780011）
地　　址：北京市朝阳区潘家园南里19号
邮　　编：100021
E - mail：pmph @ pmph.com
购书热线：010-59787592　010-59787584　010-65264830
印　　刷：北京虎彩文化传播有限公司
经　　销：新华书店
开　　本：850×1168　1/32　**印张**：10　**插页**：2
字　　数：259千字
版　　次：2018年9月第1版　2026年1月第1版第3次印刷
标准书号：ISBN 978-7-117-27270-4
定　　价：39.00元

前言

面对要求越来越高、竞争越来越激烈的社会，许多家长或幼儿教育工作者在与我交谈时，提出很多令他们有些茫然，甚至束手无策的问题：我们都在精心地抚育和培养孩子，为什么孩子还有那么多的行为问题和情绪问题？用怎样的方式来传递我们对孩子的爱？怎样提高我们对孩子的教育效果呢……其实，有关这方面的书和小册子已经不少，为什么他们仍然找不到解决自己问题的根本方法呢？

我认为，根本问题是他们不懂或不太懂儿童各个年龄期的生理、心理特点。因此，不能根据儿童不同时期的生理、心理特点来进行抚育和培养的结果。比如，学龄前儿童在人际关系、社会行为和个性方面已经表现出很明显的个体差异，有的儿童顺从、易管教；有的具有高度攻击性、对立、难管教；有的儿童羞怯、退缩，而有的则对人友好、喜欢交往。这些差异与婴儿期形成的依恋类型、父母对儿童的抚育方式有密切关系，还与儿童先天的气质类型有关。有研究显示，气质为难养型的儿童，在3~4岁学习自我控制阶段，出现问题较多；他们上学后攻击性行为、违纪等问题亦较多。如果父母或幼儿教育工作者能根据儿童不同时期的生理、心理特点，采取不同措施给予孩子更多的关爱、支持，并根据儿童的不同气质特征进行抚育，那么难养型的儿童，就有可能不出现这些问题。因此，每个家长和幼儿教育工作者都应该学习一些儿童发育和心理行为发展的有关知识，这也是本书的宗旨所在。

本书通俗、详细地描述了婴幼儿、学龄前儿童的心理行为和身体发育的一般进程及其变化，与此同时，还阐述了潜在的儿童心理行为发展偏离及异常。旨在读者阅读后，能对儿童发育和心理行为的正常、偏离及异常有所了解。要说明的是：书中描述的儿童心理行为偏离往往是量的变化而非质的改变。也就是说，偏离只是离开了正常发育的轨道，如早期识别、及时矫治，一定能在不同程度上恢复正常。对于一些较严重的发育障碍，本书也进行了简单的介绍，以便使家长、幼儿教育工作者或其他读者了解相关的知识，从而提高本书的使用范围。对家长和幼儿教育工作者提出的令他们茫然甚至束手无策的问题，我们在第三章中也进行了精辟地阐述。

本书力图帮助儿童父母、幼儿教育工作者和儿童医务、保健工作者解决在儿童心理行为方面感到困惑的问题，也是一本适用于培训的教材。

出版之际，恳切希望广大读者在阅读过程中不吝赐教，欢迎发送邮件至邮箱 renweifuer@pmph.com，或扫描封底二维码，关注“人卫儿科”，对我们的工作予以批评指正，以期再版修订时，进一步完善，更好地为大家服务。

石淑华

2018年8月

目录

目录

第一章

0~6 岁儿童体格、神经系统及动作发育

呱呱坠地，只有 3 千克左右、50 厘米长的"新生儿"，通过不断地生长发育，到 20 岁左右长成亭亭玉立的少女、阳刚帅气的小伙，他们体格发育和心理行为发展的进程，你知道吗？本章就为你介绍婴幼儿和学龄前儿童这方面的知识。

第一节　体格生长发育

首先，我们要知道身高、体重等体格生长发育指标是儿童不同于成人的重要特点。生长是指细胞繁殖和细胞间质增加，所导致器官、系统和整个身体形态上的变化，是量的增加，可以用度量衡的单位来测量，如体重、身长、头围、胸围增加的千克数、厘米数等。发育是指细胞、组织和器官功能的演进与成熟，是质的改变，是无法测量的，如神经心理的成熟、性的成熟等。生长和发育两者虽然不同，但是它们共同表示儿童身体量和质的动态变化过程，彼此密切联系，不可分开。所以，孩子的各组织、器官是从小到大；从不成熟到成熟，一直都在不断进行着形态和功能上的演变，直至 20 岁左右生长发育完全停止。

1. 儿童体格生长发育有什么规律？

儿童的生长发育由于受遗传、性别、营养和生活环境等因素影响，会出现个体差异，但总体来说都遵循着一定规律：①连续而有阶段性的过程：整个儿童时期生长发育都在不断地进行，即

所有的儿童都共有与年龄相关的变化发生，但不同时期，其特点却不尽相同。如身长和体重在出生后的头半年增长最快，后半年次之，第2年后就比较稳定地增长，而到青春期又加快了。再如婴幼儿在直立行走之前，必须经过抬头、坐、站立等逐步发育的过程。②各器官、系统发育不平衡：儿童各系统的发育有一定的年龄特点。神经系统在婴幼儿期发育较快，6岁左右已达成人的90%；淋巴系统在婴幼儿时期发育迅速，11~12岁时达到顶点，继而退化；心、肝、肾和肌肉的增长速度基本与体重平行；生殖系统发育最晚，到青春期才开始迅速发育（图1-1）。③生长发育是个有序的变化过程：孩子出生后，头部的生长领先于躯干和四肢；臂和腿的大肌肉发育快，手和脚的小肌肉发育慢；摘取物体是从全掌抓握逐渐发展到拇指对四指进行；先学会画直线条，再会画圈、画人等。④个体差异：在生长发育的过程中，每个儿童都会沿着人类的标准路线发展。然而由于他/她的基因构成和发展史不同，每个儿童又会表现出自己独一无二的个体发展模式。

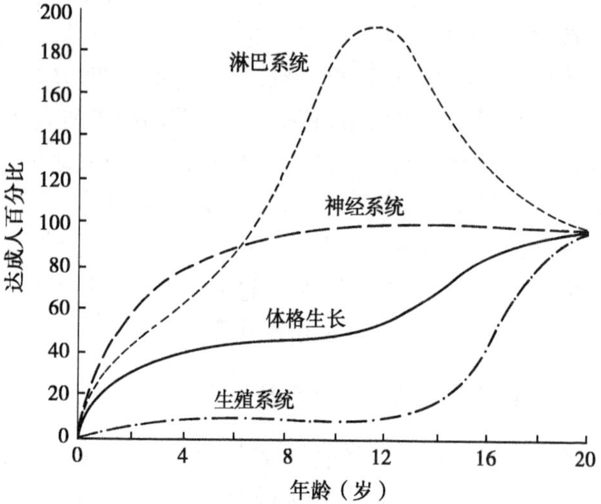

图1-1　出生后不同年龄段的主要系统发育状况

2. 儿童体格生长发育受哪些因素影响?

影响儿童生长发育的因素,包括生物学因素和环境因素。从受精卵开始,这些因素就一直在发生作用。如有染色体畸形、基因缺陷的精子或卵子结合后,就决定了该儿童出生后,发生出生缺陷的可能性非常大。另外,在胎儿整个发育期间,孕母的疾病或不良的环境因素,都可以影响胎儿的正常发育。还有,围产期的种种问题,都可能使一名健康的胎儿出生后,即成为一个有问题的新生儿。儿童生后的成长过程,如出现这样那样的问题,也可能损伤儿童。因此,遗传是基础,环境是条件,两者共同的作用决定着儿童生长发育的速度以及最后达到的程度。

● **遗传因素:**机体内每个细胞都有遗传基因决定受精卵的发育。这些遗传基因使胎儿具有人类共同的特征。因此,父母双方的遗传基因,决定着儿童的生长潜力、发展趋势和限度,形成儿童个体间的差异。不同种族、父母的身高、体型、性格等对儿童的影响也都非常显著。遗传对5岁以内儿童的影响并不明显,5岁以后就逐渐显现出遗传的特征啦。人的心理活动、性格特征在很大程度上都是由遗传所决定的,但是,环境因素对遗传的性格特征可以起加强或暴露、减弱或掩盖的作用。

另外,不同性别儿童在生长发育速度、限度和特征上各有其特点。一般女孩平均身高(身长)、体重较同龄男孩小。由于女孩青春期开始较男孩早2年左右,因此青春期的女孩体格生长剧增,其身高、体重超过男孩。男孩青春期开始虽然较女孩迟,但其持续的时间较女孩长,最终的体格生长还是会超过女孩。因此,在评价儿童生长发育时,男女标准应分开。

● **环境因素:**①营养:营养是保证儿童生长发育的物质基础。年龄越小,受营养的影响越大。母孕期营养不良,常可引起胎儿生长受限或障碍。生长受限不仅会导致低出生体重儿及早产儿发生率增加,还可使胎儿脑部发育不良,甚至可致先天性缺陷。婴儿长期严重缺乏能量、蛋白质，对其智力发育可造成不可逆转的损害。长期缺乏营养素，既影响生长发育，还会导致机体对疾病抵抗力的降低。能量摄入过多，可引起儿童期肥胖症。因此，必须注意儿童的均衡营养，以促进正常生长发育。②疾病：急、慢性疾病对儿童生长发育都有直接的影响。患病可导致儿童能量代谢和器官功能紊乱，这不仅会使体重减轻，还可造成发育迟缓。母孕期某些感染、产伤所致的神经系统疾病、21-三体综合征及先天性心脏病等，都可以影响儿童的生长发育。某些直接作用于骨骼发育的疾病，如甲状腺功能减退、佝偻病、软骨发育不良等，可阻碍骨骼的生长。内分泌激素对生长发育起调节和平衡作用，如甲状腺功能减退，基础代谢缓慢，可造成体格矮小和智力障碍；脑垂体功能不全，生长激素分泌不足，可引起身材矮小的垂体侏儒症；性激素可促使骨骺融合，影响长骨生长，故青春期开始较早者的身材比较迟者相对矮小。③物理、化学等因素：孕妇接受药物、X线照射、环境毒物污染，均可使胎儿发育受阻，而影响出生后儿童的生长发育。儿童因疾病应用激素、抗甲状腺素药、细胞毒性药物等也可直接或间接影响生长发育。④社会因素：优越的社会环境能为儿童提供良好的生长发育大环境。社会经济、医疗保健、文化教育等方面较好的国家或地区，儿童生长发育的水平较高。新中国成立后，我国儿童的身高和体重比新中国成立前显著增加，但地区、城乡的差别还存在。家庭是儿童接触的最小社会单位。家庭成员的情感联系、父母职业、文化水平、家庭收入及保育条件等均对儿童身心发育及性格形成起至关重要的作用。⑤其他因素：日光、新鲜空气、水源清洁、体格锻炼、合理的生活制度、良好的卫生习惯及教养均能使儿童生长发育向高水平发展。

每一个做父母的都希望自己的孩子长得高一些，壮一些，个子不高的父母更是如此。由此可见，很多父母都很关心自己孩子的生长发育。那么，不同阶段孩子的身高、体重的指标达到什么程度才为正常呢？怎么判断孩子的体格生长是正常的呢？

3. 什么是身高？怎么测量？

身高是指从头顶到足底的全部长度，包括头、脊柱和下肢。3岁以下婴幼儿测量时，采用仰卧位，故称身长（图1-2）；3岁以上采用站立位测量，称为身高（图1-3）。身高受种族、遗传和环境等因素影响，如美国人平均比中国人高。亚洲人之所以较西方人矮小，并不是由于营养缺乏，而是遗传作用的结果。身高是

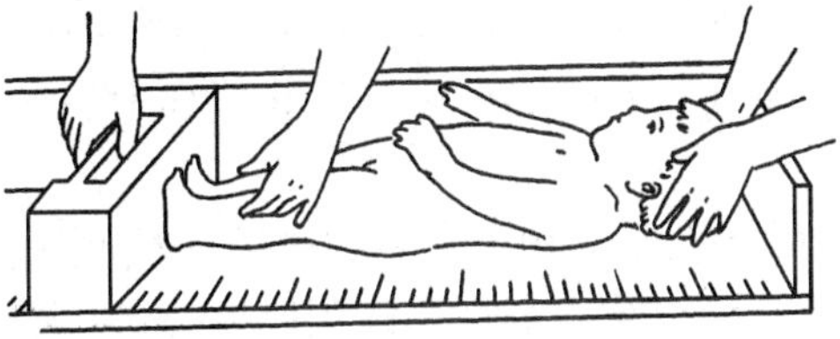

图1-2　身长测量的量床

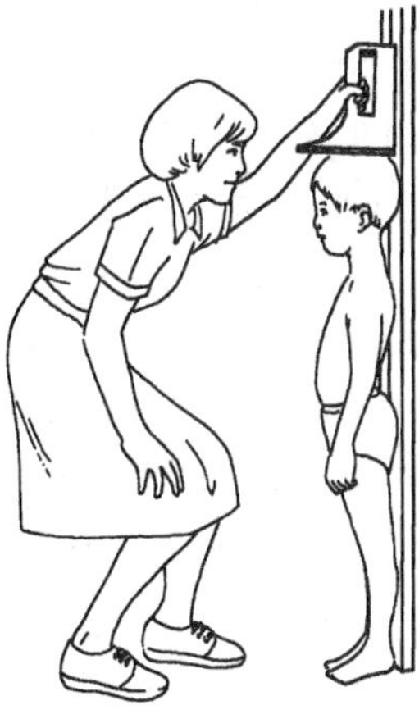

图1-3　身高测量计

衡量儿童长期营养状况非常重要的指标，长期营养不良可导致儿童身材矮小。身高如有异常，首先要排除内分泌激素、骨和软骨发育不全的影响因素，如甲状腺功能减退引起的克汀病既矮又呆；软骨发育不全的儿童既矮又有四肢畸形；垂体性巨人则是由于垂体分泌异常所致；营养不良、佝偻病等营养缺乏所致的身材矮小，身体各个部分的比例都是匀称的。

4. 身高怎么计算？能预测吗？

新生儿出生时身长平均为50厘米；生后第一年增长最快，1岁末约为75厘米；第2年增长速度明显减慢约为85厘米；2~12岁每年递增5~7厘长。2岁以后平均身高可按以下公式计算：

2~6岁：身高（厘米）= 年龄（岁）×7（厘米）+75（厘米）
7~12岁：身高（厘米）= 年龄（岁）×6（厘米）+80（厘米）

儿童进入青春期后，由于身高的增长速度加快，进入第二个生长高峰。所以，12岁以后则不能用以上公式推算。遗传对骨骼的发育，尤其是长骨的影响程度占80%，而环境因素占20%。

香港中文大学儿科系梁淑芳教授在对儿童身高与其父母身高的相关研究认为，影响儿童身高的因素在不同年龄阶段有所不同。在宫内，胎儿的生长主要受制于母亲；出生后，影响生长的因素渐渐转移为受孕时所决定的生长遗传基因，表现在子女与父母相关性的转变。在生后第1年的婴儿身长与父母身高的相关最活跃，但不稳定，变异较大。1~2岁渐趋稳定，到了第2、3年便稳定下来，相关亦多有显著性。在学龄前（3~5岁）身高的生长，营养远比遗传因素重要。人的生长可分为四个阶段，即胎儿期、婴儿期、儿童期和青春期。任何一个阶段出现生长发育迟缓都可能造成最终身材矮小。但是，各个阶段造成身材矮小的比例不同：①在胎儿期，生长发育迟缓造成最终身材矮小者占29%；②婴儿期生长落后所占约25%，胎儿生长受限和婴儿期生长落后，是造成成人身材矮小两个最重要的原因；③因儿童期和青春期生长落后所致的成人身材矮小较少，分别为8.2%和4.1%。5岁以后儿童的身高值和他/她所达到成人时最后的高度，与父母的平均身高相关。

一般来说，在良好的营养状况下，子女与父母身高遗传的相关指数为0.75，可见父母身高和儿童身高的关系是相当密切的。所以，从父母的身高可以在一定程度上预测子女未来所能达到的身高，公式如下：

$$男孩的成年身高(厘米)=\frac{父身高+母身高}{2}\times 1.08$$

$$女孩的成年身高(厘米)=\frac{父身高\times 0.923+母身高}{2}$$

5. 身高受哪些因素影响？

孩子在生长发育的过程中，都是按照自己的遗传潜力在发挥作用。与此同时，后天诸多的环境因素（营养、激素、体育锻炼等），对孩子成年时，身高达到的水平起着举足轻重的作用。所以，身高既是反映儿童长期营养状况的客观指标，又是后天环境因素发挥作用好坏的重要标志。如营养缺乏，特别是热量、优质蛋白质、维生素、矿物质和微量元素的缺乏，有碍于个子的长高。儿童身高的增长离不开生长激素，而生长激素在夜间熟睡时的分泌出现高峰，所以充足的睡眠有利于孩子身高的增长。一般要求3~4岁的儿童一昼夜至少睡12~13小时；5~6岁儿童一昼夜至少睡11~12小时。人的身高，躯干部分的长度比较衡定，大约占身高的45%。因此，身材的高矮主要取决于下肢骨（股骨、胫骨）的增长。人在跑跳时，长骨的骺软骨受到一定的挤压，可作为一种良性刺激，促进骺软骨中软骨细胞的分裂与成熟的过程加快，运动还可以使血液循环加快，进一步改善骨组织的营养供应。这些均有利于下肢骨的生长。所以,加强体育锻炼也是增加身高的措施之一。

6. 体重代表什么?怎么测量和计算?

体重是身体各器官、骨骼、肌肉、脂肪等组织及体液重量的总和,是反映近期营养状况和评价生长发育的重要指标。在婴儿期,体重对判断生长发育是否良好特别重要。同龄儿童的体重,个体差异较大,其波动范围在 ±10%。正常足月男婴出生体重为 3.4 千克 ±0.4 千克,女婴为 3.2 千克 ±0.4 千克。生后最初 2~3 天由于摄入少,水分丧失和胎粪及小便排出,体重可减轻 3%~9%,至 7~10 天可恢复到出生时体重,这种现象称为“生理性体重下降”。正常情况下,婴儿期前 3 个月体重增长速度最快,3 个月末可达出生时的 2 倍(6 千克);1 岁末可增至出生时的 3 倍(9 千克),为出生后第一个高峰期;2 岁时增至出生体重的 4 倍(12 千克)。此后,至青春期前体重增长比较稳定,可用公式进行计算。进入青春期后,体重的增长又呈现第二个高峰,每年可增达 4~5 千克。儿童体重测量:婴幼儿可以用磅秤(图 1-4),学龄前儿童用杆秤式磅秤、磅秤(图 1-5)。

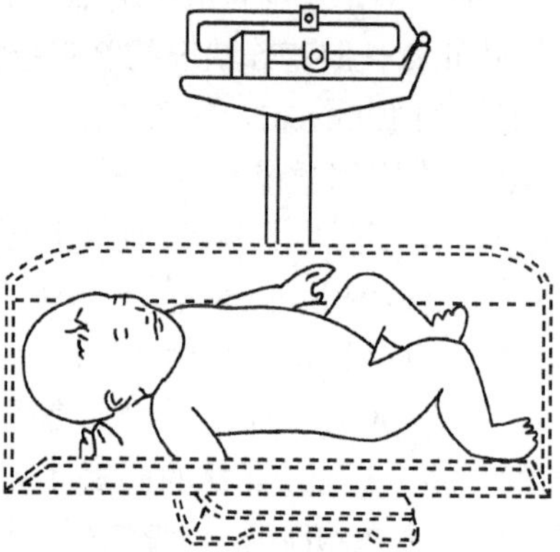

图 1-4 测量体重的量床

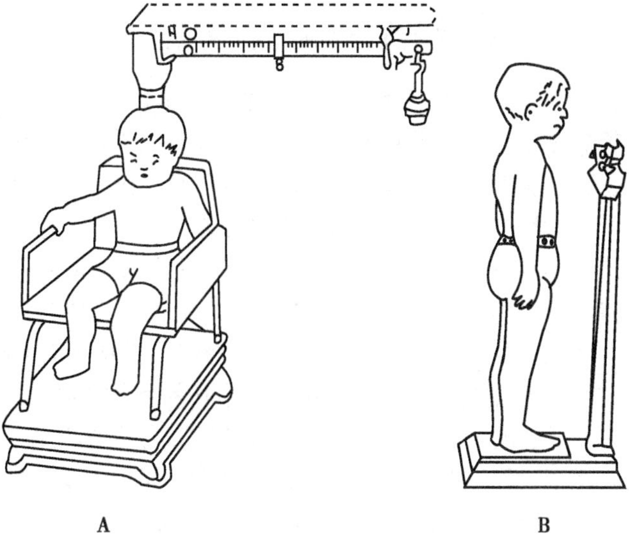

图 1-5 测量体重的杆秤式磅秤（A）、磅秤（B）

体重的计算可参照下列公式进行推算：

公式一：

1~6个月体重（千克）= 出生体重（千克）+ 月龄 ×0.7（千克）

7~12个月体重（千克）= 出生体重（千克）+6×0.7（千克）+（月龄 -6）×0.3（千克）

2岁 ~ 青春期前体重（千克）= 年龄（岁）×2（千克）+8（千克）

公式二：

3~12个月体重（千克）=[年龄（月）+9]÷2

1~6岁体重（千克）= 年龄（岁）×2+8

7~12岁体重（千克）=[年龄（岁）×7–5]÷2

7. 上幼儿园的孩子开始慢慢变瘦，怎么回事？

有些家长由于不了解儿童体重在各个年龄阶段的变化，常常会带着孩子到医院来检查，询问孩子到了4、5岁开始慢慢变瘦的原因？从家长的述说中，可以了解到：原来孩子近2、3年个子长了，但是却廋了许多，不知道是不是生了什么病？其实，这正是该年龄阶段儿童的生长特点。先看看儿童体重的增长规律：1周岁末的婴儿，体重大概是出生时的3倍（9千克），到了5、6岁可能达到出生时的6倍（18千克），也就是说从1周岁到5、6岁，这4、5年中的增长倍数与第一年增长的倍数相同。3岁后由于儿童下肢的增长速度加快，相对来说，身高的增长速度比体重快。所以，给人的印象是“光长个子不长肉”。另外，随着年龄的增长，孩子的活动量增大，体力的消耗也会增加；此时儿童的认知能力发展日趋完善，知识面迅速扩大，对周围事物的反应也逐渐变复杂了。这些都必然会增加其能量和皮下脂肪的消耗。

孩子变瘦，首先应该看看他/她有没有偏食、挑食的习惯；去医院检查有没有消化道或其他系统的慢性疾病，如果检查没有什么不正常，那就不用担心了。那这种变瘦，可能就是属于儿童的正常生长发育规律啦。

8. 头围的测量有什么意义？

头围为眉弓上缘经枕骨枕外隆凸最高点绕头1周的最大周径。它反映脑和颅骨的发育。2岁以内测量头围最有价值。新生儿的头围平均为34厘米；出生后3个月增加约8~10厘米；4~12个月头围增加约12厘米，平均为46厘米；2岁时增加2厘米，达48厘米；到5岁时头围为50厘米左右；15岁时约53~54厘米，与成人相近。测量头围、观察囟门及骨缝的变化，可以衡量颅骨的生长发育（图1-6）。前囟为额骨和顶骨形成的菱形间隙，出生时对边的中点连线大约为1.5~2.0厘米。随着颅骨的发

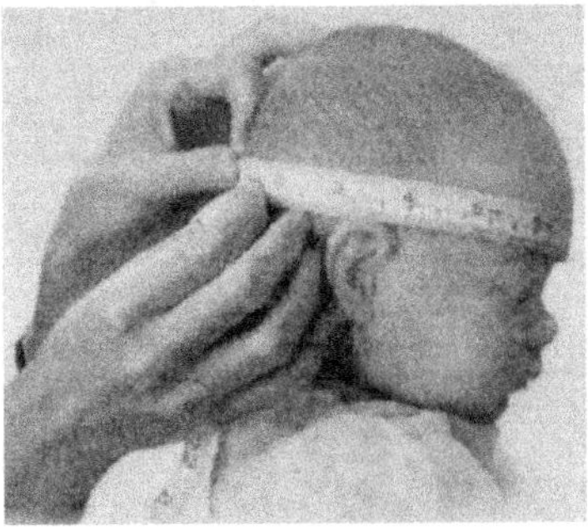
图 1-6　头围的测量

育，前囟稍为增大，6个月以后逐渐骨化而变小，一般在2岁前闭合。前囟大小、闭合时间有很大的个体差异，判断异常与否应结合临床全面分析。前囟大小还与儿科临床疾病有关，如小头畸形患儿前囟小、闭合较早；严重活动性佝偻病、脑积水或甲状腺功能减退患儿前囟大、闭合常常延迟；患儿颅内压升高时前囟饱满；脱水或极度消瘦患儿前囟凹陷。后囟是两块顶骨和枕骨形成的三角形间隙，出生时已近闭合或残留很小，一般在婴儿出生后6~8周完全闭合。颅骨骨缝在出生时稍分开，至3~4个月时完全闭合。

9. 您了解孩子的牙齿发育吗？

人类有乳牙（20个）和恒牙（28~32个）两副牙齿。牙齿的发育也是孩子成熟的一个重要指标，但是，牙齿与骨骼发育并不是绝对平行的。出生时，乳牙隐在颌骨中，被牙龈遮盖（图1-7）。所以，新生儿无牙。出生后4~10个月乳牙开始萌出；2~2.5岁全副乳牙出齐（图1-8）。出牙时间的个体差异较大，晚的可至10~12个月才出牙。如果12个月以后才出，就是萌牙延迟。

6岁左右开始出第一磨牙。在全排乳牙之后，7~12岁恒牙按乳牙长出的先后替换同位乳牙。12岁左右出现第二恒磨牙；18岁以后出现第三恒磨牙（智齿），也有终生不出者。恒牙一般于20~30岁出齐。婴幼儿萌牙是一种生理现象，可伴有低热、流涎、烦躁和睡眠不安等。母亲妊娠期良好的营养，如摄入富含钙、磷、维生素C的食物，对胎儿的牙齿发育有好处；而摄入四环素类药物，可影响胎儿牙齿发育。

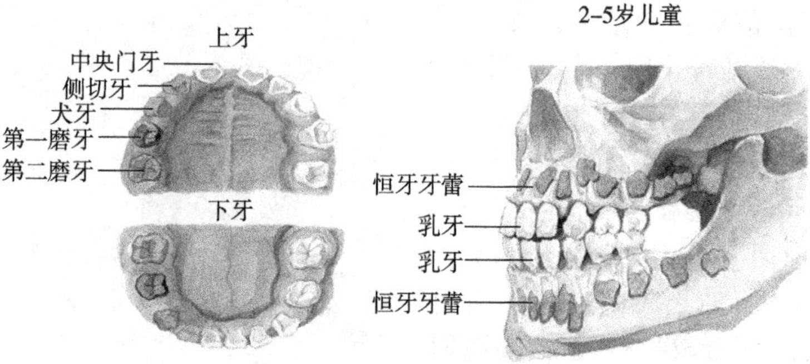

图 1-7　被牙龈遮盖的乳牙

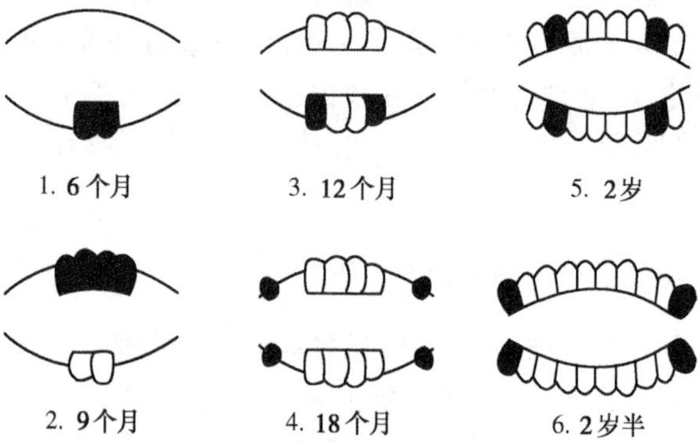

图 1-8　乳牙萌出时间和顺序

10. 怎么评价孩子体格的生长是不是正常？

儿童体格生长发育是否正常，可以根据体格生长发育的指标，进行正确的评价。定期给儿童进行体格生长发育评价，可早期发现偏离，及时采取干预措施。儿童的体格生长发育状况，可以从发育水平、生长速度和身体匀称度3个方面来进行评价。值得注意的是：不要仅凭一次的测量结果，就给儿童下“好或不好”的结论。应定期、动态地进行测量和观察，才能得出正确结论。

● **发育水平（横断面评价）**：发育水平是指某一年龄段，儿童的某一体格生长指标（体重、身高、坐高、头围、胸围、上臂围等）与该人群参考值比较，所达到的程度。

● **生长速度（纵向评价）：**通过定期、连续测量某项生长指标（如身高、体重等），获得该项指标在某一年龄段增长情况与参考人群值进行比较，既能准确地反映儿童的发育水平，还能了解该儿童某项指标的生长速度及趋势。

● **身体匀称度（两两指数评价）：**身体匀称度是反映体重、身高、胸围、上臂围等指标间的关系。如用Kaup指数评价婴幼儿营养状况，即将身高的平方设想为小儿的体积，指数值表示一定体积的重量和机体组织的密度。Kaup指数 <15 的婴幼儿有消瘦倾向；15~18为正常；>18 有肥胖倾向。

$$\text{Kaup指数} = \text{体重（千克）} / \text{身高（厘米）}^2 \times 10^4$$

第二节 体质评价

1. 什么是体质？具体表现在哪些方面？

体质是评价儿童身体质量的重要指标。它是身体各器官系统功能的外在表现。有些家长认为孩子长得胖、力气大就是体质好，这种认识其实不够全面。那什么是体质呢？体质是指人机体的质量，可以通过改善物质条件和科学锻炼不断增强，具体表现在：

● **身体发育水平：**体格、体型、姿势、营养状况和身体组成成分等。

● **生理功能水平：**机体新陈代谢水平和各器官系统的效能，如脑力劳动、呼吸、心率、消化、吸收、排泄和肌肉活动的能力等。

● **身体素质与运动能力发展水平（简称体能）：**在运动时才

表现出来的、人体内在的能力。

● **心理发展水平**：本体感知能力、气质、个性和意志等。

● **适应能力**：对各种环境的适应能力、对疾病的抵抗力和创伤后的康复能力等。

体质是先天遗传和后天环境影响的综合体现，具有相对稳定的特征。由于遗传、性别、疾病、环境和教育等因素的影响，儿童在生长发育的过程中，存在较大的个体差异。所以，每个孩子的体质强弱也不尽相同。体质在人一生中的不同年龄阶段（儿童、青少年、中老年等）也会发生不同的变化，会经历从最佳功能状态到发生严重疾病和功能障碍等不同体质水平的变化。

良好的身体素质是儿童从事各项活动的基础。身体素质包括力量、速度、耐力、柔韧及灵敏5大方面；还有走、跑、跳、投（掷）及攀登等身体活动能力等。力量是指肌肉力量的大小；速度是指动作的快慢；耐力是指肌肉力量的持久性；柔韧是指肌肉的弹性即延伸收缩能力；灵敏是指肌肉活动的灵活性。由此可见，标志身体素质的各个方面都是通过肌肉的协调活动表现出来的。实质上都反映了心、肺等内脏器官的功能及营养物质、能量和氧供应的情况。肌肉活动是受神经系统支配的，特别是大脑皮层对肌肉活动和素质的发挥起着重要的作用。

2. 哪些指标可以用来评价儿童的体质？

身体素质可以通过观察和测量儿童机体的速度、灵敏、力量、耐力等方面进行评价。2.5~6岁儿童体质评价指标包括：

● 身体形态指标：身高、体重、胸围（皮下脂肪厚度等指标，可供参考）。

● 生理功能指标：安静状态脉搏、动脉血压（体温等）。

● 运动能力指标：20米跑、肩上投沙包（重150克）、立定跳远、纵跳摸高。

遗传因素对构成体质的各种成分、形态结构(如体格、体型)的影响较大。这些指标不可能在短期内通过主观努力而使之改变。但是,生理功能、身体素质和运动能力等受环境、营养和体育锻炼等后天因素的影响较大。家长可充分利用孩子好动的有利因素,针对其体质的薄弱环节,有意识、有计划地开展体能训练,如利用翻身、行走、各种游戏和体操等来提高儿童腿、手臂的力量及技巧,以达到增强儿童体质的目的。

第三节　大脑和神经系统发育

1. 神经系统在儿童生长发育中起什么作用?

神经系统包括脑和周围的神经组织,它是儿童心理发展的基础。心理发展是遗传因素和社会环境因素相互共同作用的结果,既与神经生理的成熟度息息相关,又与大脑皮层的作用有关。大脑皮层是神经系统的高级中枢,即人体的最高司令部。它的功能是协调和控制机体的全部活动,并使之整体化。如果把大脑比作一台电子计算机(当然比电子计算机更加精密),那么,日常的生活信息,从孩子的眼、耳、鼻、舌、皮肤等感觉器官,源源不断地通向大脑,有的会立即作出反应,有的则要经过大脑的分析、综合,作为“信息”储存起来,待以后需要时,再提取出来进行应用。因此,神经系统的发育是儿童心理、行为发展的物质基础,也是儿童心理、行为发展与脑的形态、结构和功能同步,经历着不成熟到成熟的全过程。

2. 脑是如何发育的,它有哪些功能?

脑重量的增加代表脑实质的生长。出生时新生儿的脑重为390克左右,达成人脑重的25%。出生后儿童的脑重,随着年龄的增长而增加,以先快后慢的速度增长,如第一年脑重增加最快,每天大约增加1克;9个月时达660克左右;1岁末达900

克左右；3 岁时脑重约为 1011 克左右，相当于成人脑重的 75%。可见婴幼儿期，脑重量的增加是非常快的；此后发育渐缓，4~6 岁时脑重增加到 1250 克左右，接近于成人脑重的 85%~90%；12 岁时约为 1400 克，到 20 岁左右停止生长。脑两半球的功能：①左半球的功能：控制右侧身体能力、数字技能、数学 / 科学技能、分析能力、观察能力、书面语言能力、语言表达能力、逻辑思维能力和推理能力；②右半球的功能：控制左侧身体能力、3D 图像、音乐 / 艺术意识、综合能力、主观能力、想象能力、直觉、创造能力、情感和面部识别能力。脑两半球的非对称功能见文后彩图 1-9。

3. 出生时脑细胞的数目已经和成人一样，为什么孩子的头还可以不断长大呢？

根据脑生理学的研究，婴儿出生时脑细胞的数量已经和成人相同。一、二级沟回也已经出现，但三级沟回主要在出生后 2 年内出现，甚至更晚。大脑髓鞘化是脑细胞功能成熟的一个重要指标。新生儿脑内基本的感觉运动通路已髓鞘化，但白质尚未髓鞘化，传导通路的髓鞘化较晚，联合区及其联系系统的成熟也很晚。当外界刺激作用于神经末梢，向大脑传导时，由于无髓鞘隔离，兴奋可波及邻近的神经纤维。这样不仅传导慢，而且在大脑皮层也不容易形成明显的兴奋灶。所以，婴幼儿对外界的刺激容易兴奋，容易泛化、不易控制。

由于脑细胞数目在胎儿末期已一次性地分裂完毕，所以孩子脑重量的增加并不是脑细胞数的增殖，而是脑细胞结构的复杂化，如树突、轴突的数量在不断增长，突触的数量也在不断增加的缘故。1 岁时，婴儿脑的树突和突触的密度开始超过成人；但是，第 2 年开始出现“修剪”现象，也就是经常使用的得到保留，不用的或很少用的则被淘汰，这样的修剪过程使树突和突触得以“塑造”，形成有效的工作网络。

脑神经系统的发育特点，决定了婴幼儿的脑具有很大的可塑性和修复性。所以，给他们提供适当的、丰富的刺激，可以促进脑的发育，如丰富的语言环境能促进大脑语言中枢突触的发育。相反，早期的感觉剥夺或经验剥夺，可使婴幼儿的相应感觉区域出现萎缩，损害脑功能的发育。早期的营养状况和养育状况，对婴幼儿脑的生长发育会产生十分重要的影响。因此，婴幼儿的早期发展和喂养具有科学的依据，对儿童未来的发展也是十分重要的。脑结构与功能的复杂化、完善化是婴幼儿出生后发育的重要体现。

第四节 运动发育

0~3岁是婴幼儿神经系统快速发育的阶段，呈现里程碑性的发展。其外在的表现为运动、语言、认知和情感等。由此，运动也随着大脑皮质功能的发育和骨骼、肌肉的发育，其动作的方式与内容也越来越复杂、丰富。大运动技能可以让儿童在周围环境中，进行日常活动、游戏等；精细运动技能为儿童凭借手部的小肌肉群，在感知觉、注意力等心理活动方面的配合下，完成抓握物品、涂画、叠放积木、翻书、写字等活动。运动本身并不是心理活动，但与心理活动的发展有密切联系。

1. 婴幼儿运动发育的规律是什么？

运动是全身肌肉控制身体动作、姿势和运动的能力，以至眨眼等活动。它包括大运动技能和精细运动技能。正常儿童运动发育一般遵循如下规律：

● **由上至下**：婴儿最先学会抬头和转头，再是翻身和坐，接着是使用手和臂，最后才学会腿和足的运动。任何一个婴幼儿的动作总是沿着抬头、翻身、坐、爬、站和行走的方向发育着。

● **由近至远**：离躯干近的肌肉动作先发育，离身躯远的肢体动作后发育。以上肢为例，先能抬肩和上臂；其次是肘、腕；手指摘取小物体的动作发育最晚。

● **由泛化到集中、由不协调到协调**：新生儿只会弥漫性地“舞臂蹈腿”。4、5个月的婴儿看到眼前的玩具往往不能用手，而是用手臂，甚至整个身体去取；较大的婴幼儿则可以伸手取到面前的玩具，如果伸手拿不到，稍微弯腰，即能拿到。随着大脑皮层功能与骨骼、肌肉的发育，婴幼儿的动作方式与内容也越来越复杂。

● **正向的动作先于反向的动作**：婴儿先会抓握东西，其后才会放下手中的东西；先能从坐位拉着栏杆站起，然后才会从立位时坐下；先学会向前走，然后才会向后倒退着走。

2. 婴幼儿抬头、翻身、坐、爬、站和行走的大运动发育各年龄阶段有哪些?

刚刚出生的新生儿会有一些先天性反射，如吸吮反射、觅食反射、拥抱反射、握持反射等，随着年龄的增长，这些先天性反射逐渐消失。在此基础上抬头、翻身等大动作以及手指摘取小物体等精细动作就不断地发育成熟。

● **抬头**：出生后，颈后肌发育领先于颈前肌，故在2个月时能先在俯卧位时抬头；随着颈紧张反射减弱和消失，3个月左右在仰卧位时，头能自由活动；4个月从仰卧位扶起时，头颈与躯干能保持在一个平面上，并在扶坐时抬头和自由转头。

● **翻身**：不对称颈紧张反射消失后，大约在5个月能从仰卧翻到俯卧；6个月时能从俯卧翻到仰卧；7个月时能用一只手支撑身体转向侧卧位。

● **坐**：3个月后，腰肌继颈肌发育之后开始发育；5个月时能靠坐；6个月用手撑着坐；7个月可以独坐，身体略向前倾；8个月可以坐稳并且能向左右转身。

● **匍匐和爬行**：1个月时，在矫正反射及上肢支撑反射的作用下，能在俯卧位时抬起身躯，并伸手试图抓取头端物体；2个月时，俯卧位能交替踢腿，这是匍匐的开始；3~4个月可用手撑着上身数分钟；7~9个月可用手支撑起胸腹，在此姿势上，有时可以原位转动身躯或用双上肢拖着下肢爬行。爬行动作有助于胸部及臂力的发育,也有助于认知的发展(能提早接触周围的环境,如手拿不到的东西,通过爬行可以拿到),应加强训练。12个月能将手与膝合用爬行;1.5岁幼儿能爬上台阶。

● **站立、走、跳**:扶新生儿直立时,双下肢稍可负重,出现踏步反射及立足反射;2~3个月婴儿扶立时髋、膝关节屈曲;5~6个月扶立双下肢可负重,并能上下跳动;8个月扶立时,脊、髋、膝能伸直,搀扶着能站立片刻;9个月时婴儿能从坐位扶栏杆能站起来,但不能从立位坐下;10个月可扶走;11个月可独站片刻;15个月能独走稳,但不能停步;约18个月能拉着玩具车走,可登阶梯;2~3岁能跑、离地跳跃或两脚交替走下楼梯。3岁时会单脚上楼梯;会骑三轮车;能从高处跳下;会向上跳;会用脚尖走路。3.5岁时能准确地将球扔向目标,投掷时能扭转身体,但仍然只会用手臂,不会用双腿协助发力,作出协调的投掷的姿势;能双脚跳跃;能足跟对着足尖走直线。4~5岁能奔跑、跳绳,从3~4级的台阶(40厘米高)上跳下;能单脚下楼梯,可用脚尖站立;5岁时会自己荡秋千。

婴幼儿大运动发育的年龄差别范围较大,大动作获得的早晚与智力发展没有关系。因此,不能机械地以时间表来衡量婴幼儿的发育状况,也不能以某一运动发育项目,作为神经系统发育的指标。婴幼儿(0~3岁)全身大动作发育顺序见图1-10、表1-1。婴幼儿(0~3岁)手的动作发育顺序见表1-2。学龄前儿童动作和操作能力的发育见表1-3。

1个月俯卧位试抬头

2个月垂直位时能抬头

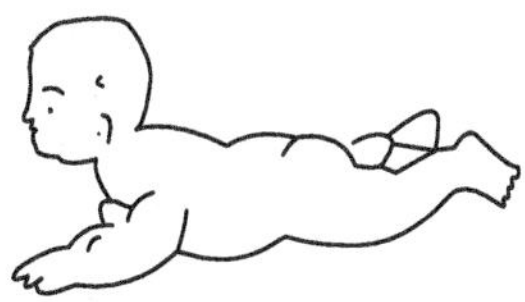

3个月俯卧位时抬胸

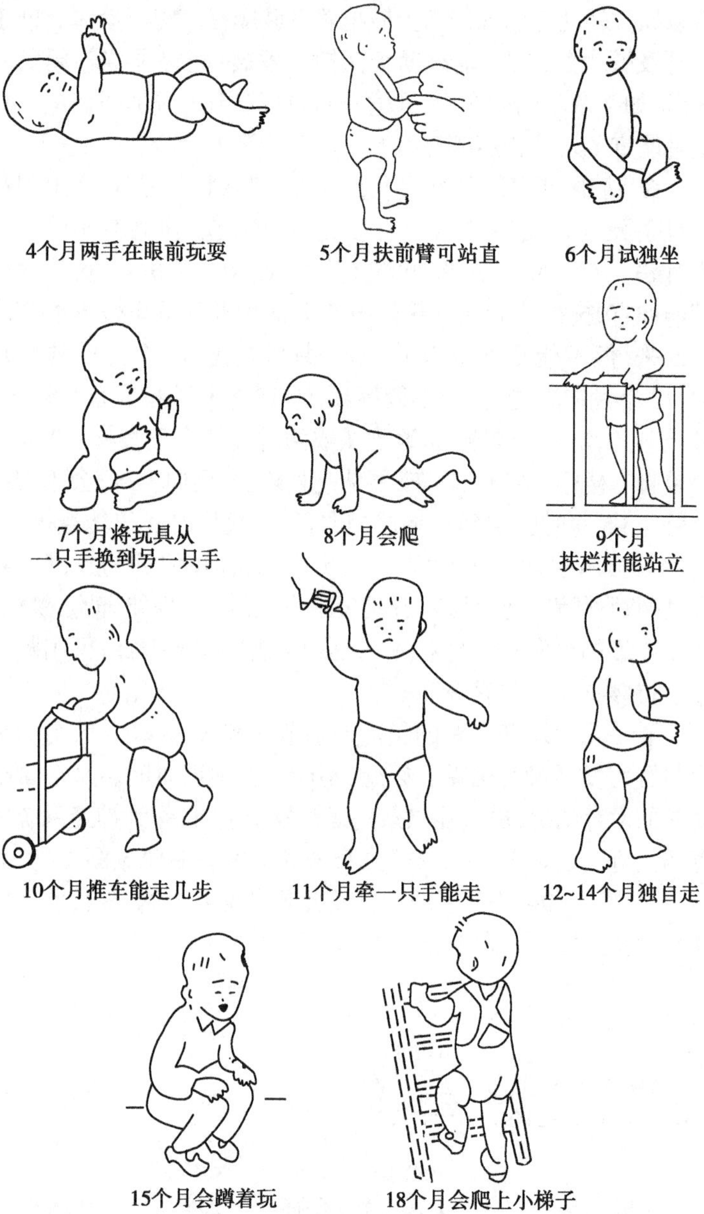

图1-10 婴幼儿全身大动作发育

表 1-1 婴幼儿（0~3 岁）全身动作发育顺序表

大动作项目	常模年龄	成熟最早年龄	成熟中期年龄	成熟最晚年龄	大动作项目	常模年龄	成熟最早年龄	成熟中期年龄	成熟最晚年龄
俯卧抬头稍起	1.2	~	~	2.0	独走几步	13.7	11.2	12.7	15.0
俯卧抬头与床面成 45° 角	3.6	2.1	3.2	4.0	扶物能蹲	11.1	8.2	9.8	11.9
俯卧抬头与床面成 90° 角	3.8	2.9	3.5	4.5	自己能蹲	13.9	11.2	12.6	14.8
抱直头转动自如	3.3	2.0	2.9	3.7	会跑不稳	16.7	14.0	15.2	17.7
俯卧翻身	4.2	3.1	3.7	6.8	跑能控制	19.8	15.6	18.3	20.7
扶坐竖直	4.9	3.1	4.2	6.3	自己上下矮床	20.0	14.6	17.1	22.8
独坐前倾	5.2	3.2	4.5	5.9	双手扶栏上下楼	19.3	15.0	18.1	20.5
独坐	6.5	4.7	6.0	6.9	一手扶栏上下楼	23.9	19.4	22.7	28.2
自己会爬	9.3	5.9	8.2	10.2	不扶栏上下楼	28.1	21.5	26.1	33.7
从卧位坐起	9.7	6.9	8.6	11.4	双脚跳	26.7	21.3	24.0	29.5
扶腋下站立	4.7	3.3	4.2	5.4	独脚跳	33.4	23.6	29.5	~
扶双手站	7.7	5.1	6.6	8.9	踢球	17.6	15.0	16.7	21.2
扶一手站	10.1	7.0	9.5	10.9	从楼梯末层跳下	31.7	24.3	29.1	34.4

续表

大动作项目	常模年龄	成熟最早年龄	成熟中期年龄	成熟最晚年龄	大动作项目	常模年龄	成熟最早年龄	成熟中期年龄	成熟最晚年龄
独站片刻	11.9	9.2	11.2	13.3	跳远	30.5	24.1	28.2	35.4
扶双手走步	9.8	7.1	9.3	11.0	手臂举起投掷	29.3	23.6	27.4	33.7
扶一手走步	11.8	9.1	10.7	12.7	能参加简单的劳动	27.1	21.6	25.0	29.4

注：表中“~”有两种意思：①表示未测出；②表示这些项目3岁前儿童未达到。年龄单位为“月”

表1-2　婴幼儿（0~3岁）手的动作发育顺序表

细动作项目	常模年龄（月）	成熟最早年龄（月）	成熟中期年龄（月）	成熟最晚年龄（月）	细动作项目	常模年龄（月）	成熟最早年龄（月）	成熟中期年龄（月）	成熟最晚年龄（月）
握住拨浪鼓一会儿即掉	1.0	~	~	1.9	把小球放入瓶中	12.3	10.7	11.7	13.0
玩弄手	2.5	1.8	3.2	3.9	翻书一次一页	28.3	19.0	24.2	31.9
抓住胸前玩具	4.7	3.1	4.2	5.5	穿串珠	28.3	21.1	24.2	31.9
自己抱住奶瓶	5.5	3.0	4.4	7.4	折纸长方形	31.1	22.7	28.3	34.0
可将奶瓶、奶头放入口中	5.8	4.1	5.3	7.9	折纸正方形	34.1	23.6	30.8	~

续表

细动作项目	常模年龄（月）	成熟最早年龄（月）	成熟中期年龄（月）	成熟最晚年龄（月）	细动作项目	常模年龄（月）	成熟最早年龄（月）	成熟中期年龄（月）	成熟最晚年龄（月）
积木在手中传递（倒手）	6.4	5.0	5.9	6.9	双手端碗	17.1	12.3	16.0	18.5
能拿起面前玩具	6.2	5.0	5.8	6.7	一手端碗	27.0	21.3	24.4	29.6
拇指和其他手指一起抓握	6.9	5.1	6.5	7.9	搭桥	28.9	19.5	26.5	34.4
拇指和示指捏米花	8.9	7.1	8.5	9.9	搭火车	28.1	21.8	26.0	30.3
撕纸	9.1	5.7	8.3	9.9	自己动手	27.6	21.1	24.8	30.4
从瓶中倒出小球	13.4	9.4	12.5	14.7	搭积木 2~4 块	12.9	11.0	12.3	13.8
拾取东西	10.1	7.9	9.6	10.9	搭积木 5~7 块	20.9	18.1	19.0	21.8
拿柄摇拨浪鼓	13.2	9.8	12.4	13.8	搭积木 8~10 块	~	29.5	~	~

注：~ 表示未测出或这些项目 3 岁前的婴幼儿未达到学龄前儿童所能达到的智能发育水平。手部的精细动作、共济运动的发育接近协调。大肌肉比小肌肉的发育快。肌肉的发育为运动和耐力的发展奠定了基础

表 1-3 学龄前儿童动作和操作能力的发育

年龄（岁）	移位性能力（双脚）	非移位性能力	操作能力
3~4	单脚上楼梯；双脚跳跃；用脚尖走路	骑三轮车；手拉着大玩具四周走；准确投球，投掷时能扭转身体，但仍然只会用胳膊	系上并解开扣子；张开双臂接球；用剪刀剪纸；用拇指、示指和中指持笔
4~5	单脚下楼梯；用脚尖站立；跑和走得很好	投掷姿势成熟（用身体和胳膊）；前后摇摆着踢腿	能用手抓住球；用线穿珠子；握笔熟练；用铅笔模仿画三角形
5~6	交替双脚跳跃；走细直线；滑行；原地向上跳的姿势成熟	多数儿童投掷和踢球的姿势已成熟	抓住的姿势成熟；用线穿针，会缝纫

● 儿童运动发育存在个体差异！大运动发育除了与神经系统的成熟度有关外，还与儿童的气质类型和特征有关，即活动水平高和活动水平低的儿童，其大运动发育进程的速度就会出现差异。比如，有的小孩在能够独自行走的年龄（检查神经系统发育没有问题）却不敢自己走，那是因为胆小；而有些喜欢探索的孩子，刚刚站稳就积极尝试独立行走。因此，在评价孩子运动发育是否正常时，既要看运动发育的里程碑，又要全面了解孩子的运动发育进程，才能作出正确的判断。

第五节 儿童营养

营养是保证儿童正常生长发育最重要的物质基础。儿童的营养不仅要维持一切生命活动、修补组织的损耗，还要有更多的营养和能量，来保证其生长发育。生长发育越迅速，所需要的营养素和能量就越多。如果营养供给不足或不当，极易影响孩子的生长发育。因此，了解正常儿童能量和各种营养素的生理需求及合理膳食，才能保证机体获得足够的各种营养素。

儿童营养素需要量及推荐摄入量

一般来说，儿童生长发育所必需的营养素有七大类：碳水化合物、蛋白质、脂肪、维生素、矿物质、膳食纤维和水。这些营养素存在于五谷、肉、鱼、豆、蛋、奶、油脂、蔬菜和水果中。由于，儿童是人生特殊的生命阶段，其营养的需要具有特殊性。所以，儿童膳食营养素的参考摄入量与成人也不尽相同。

儿童个体间对营养素的需要存在差异。这与年龄、性别、生理及活动状况相关，还与孩子对营养素的消化、吸收、利用及体内代谢状态有关。

1. 能量指的是什么？儿童每天应摄入多少？

能量是维持生命和一切活动的基础。其来源主要是由碳水化合物、脂肪和蛋白质在代谢过程中氧化所释放的能量所提供。各类产能营养素按其在体内实际产生能量计算，1克碳水化合物可产生能量16.74千焦（4千卡）；1克蛋白质可产生能量16.74千焦（4千卡）；1克脂肪可产生能量37.66千焦（9千卡）。儿童基础代谢、生长发育、活动、对食物的特殊动力作用和排泄物中的损失都需要能量。因此，充足的能量供给是保证儿童健康成长的关键。

一般来说，婴儿期基础代谢每天平均需能量230.1千焦/千克；生长发育需125.5~167.4千焦/千克；活动所需为62.8~83.7千焦/千克；食物特殊动力作用约消耗总能量的4%~10%；最后剩下为排泄的能量占10%。中国营养学会推荐儿童能量的供给量见表1-4。

表1-4 中国营养学会推荐的儿童能量供给表

人群	男	女
0岁~	90kcal/(kg·d)	90kcal/(kg·d)
0.5岁~	80kcal/(kg·d)	80kcal/(kg·d)
1岁	900kcal/(kg·d)	800kcal/(kg·d)
2岁	1100kcal/(kg·d)	1000kcal/(kg·d)
3岁~	1250kcal/(kg·d)	1200kcal/(kg·d)
4岁~	1300kcal/(kg·d)	1250kcal/(kg·d)
5岁	1400kcal/(kg·d)	1300kcal/(kg·d)
6岁~	1600kcal/(kg·d)	1450kcal/(kg·d)
7~8岁	1700kcal/(kg·d)	1550kcal/(kg·d)

2. 儿童每天应摄入多少蛋白质?

蛋白质是构成人体组织、细胞的基本物质;也是体液、酶和激素的重要组成部分;与各种生命的功能和活动紧密相关;是维持生命不可缺少的营养素。婴幼儿生长发育迅速,所需蛋白质的量也相对较多。

动物性食物,如鱼、肉、肝类的蛋白质利用率较高,与乳类、蛋类相仿,均为优质蛋白质。豆类蛋白质富含赖氨酸,其利用价值较其它植物高,也为优质蛋白质。谷类食物,如米、麦、玉米中,蛋白质含必需氨基酸较少又不齐全,并缺乏赖氨酸,其生物利用率较低。因此,在安排儿童膳食时,合理搭配,既能使几种不同的食物蛋白质产生互补作用,又能提高蛋白质的生物利用价值,称为蛋白质互补作用。如米、麦、玉米中的蛋白质缺乏赖氨酸,若配以富含赖氨酸的豆类,则可大大提高其蛋白质的利用率。

蛋白质由多种氨基酸组成。在已发现的20余种氨基酸中，有8种氨基酸(赖氨酸、色氨酸、蛋氨酸、苯丙氨酸、亮氨酸、异亮氨酸、苏氨酸和缬氨酸)是机体不能合成的，必须由食物供给，称为必需氨基酸。此外，牛磺酸是婴儿所需的必需的条件性氨基酸；精氨酸、胱氨酸和酪氨酸是早产儿所需必需的的条件性氨基酸。在儿童期，由于体内合成的组氨酸不足，故组氨酸也为儿童的必需氨基酸。

婴儿的蛋白质需要量为每天1.5~3克/千克，其中必需氨基酸应占43%。人乳蛋白质的生物价非常高，其吸收率高达90%。因此，母乳喂养儿的蛋白质供应量，每天只需1.5克/千克；牛乳的蛋白质生物价略低，所以，牛乳喂养儿的蛋白质供应量每天需3克/千克；植物蛋白质的利用率更低，完全用植物蛋白质喂养的婴儿，每天蛋白质的供应量应为4.0克/千克。1岁以后蛋白质的供应量应逐渐减少。中国营养学会推荐主要食物蛋白质的含量比较及儿童蛋白质供给量表见表1-5。

表1-5 主要食物蛋白质的含量及儿童蛋白质供给量(中国营养学会推荐)

食物名称	蛋白质含量(%)	年龄	蛋白质(克/千克)
肉类(畜、禽、鱼)	10~20	出生~12个月	2~4
奶类	1.5~4	1岁以上	40
奶粉	25~27	2岁以上	40
蛋类	12~14	3岁以上	45
干豆类	20~24	5岁以上	50
硬果类	15~25	7岁以上	60
谷类	6~10		
薯类	2~3		

3. 儿童每天应摄入多少脂肪?

脂肪的功能主要是提供能量。1克脂肪在体内完全氧化,所产生的能量比碳水化合物和蛋白质要高出1倍多。脂肪所提供的能量占婴儿总能量的35%~50%,年长儿为25%~30%。膳食中的脂类和脂肪酸有促进脂溶性维生素的吸收,提供必需脂肪酸的作用。脂肪还是组成人体组织细胞的一个重要部分,如磷脂可促进脑和周围神经组织的生长发育。胆固醇是体内合成激素和某些营养素(如维生素D)的重要物质;体内脂肪还能保护脏器,防止散热以维持人体正常体温。膳食中脂肪还能增加食物的美味和人体饱腹感。

食物中,亚油酸主要来源于玉米油、芝麻油、葵花油和红花油等。深海鱼和鱼油中富含二十碳五烯酸(EPA)、二十二碳六烯酸(DHA);动物性食物,如蛋黄、肉、肝、内脏,也含DHA和花生四烯酸(AA)。

人体脂肪的储存与食物供给有着密切的关系。婴儿每天每千克体重需要脂肪约4克,年龄越小需要量越大。1、2月龄婴儿的需要可高达6~7克,6个月后降至4克,3~4岁降至3.0~3.5克,6岁以上的儿童约需2.5~3克/千克。

4. 儿童每天对碳水化合物的需求量是多少?

碳水化合物亦称糖类,是人体主要的供能营养素,也是构成细胞和组织的重要成分。

碳水化合物的主要食物来源为:谷类、薯类、豆类,这些食物所含的碳水化合物主要以淀粉形式存在;其次是水果中的碳水化合物多以双糖、单糖及果胶形式存在;蔬菜主要含纤维素较多。

碳水化合物是蛋白质、微量营养素以及其他食物成分的重要载体。因此,宜摄入丰富多样的碳水化合物,避免因品种单调而引起微量营养素的缺乏。

婴幼儿对碳水化合物的需要量比成人相对较多,6个月内婴儿的碳水化合物主要是乳糖、蔗糖和淀粉。母乳是婴儿最佳食物来源，完全能够满足6个月以内婴儿能量和营养素的全部需要；7~12个月的婴儿对碳水化合物的需要是在母乳的基础上再添加其他的碳水化合物；2岁以上的儿童每天约需要10克/千克。碳水化合物提供的能量应占总能量的35%~65%，以保证碳水化合物的充分摄入，还应提供比例合适的能量来源。碳水化合物产能>80%或<40%都不利于健康。当碳水化合物摄入不足时，机体会消耗脂肪和蛋白质用来补偿供能的不足；与此同时，脂肪和蛋白质的正常代谢就会受到影响。多糖中的纤维素还可以促进消化液的分泌、加强肠蠕动和正常排便等。

5. 维生素在体内起什么作用？儿童需要每天补充吗？

维生素是身体不能合成、但存在于食物中，具有维持机体正常生理功能的生物活性物质。维生素分为脂溶性（如维生素A、D、E、K）和水溶性（如维生素C、维生素B_1、B_2、B_6、B_{12}、烟酸、叶酸、泛酸和生物素等）两种。维生素需要量虽然很小，但绝不能缺少。脂溶性维生素溶于脂肪及脂溶剂而不溶于水，进入人体后大部分贮存在脂肪组织中。脂溶性维生素不需要每天供给，它可通过胆汁缓慢排出；缺乏时，症状出现缓慢，过量易引起中毒。水溶性维生素易溶于水，满足体内需要后，多余的可由尿液排出，故其毒性较小；水溶性维生素在体内不易贮存，需要每天供给；缺乏时症状出现较快，过量也不容易发生中毒。

6. 你对食物中的矿物质知多少？

人体内除了碳、氢、氧、氮以外的元素统称矿物质，包括常量元素和微量元素。常量元素有钙、磷、镁、钾、钠、氯、硫等，占人体总重量0.01%以上，每天膳食需要量都在100毫克以上。微量元素，如铁、锌、铜、碘、硒、氟、钼、锰、铬、镍、矾、锡、硅、钴等，占体重0.01%以下。这些元素需要量虽然不多，但对维持正常生理功能和促进生长发育却是不可缺少的。

矿物质不能在体内生成，必须由外界供给。儿童时期由于消化功能发育不完善，对这些物质的消化吸收比较差，非常容易出现矿物质、微量元素缺乏，如低钙可导致婴儿手足搐搦症、佝偻病；缺铁可导致贫血；碘缺乏可导致甲状腺功能减退，还有锌缺乏可导致营养性锌缺乏症等。这些矿物质、微量元素的缺乏均可导致多种系统的功能紊乱和生长发育滞后。

7. 儿童膳食还应注意补充什么？

● **膳食纤维：**膳食纤维是植物的茎、叶、根等组织的构成成分。由于人类体内没有分解这类碳水化合物的酶，所以膳食纤维基本不能被人体消化吸收。按其来源，膳食纤维分为不可溶性（纤维素、半纤维素和木质素）和可溶性（果胶、树胶、燕麦糖）两类。出生6个月后，需添加膳食纤维，年长儿每天20~30克。

膳食纤维能吸附水分，使粪便体积增加、变软、促进结肠活动，有利于通便；在大肠益生菌的作用下，膳食纤维还可以酵解成短链脂肪酸，在消化道和肝脏中被吸收利用。因此，膳食纤维对防治儿童便秘，预防肥胖病、高血压和糖尿病等有一定作用。所以，儿童饮食中，应该适当摄取膳食纤维素。

● **水：**水是人体很重要的组成成分，所有的物质代谢和生理活动都需要水参与。婴儿体内含水量明显高于成人，婴儿体内含水量占体重的70%~75%，成人为60%~65%。婴儿由于新陈代谢旺盛以及摄入蛋白质和矿物质较多，对水的需求量也相对较大，每天消耗水分约占体重的10%~15%，而成人仅为2%~4%。婴儿在生后4个月内，如果奶量充足、生长发育良好不需要额外补水。

● **其他生物活性物质：**膳食中除含必需营养成分外，还含有一些生物活性物质，对维持机体的健康有着重要作用，如核苷酸，它就是核酸的组成成分之一。核苷酸与母乳相似，在肠道内能促进双歧杆菌的生长，对婴幼儿胃肠道的发育与成熟具有积极的作用。因此，在婴儿配方奶粉中，添加核苷酸，可使婴儿大便中的双歧杆菌与乳酸杆菌百分比增大，革兰阴性杆菌减少。

婴儿喂养

营养在儿童生长发育的过程中，不仅要满足其新陈代谢的需要，还要保证体格生长和各器官发育的需求。婴儿期是儿童生后生长发育第一个高峰，也是最快的时期。但是，由于婴儿的消化吸收功能尚未完善，机体与环境之间尚不能很好地相互适应、相互平衡。故合理的营养与喂养至关重要。

8. 母乳喂养有哪些好处？

从生物进化的角度看，母亲喂哺是人类延续的基本生理现象。所以，母乳喂养是最理想的喂养方式，母乳也是婴儿最佳的食品。母乳喂养可以在母亲与婴儿之间建立安全、爱的密切联系。这也是儿童的权利！因此，母亲应该努力用自己的乳汁哺喂自己的孩子。中国6月龄内婴儿母乳喂养关键推荐示意图（中国养育学会）见文末彩图1-11。

人乳中的营养素最易被婴儿消化吸收；人乳营养素齐全，能全面满足婴儿生长发育的需要；人乳含有丰富的“生物因子”，包括IgA、溶菌酶、白介素、生长因子、酶和核苷酸等，这些物质进入婴儿体内，既可以预防婴儿感染，又可成为婴儿免疫系统的一部分；人乳是婴儿天然的食物，喂养经济、方便、温度适宜。哺乳的行为也可使母亲心情愉悦，婴儿吸吮乳头可反射性地引起催产素分泌，促使子宫收缩，利于及早复原，减少产后并发症；乳母乳汁的持续分泌可消耗贮备的体脂，有利于母亲体形的恢复；母亲哺乳期月经推迟，能起到一定的避孕作用。

9. 母乳喂哺有哪些技巧？

开哺时间	婴儿出生后，第一次吸吮时间对建立母乳喂养至关重要！所以，新生儿在娩出后30分钟内，如无特殊情况，就应送至母亲怀内进行乳头的吮吸，以刺激母亲脑垂体，促进泌乳素的分泌。

续表

次数与时间	适当的哺乳次数有助于维持哺乳和增加乳汁分泌:0~2月龄的小婴儿应该“按需哺乳”,即根据每天婴儿饥饱程度和母亲乳房饱胀感觉来决定,不必强调定时哺乳。生后2~7天哺喂的次数不应少于12次,间隔时间不超过3小时;待母乳增加,可减至每天8~12次。
喂养的姿势与乳儿正确吸吮的方法	采用适宜的哺乳姿势,可使母亲与婴儿感到放松、舒适(图1-12)。正确的吸吮方法:母亲将拇指和其余四指分开,分别放在乳房上下方,轻托乳房;婴儿应紧贴母体,含入部分乳晕进行吮吸(图1-13)。
如何判断喂哺的量是否充足	健康婴儿每次吮吸的最初4分钟即可获得80%的乳量,10分钟就能吸吮到全部的乳量,故每次喂哺时间不要超过20分钟。 ● **乳量充足的指征是:**“体重适当增加”,如3~4月龄婴儿体重应该增加至出生时的1倍;在喂哺时,可听到婴儿持续的吞咽声、尿量适当、喂哺后婴儿有满足感。 ● **喂哺乳量不足时:**婴儿会含着乳头不放、频繁吸吮手指、有欲哭的表情、嘴发出“吧唧吧唧”的声音等。当婴儿出现以上饥饿的行为,即应喂哺。不要等婴儿哭闹时才喂哺;婴儿哭闹就表示他已经很饿了。 如果母乳的确不足或母亲因工作或其他原因不能按时给婴儿哺乳时,可加喂乳制品、代乳品等其他食物作为母乳补充物或每天代替1~2次母乳喂养,称为部分母乳喂养。方法:①在每次哺喂母乳后加喂一定量的配方乳粉;②一天内有1~2次(或数次)完全以配方乳粉喂哺。
注意的问题	哺乳时要防止婴儿鼻部受压、呛咳溢奶和头颈部过伸。发生呛咳溢奶时,可改变婴儿的体位,或让母亲身体后倾,以减慢乳汁流到婴儿咽壁的速度。每次喂奶,母亲的两个乳房要轮换被吸空,多余的乳汁可以用吸奶器排空。哺乳后,母亲要抱起婴儿靠在肩上,轻拍其背部使其打嗝,排出胃内空气,可避免吐奶。
不宜喂哺母乳的情况	母亲感染HIV、患有严重疾病(慢性肾炎、糖尿病、恶性肿瘤、精神病、癫痫、心功能不全等)应该停止哺乳。乙型肝

续表

不宜喂哺母乳的情况	炎的母婴传播是通过胎盘或血液传递的，主要发生在临产或分娩时。因此，乙型肝炎的病毒携带者并非哺乳的禁忌。母亲感染结核，经治疗无临床症状，也可以哺喂母乳。
断离母乳的最佳月龄	母乳喂养的时间有个体差异，应根据母亲乳汁情况决定何时断奶。一般来说，婴儿在12个月左右可以完全断离母乳。有些婴儿6个月后生长良好，提示母亲乳汁较好，在按常规引导婴儿接受其他食物外，母乳可持续喂养至2岁左右；如4月龄内婴儿母乳喂养，连续2个月体重增加不满意，在没有疾病的情况下，提示母乳不足，应加喂配方乳，以补充母乳不足的部分。**注意**：在加喂婴儿配方乳前，先应哺喂母乳，将两侧乳房都吸空后，再给予婴儿配方乳，以利于刺激母乳的分泌。
如何离断母乳	随着年龄增长，婴儿逐渐长大，母乳的质和量渐渐不能满足婴儿生长发育的需要了；此时的婴儿消化吸收功能在逐渐完善，乳牙萌出，已能适应流质过渡到半固体和固体膳食。因此，应借此机会训练婴儿的咀嚼和吞咽功能。出生后4~6个月可逐渐引入其他食物，减少母乳喂哺次数，逐渐增加其他食物的次数，使其慢慢习惯，最后达到自然断离母乳。母乳断离期，应保证相应的配方奶摄入，1岁前每天700毫升左右；1岁后每天400~500毫升。断离母乳的月龄可根据母亲和婴儿的生长发育、环境和气候等情况而定。生后10~12个月可完全断离母乳，最迟到18个月。

A. 摇篮式　　B. 橄榄球式　　C. 交叉摇篮式

图1-12　母乳喂养的姿势

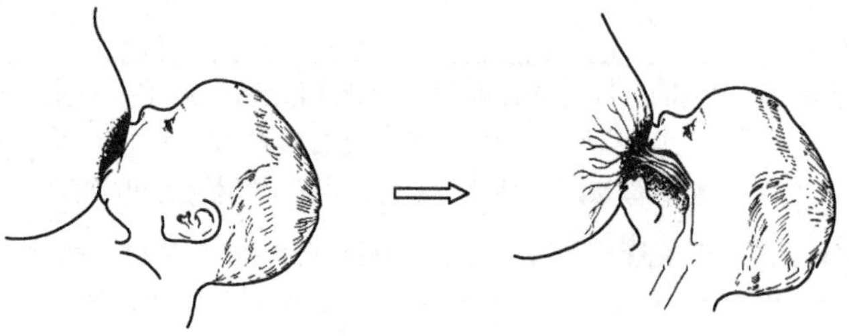

A. 乳头含接良好

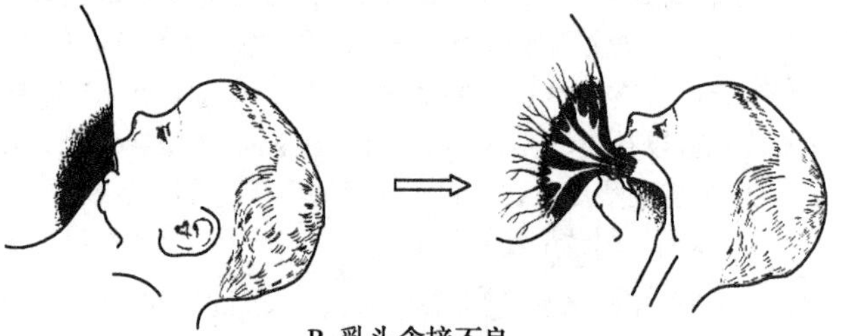

B. 乳头含接不良

图1-13　乳儿正确吸吮的方法

10. 如何选择和调配替代的(人工)喂养食物?

4~6个月的婴儿由于各种原因不能进行母乳喂养时,完全采用配方乳、各种兽乳(牛乳、羊乳、马乳)或其他食物代乳品(豆粉等)喂哺婴儿,称为替代(人工)喂养。替代喂养虽不如母乳喂养好,但如能选择优质的乳品,调配合适、注意消毒,也能满足婴儿生长发育的需要。

● **以牛乳为基础的配方奶:**越来越多的研究证据显示,牛乳的蛋白质含量较母乳高,以酪蛋白为主,在胃内易形成较大凝块不易消化;含饱和脂肪酸较多,脂肪球较大,不易消化;含矿物质较多,容易中和胃酸影响消化,并增加肾脏负荷。因此,牛乳不宜直接喂养婴儿。配方奶喂养有其特定的优势,它将牛乳作了适当的配制,如添加了婴儿所需的大部分营养素,营养的搭配也尽可能地接近母乳。

● **其他兽乳:**羊乳的蛋白质和脂肪均较牛乳多,脂肪球较小，易消化，但羊乳中叶酸及维生素 B_{12} 含量少，长期喂哺可发生巨幼红细胞性贫血，应补充叶酸和维生素 B_{12}。其他兽乳如马乳、驴乳的蛋白质和脂肪含量较低，仅适合消化功能差的婴儿暂时喂养，不宜长期采用。

● **治疗性奶制品**：婴儿由于缺乏乳糖酶、对乳糖不耐受，或因对牛乳蛋白过敏，不能摄入母乳或配方奶，因此需要特殊的治疗性奶粉：①大豆奶粉：由大豆粉配制的配方豆乳，不含乳糖，适用于对乳糖不耐受而致腹泻的婴儿；②水解蛋白奶粉：将牛乳蛋白完全水解成小分子多肽，适用于对牛乳蛋白过敏的婴儿或消化功能低下的婴儿；③酸牛乳：在鲜牛乳中加入乳酸杆菌制成发酵酸乳，其酸度高，凝块细小，易消化吸收，既适用消化功能弱或腹泻的患儿，也是健康儿童良好的乳类食品。

11. 替代喂养有哪些方法?

● **用奶瓶进行替代喂养**：应按婴儿年龄及生理特点，调制乳品或乳制品的量和浓度。用奶瓶喂哺时，奶头的开口大小要视婴儿的吸吮和吞咽能力而定。喂养时，母婴均应处于舒适的位置，婴儿是饥饿、清醒、温暖和干净的，将婴儿抱起到胸部使其呈半坐位，奶瓶乳头须充满乳汁以防婴儿吞入空气。每次哺喂的时间约 15~20 分钟，喂完后竖直抱起、拍背，同母乳喂养。喂奶次数同母乳喂养。配制奶液前和哺喂完后，都应该将用具清洗干净，并用开水煮沸消毒。每次开始喂奶前，应试奶温，即将乳汁滴几滴在手背或手腕处，试试奶温，以不烫手为宜。

● **奶杯的喂奶方法**：将手洗净，让婴儿坐在母亲的膝上，使其保持直坐或半坐的姿势。将一次喂哺的奶放入杯中，将奶杯放在婴儿的下唇上，倾斜奶杯使奶汁刚好能碰到婴儿的嘴唇，但不要将奶汁倒入婴儿口中，让婴儿自己慢慢喝；婴儿吃饱后，会闭上嘴巴不再喝奶。计算婴儿 24 小时摄入的奶量，而不是一次的奶量。喂哺前应试奶温，可将奶滴几滴在母亲腕部内侧，以不烫手为准。哺乳时间一般在 10~20 分钟，按婴儿的年龄和体格强壮程度而定。喂完后将婴儿抱直，头依母肩，拍背，将喂哺时吞入的空气排出，这对 6~7 个月前的婴儿非常重要。

12. 实施替代喂养注意什么呀?

● **选择适当的代乳食品：**出生后至 6 月龄间，完全由母乳替代品喂养的婴儿，宜选用含蛋白质较低（12%~18%）的配方奶粉；6 月龄后可提供含蛋白质较高（>18%）的配方奶粉，还应该注意逐渐添加营养丰富安全的补充食物。对乳类蛋白质过敏的患儿，可选用以大豆作为蛋白质的配方奶。新鲜牛奶要经煮沸消毒、稀释及加糖调配后食用。

● **奶量按婴儿体重计算：**每天每千克体重需牛奶 100 毫升，如婴儿 6 千克重，每天就应吃牛奶 600 毫升，每 3~4 小时喂 1 次；奶粉的浓度应按配方奶的说明配制，不能过浓，也不能过稀。为了有利于身体对高脂蛋白的消化吸收和大便通畅，两顿奶之间必须补充适量的水。

● **重视奶具消毒：**所用的奶瓶、奶嘴必须每天消毒。可以在清洗后，高温蒸煮 10 分钟左右；也可以使用专门的奶具消毒用具，奶具消毒至少应坚持到儿童满 1 周岁。

13. 为了满足婴儿生长发育的需要，在什么时间添加过渡食品比较好?

母乳和奶制品虽然是婴儿良好的营养食品，但随着婴儿不断地长大，无论是母乳还是代乳品都不能完全满足婴儿营养的需要，如不及时添加向成人固体食物转换的过渡食物，婴儿可出现贫血、消瘦、体格发育迟滞等问题。那什么时候开始添加过渡食物呢？当婴儿不能从母乳中得到足够的能量和营养素的时候，就应该开始添加辅食。这个时间通常是 6 月龄。研究表明，母乳提供的能量和营养素在 6 月个月以前是完全能够满足婴儿需要的，但随着婴儿生长发育的增快，开始出现不足，并随着月龄的增长而逐渐增大。从婴儿本身发育水平来看，6 个月前，婴儿还不能完全控制舌头的运动，常把食物推出口腔；6月龄时，婴儿口腔的神经肌肉逐渐发育完善，能够更好地控制舌头，口腔开始做上下"咀嚼"运动，乳牙逐渐萌出，并对新的口味表现出浓厚兴趣，消化系统也开始具备一定的消化能力；此时，婴儿能够自己拿食物，也喜欢将东西放入口中。因此，对于大多数婴儿而言，6个月是开始添加辅食的最好时机（文末彩图1-14、表1-6）。

表1-6 4个月~1岁儿童过渡食物添加参考表

时间	食物种类	每天用量	用法
4~5个月	从一种食物少量试起，习惯后米糊中可加菜泥、蛋黄、鸡鸭血、鱼肉、油等	1汤匙米糊渐增至3~4匙；1/4个蛋黄渐增至1/2个，或鸡鸭血（鱼肉）半茶匙渐增至1汤匙；半茶匙菜泥渐增至1~2汤匙；油（色拉油、熟菜油等）1~2克（5毫升茶匙的1/3）	由每天1次开始逐渐每天2次喂，上下午各1次。母乳（或牛奶）仍5~6次/天，量不减。先母乳，后辅食（或配方奶）
5~6个月	烂粥或烂面条加菜泥、蛋黄、鸡鸭血、鱼肉、油等	烂粥或烂面小碗（150毫升）；蛋黄1个或鸡鸭血（或鱼肉）1汤匙；菜泥等2~4汤匙；油3~5克	分2次喂，上下午各1次。母乳（或牛奶）5次/天。先母乳，后辅食
7~9个月	烂粥或烂面条加碎菜、豆腐、家禽肉泥、肝泥、全蛋、鱼肉、油等	烂粥或烂面1~2小碗；肝泥（或家禽肉泥等）25~50克，鸡蛋1个或1/2个；碎菜25~50克；油5~10克	分2次喂，上下午各1次。母乳（或牛奶）应减少1次，4次/天。还应给啃些饼干、馒头片等（2~3片/天），促进牙齿发育。有条件可每天1个香蕉
10~12个月	除上述7~9个月的食物外，还可加瘦猪肉末、牛肉末	粥或面2小碗（烂饭1小碗）；肉末（或肝末）50克，鸡蛋1个；碎菜50~100克；油5~10克	分上下午两次。每次母乳后可给饼干或馒头片，1次2~3片。每天给香蕉或苹果1个

14. 婴儿的过渡食品应该怎么添加?

添加的过渡食品应该注意食物的黏稠度，如从泥茸状到碎状再到小块状食物为好。过渡食物应逐渐添加，逐渐增量，由稀到稠，慢慢过渡。添加过渡食物应在婴幼儿身体健康时添加，同时还要观察婴幼儿的消化能力和不良反应，如出现腹泻、呕吐等不良反应，可暂缓添加，待症状消失后再从小量开始添加。对每种新食物的添加，不要因为孩子一两次的拒绝而误以为其不喜欢而放弃，应耐心反复多次给婴儿尝试直至接受。中国 7~12 月龄婴儿、13~24 月龄、2~3 岁幼儿的平衡膳食宝塔（中国养育学会）见文末彩图 1-15、文末彩图 1-16、文末彩图 1-17。

15. 1~3 岁的幼儿膳食如何安排?

幼儿（1~3岁）和学龄前儿童（4~5岁）营养与膳食

1~3 岁幼儿生长发育速度虽较婴儿减慢，但仍比年长儿快。因此，对营养物质的需求相对仍较高。此期幼儿多已断母乳，但其消化代谢功能仍不成熟；乳牙陆续萌出，咀嚼功能也在逐渐完善；胃容量可达 300 毫升左右，但每次进食量仍有限；其膳食正从以乳类为主逐渐向成人谷类食物为主过渡。所以，要注意其进食技能和习惯的培养，并建立良好的进食环境。在进食行为上，幼儿自己哺喂的意识强烈，能逐渐使用杯子、匙来进食；开始有控制进食情景的意识，如会玩弄食物、有要求食物或抗拒食物等表现。幼儿膳食安排应遵循以下原则：

● **供给足够的能量与蛋白质**：膳食的各种营养素之间应有一定比例：蛋白质供能应占总能量的 12%~15%，脂肪占 25%~35%，碳水化合物占 50%~60%；三者按重量的比应为 1∶1.2∶4。应供给富含优质蛋白质的食物，蛋类、鱼禽肉类和豆制品等，使优质蛋白质的供给量占每天蛋白质总量的 1/3~1/2。如果母亲乳汁充足，幼儿既不眷恋母乳，生长也正常，可继续哺喂母乳到2岁。2006年美国儿科学会建议2岁后，可适当摄入低脂奶。

● **食物多样化：**应做到粗、细粮搭配，荤、素菜都供给，以达到平衡膳食。粮食除了大米、小麦制品外，还可选小米、玉米、黑米等杂粮与之搭配，优质蛋白质中，肉类、鱼类、乳类、豆制品和动物血、内脏可交替食用。合理的搭配可起到营养互补的作用，提高蛋白质的利用价值，达到均衡营养的目的。由于幼儿胃容量有限，在提供食品多样化的同时，应考虑食物体积的大小。

● **水的摄入：**中国婴幼儿膳示指南建议幼儿每天需要水量为1250~2000毫升，约1/2来自水、果汁。在不影响幼儿日常饮食的同时，根据季节和儿童的活动量决定饮水量；最好白开水、奶类，而不是饮料。

● **食物制备和烹调：**幼儿因咬、嚼、吞咽能力仍较差，食物制备应注意碎、细、软、烂的特点。烹调方法宜采用清蒸、红烧和煲炖；口味清淡，不宜添加酸、辣、麻等刺激性的调味品，也避免放味精、色素和糖精等。少吃油炸食物，尽量不给幼儿香肠、火腿、红肠、方腿等腌制食品和熟食。避免直接给幼儿吃豆粒、花生、瓜子等硬果类食物，以防呛入气管而引起窒息。此外，食物的花样翻新和形体有童趣，有助于幼儿的进食兴趣。

● **进餐次数和用餐时间：**一般每天5次，早、中、晚3次正餐，加上、下午点心各一次。每次用餐时间20~30分钟。

● **培养良好的饮食习惯：**应培养幼儿定点、定时、定量的进食习惯，形成良好的进食规律。创造安静温馨的进食环境，营造轻松愉快的进食气氛。在用餐时不要责备孩子，不强迫孩子进食。注意培养孩子自我进食技能的发展，让孩子参与进食过程，积极鼓励孩子自己喂食，学会自己吃饭是培养独立能力的重要一步。还要注意饮食卫生和就餐礼仪的培养。

16. 4~5岁的学龄前儿童的膳食如何安排?

3岁后,儿童咀嚼吞咽固体食物的能力增强,消化功能已接近成人。生长发育趋于稳步发展,但对营养物质的需求仍然较高。碳水化合物逐渐成为能量的主要来源。学龄前儿童骨骼生长迅速,对矿物质尤其是钙的需要量大,其他微量元素,如锌、铁和维生素也须供给充足。在进食行为上,已能很好地使用餐具自己进食,喜欢准备食物,在外用餐时懂得适当的餐桌礼仪。学龄前期儿童膳食基本与成人相同。中国4~5岁学龄前儿童平衡膳食宝塔(中国养育学会)见文末彩图1-18。

● **保证能量和蛋白质的摄入:**以谷类食物为主,蛋白质应占总能量的12%~14%,脂肪占25%~30%,碳水化合物占55%~60%。要保证充足的优质蛋白质和不饱和必需脂肪酸的供给,脂肪应有1/2来自植物。碳水化合物和饱和脂肪酸不宜过度,以免引起肥胖。

● **膳食品种花色多样化:**重视营养素平衡,荤、素菜搭配,米、面、粗细粮交替,不宜多吃坚硬、油炸和刺激性食物,少吃零食和甜食。

● **食物制备基本同成人:**口味仍以清淡为主,不宜添加各类调味品。提高烹调技术,注意色、香、味、形的变换,以调动儿童的进食兴趣。

● **餐次安排:**每天4次,早、中、晚3次正餐加一次午后点心。早餐应吃饱,午餐吃好,晚餐不多吃,3餐进食热量的分配为:早餐20%~25%,午餐30%~35%,午后点心10%~15%,晚餐25%~30%。

● **学习进食礼仪:**此期儿童大多与家人共同用餐,家长应传授餐桌礼仪,如不越过别人的餐盘取食物、嘴里有食物时不宜说话、用餐巾纸擦嘴等;进一步培养儿童的自我服务的意识,不挑食、不偏食、定时定量进食,不乱吃零食,注意口腔卫生等。幼儿和学龄前儿童每天需要食品种类和数量参见表1-7、表1-8。

表 1-7　13~24 月幼儿营养与膳食

食物种类	13~24 月
谷类（粥、烂面、软饭）	50~100g
母乳 / 配方奶	400~600ml
蔬菜	50~150g
水果	50~150g
鱼肉禽兽类	50~75g
一个全鸡蛋	20~50g
食用油	5~15g

表 1-8　2~5 岁儿童营养与膳食

食物种类	2~3 岁	4~5 岁
谷类	80~100g	100~150g
薯类	适量	适量
蔬菜	200~250g	250~300g
水果	100~150g	150g
禽兽肉类 蛋类 水产品	50~70g	70~105g
大豆	5~15g	15g
坚果	–	适量
乳制品	500ml	350~500ml
食用油	15~20g	20~25g
食盐	<2g	<3g

第六节 儿童睡眠发育

1. 睡眠对正在生长发育的儿童有多么重要？受哪些因素影响？

睡眠是大脑的一种功能，受进化和个体发育成熟度的影响。人一生有1/3时间在睡眠中度过，儿童睡眠时间更长，如出生后2年内的婴幼儿总的睡眠时间可达13个月；2~5岁的学龄前儿童每天睡眠与清醒时间各约1/2；学龄儿童及青少年每天睡眠时间约有9~10小时。因此，睡眠时间和节律是反映儿童身心健康水平很重要的指标。

另外，睡眠能帮助机体重新储存能量和保持体力的恢复；对于正在生长发育的儿童来说，睡眠可促进神经系统的发育和学习记忆及促进生长激素的分泌。

儿童睡眠发育是在遗传和环境因素相互作用下建立起来的。因此，与发育状况、自我安抚能力和婴儿期夜间哺喂习惯有关。

2. 儿童睡眠发育有哪些特点？

儿童的睡眠发育与神经系统发育同步。

- **新生儿的睡眠特点：**新生儿大脑皮层兴奋性低；外界刺激容易使其疲劳，导致兴奋性更低下而进入睡眠状态；由于睡眠发育尚不成熟，新生儿几乎24小时都在睡眠，而且昼夜节律也不明显。

- **婴儿睡眠的特点：**随着大脑皮层的发育，婴儿与外界环境的互动性增加。因此，清醒的时间也相应增加。婴儿平均睡眠时间为12~15小时，通常夜间睡眠约9~10小时，日间3~4小时。婴儿睡眠时间个体差异比较大，少者有10小时，多者可达18小时。1岁内婴儿白天的睡眠时间变化比较大：可从小婴儿的每天4次渐降至1次；每次睡眠的时间为30分钟~2小时不等。婴儿2~4月龄是个重要的睡眠重组时期，睡眠时间逐渐缩短，慢慢开始建立较稳定的日夜周期生理节奏。因此，这个时期也是培养儿童建立良好睡眠习惯的关键时期。50%~80%的婴儿在9个月时，已经可以在夜间进行连续睡眠了。

● **幼儿睡眠的特点：**幼儿平均睡眠时间为11~14小时（夜睡约9~10小时，日间2~3小时）。一般1岁后，白天仍有小睡2次；18个月时白天小睡1~2次；约1/3的3岁幼儿还有每天小睡的习惯。

● **学龄前儿童睡眠的特点：**平均睡眠时间为10~13小时（8~14小时）。多数儿童基本无日睡；约25%的4岁儿童、15%的5岁儿童还有午睡的习惯。

3. 促进儿童睡眠有什么小措施？

● **新生儿：**与父母同床睡会增加意外窒息的危险。建议新生儿不要与父母同床睡，婴儿床可以靠近母亲的床，便于夜间哺乳和护理；新生儿睡眠时应采取仰卧位，床垫不能太软，不使用枕头。

● **1岁内的婴儿：**足月健康婴儿6个月后，消化道发育已经相对成熟，夜间可以不再哺喂。母亲应该了解儿童睡眠规律形成的关键期是在2~4月龄，以避免此后给婴儿夜间哺喂的行为。夜间哺喂可导致婴儿频繁夜醒，既影响白天正常喂哺量，又可导致婴儿“习得性饥饿”，形成不良的饮食习惯；还会使膀胱反复充盈，干扰婴儿睡眠。

● **1~3岁幼儿：**随着幼儿运动的发育，有时在准备入睡时，自己会爬下小床；幼儿常常会产生分离性焦虑，出现夜间恐惧，所以要求父母和他同睡。因此，培养幼儿良好的就寝习惯非常重要。如有条件的家庭应该让2~3岁幼儿睡普通床（注意不要让孩子从床上摔下来）；入睡前1个小时避免幼儿过于兴奋；固定就寝时间、环境等，以形成条件反射。幼儿有了入睡的思想准备就容易入睡啦。

● **学龄前儿童：**随着学龄前儿童认知的发展，开始留恋玩耍，较容易发生“就寝抵抗”。因此，要保持幼儿期间的就寝习惯。由于学龄前儿童的想象力和幻想力的发展，可增加夜间恐惧的发生。幼儿园或者家长不宜强制儿童午睡，避免夜间入睡延迟；儿童假期的就寝时间应该与上幼儿园的时间，基本同步，不宜相差太大（<1小时），这样可以巩固已经建立的良好睡眠习惯，避免睡眠问题的发生。

儿童睡眠时间具有个体差异，小年龄儿童更是如此。所以，不宜仅仅根据睡眠时间来衡量儿童的睡眠状况。家长应观察儿童的睡眠记录：如早上起床后的情绪和精神状态；连续记录3天，儿童自然醒的夜睡眠时间与学习睡眠时间，比较假期与上学期间的睡眠时间，如果差异>1小时，提示平均阶段可能有睡眠不足的现象。

第二章

0~6 岁儿童心理发展特点及促进措施

对于和你朝夕相处的孩子，除了体格生长的养育外，在心理和社会能力方面，你知道应该如何促进吗？面对要求越来越高、竞争越来越激烈的社会，很多家长对孩子的心理问题和社会能力的发展感到茫然，甚至束手无策！其实，如果我们懂得一些儿童各个年龄期的生理、心理特点，便可以根据儿童生命周期的每一个阶段，制定出保障和促进儿童早期发展的综合措施。在儿童生长发育的过程中，体格、心理和社会能力相互依存、相互影响、相互促进，从而构成了自身的生长发育轨迹，这便是儿童的天性和他自己所拥有的迅速“成长”世界。去发现、认识和了解儿童的自身发育潜力和规律。孩子的情绪、行为和其他一些相应的问题就能迎刃而解啦！

第一节　儿童心理发展

婴儿的大脑是一张可以任意涂写的白板吗？为什么不同地区、不同种族的幼儿都能在同一阶段学习本民族的语言？记忆是如何产生的？各种行为、能力是怎样获得的？从懵懵懂懂的婴儿到深思熟虑的成人，人的心智经历了怎样一个过程？是什么力量在控制着这个过程？这些人们不可思议的东西就是心理，也就是客观现实在人脑中的主观映像。

1. 心理包括哪些内容？

人的心理活动主要包括心理过程和个性心理。心理过程是指人心理活动的动态过程，它包括认知（感知觉、注意、思维、想象）、情绪和情感及意志这三个不同的方面，它们之间是相互联系、相互制约的。个性心理是具有一定倾向性的各种心理特点或品质，如气质、性格、能力、动机、兴趣、自我和信念等。当儿童的各种心理过程全部形成，个性也开始发展起来。气质是个性形成的基础，2 岁时个性逐渐萌芽，3~6 岁个性开始形成，这个时期形成的个性倾向性常常是一个人个性的核心部分，个性倾向性随着年龄的增长越来越鲜明，大约在 18 岁左右个性基本定型。

心理发展与体格生长是儿童生长发育同等重要的两个方面。心理发展既依靠儿童生理结构、功能的完善，又受社会、生活环境及教育的影响。体格生长奠定了儿童心理发展的物质基础，在一定程度上也制约着心理发展。所以，心理是脑和客观外界相互作用的结果。

2. 儿童的心理活动受哪些因素影响？

儿童的心理发展与体格生长不同，它是肉眼看不见的东西，如思维，你不仔细考察儿童的行为或者听他说话，你知道他在想什么吗？0~6 岁儿童的神经、心理活动发展非常迅速，大体可分为智能、语言、思维、记忆、情感和社会性等。儿童的心理发展是遗传和社会环境因素相互作用的结果，又与神经生理的成熟程度有密切关系，特别是大脑皮层的发育。大脑皮层是神经的高级中枢，是人体的最高司令部，它能协调和控制机体的全部活动，并使之整体化。如果把大脑比作一台电子计算机（当然比电子计算机更精密），那么，从眼、耳、鼻、舌、皮肤等感觉器官摄取的外部刺激，会源源不断地向大脑传递；大脑对这些信息经过综合分析、处理后，有的会立刻作出反应，有的会储存起来，待以后需要时再唤起信息的痕迹，这就叫回忆。所以，父母应该让孩子勤于用脑、善于观察，使好的信息不断刺激大脑，让记忆的痕迹得到强化，学到的东西就记得更加牢固啦。

3. 儿童的心理发展有年龄特征吗？

从受精卵开始到胎儿出生至生命成熟、衰老的全过程都在彰显不同年龄阶段的心理特征。儿童不同年龄阶段的心理特点，既反映量的变化，也反映在量变的基础上质的改变。即某些心理要素积累到一定程度，就会产生年龄阶段质的飞跃。这就形成了儿童独特的心理发展年龄阶段特征。儿童心理发展的年龄阶段特征主要涵盖两个部分和四个方面：

- **两个部分**：①认知发展的年龄特征：包括感觉、知觉、记忆、思维、想象等。其中，思维的年龄特征最重要；②社会性发展的年龄特征：包括兴趣、动机、情感、价值观、自我意识、能力、性格等。其中，人格的年龄特征最为重要。
- **四个方面**：在评估儿童个体认知发展与社会性发展是否正常时，必须结合以下四个方面的问题进行分析：①社会生活条件和教育条件；②生理发育；③动作和活动的发育；④语言的发展。

在一定条件下，心理发展的年龄特征相对稳定，但随着社会生活和文化教育等因素的影响，会产生一定的可塑性。因此，儿童的心理发展特点一般表现为：①成熟和学习是其心理发展的重要过程；②具有一定的稳定性和可变性；③与年龄相关联；④发展的不平衡性；⑤发展具有关键期（敏感期），也就是各种心理功能成熟与发展的敏感期会有不同（表2-1）。

表2-1　儿童某些心理发展的关键期

关键期年龄	心理发展内容	关键期年龄	心理发展内容
1~3岁	口语学习	5岁以前	音乐学习
0~4岁	形象视觉	5岁左右	掌握数的概念
4~5岁	书面语学习	10岁以前	外语学习、动作技能的掌握

4. 怎么理解儿童的心理发展的年龄特征?

儿童的身心在生命的进程中,不断发生量变和质变,当某些代表心理要素的量,积累到一定程度时,就会导致质的飞跃了。其具体的特征应从以下5个方面理解:

● **内在的规律性:**比如,刚刚出生的婴儿只会哭;5个月左右开始咿呀发音;1岁末能说第一个词,然后逐渐说出两三个词的电报句。语句从不完整到完整,从简单到复杂,各种语言体系虽然不同,但其发展过程却完全相同。

● **有一定的稳定性和可变性:**如大脑的结构和功能完善是有一定过程的;语言或动作的发育也是有一定顺序的。这些就决定了儿童心理发展的稳定顺序、限度和阶段。但是,在一定条件下,心理发展的年龄特征又可随着社会生活和教育条件等环境的变化,而发生一定程度的改变。比如,由于物质生活条件的改善,使得青少年的生理发育普遍提前,与此相呼应的心理年龄特征也会提前出现。

● **与年龄相关联:**如刚刚出生的新生儿不断地生长发育,到了12、13岁时,身体的各个器官都会发生重大的结构性变化;尤其是进入青春期,不仅身体外形发生变化,机体的各个器官也都逐渐趋于健全。随着生理的发育,在生后的17、18年,心理的认知发展和思维也趋向于初步成熟;人格的发展,也趋向着个性化。

● **发展是不平衡的:**由于教育、养育等家庭背景的不同,再加上儿童个体气质的差异,如有的记性很好,有的就不那么强;有的好动,有的安静;有的善于理性思维,有的则擅长于形象思维……所以,每个儿童在社会化的进程中,其发展优势(方向)、发展速度、发展高度(达到水平),都不会完全相同。

● **发展有关键期(敏感期):**关键期是指儿童的某种行为与能力的发展具有一定的"最佳时间"。如在关键期给以适当的良好刺激,能促使其行为和能力得到更好的发展;反之,则会阻碍其发展甚至导致行为与能力的缺失。

例子：印度发现的狼孩，就是关键期缺失的典型事例。狼孩卡玛拉由于从小就离开人类社会，在狼群中生活了 8 年，深深刻上了狼的烙印，后来回到了人间，虽然经过多年的教育和训练，至 17 岁时，她的智力还只达到 3 岁儿童的水平，仅仅知道一些简单的数字概念，学会 50 个词汇，讲简单的话。

但也有学者认为，关键期缺失给儿童造成的负面影响，通常只有在极端的情况下才难以弥补。所以，对于儿童的心理功能而言，运用"敏感期"这个概念更为合适。因为，各种心理功能的成熟与发展的敏感期不同，在敏感期内个体比较容易接受某种刺激的影响，比较容易进行某种形式的学习。在敏感期以后，这种心理功能的产生和发展可能依然存在，只是比较小、形成和发展得比较慢而已。如动作技能发展的敏感期在 10 岁左右。如果儿童在此之前学习一种乐器，可能经过较少的练习就能掌握演奏技巧，并能很容易保持这种技能；而 10 岁以后才学习乐器，他仍然可以掌握演奏技巧，也可能成为一名出色的演奏家，只是要进行的练习更多，付出的代价更大。

5. 儿童心理发展的年龄阶段是根据什么来划分的？

儿童心理发展的年龄阶段主要是根据儿童的生理发育水平、语言发展水平、智力发展水平和人格发展特点来划分的。因此，年龄阶段既应该有一定的顺序、限度和阶段性，又应该有因文化背景、个体生理、人格差异等形成的可变性。据此，儿童的心理发展（根据心理学）可划分为以下四个年龄阶段：

● **婴儿期**：0~3 岁儿童，包括新生儿期、0~1 岁小婴儿期和 1~3 岁幼儿期。婴儿期是人类智慧发生和发展的时期，主要表现在动作发育、语言发展和思维萌芽。

● **幼儿期**：3 岁 ~6 岁。这一阶段是儿童进入幼儿园，为上小学作准备的时期。所以，又称学龄前期或学前期。幼儿阶段是儿童心理发展的关键期，他 / 她们的感觉、知觉、记忆、思维、语言、动作及人格发展，在这一阶段都会出现质的飞跃。

● **学龄期(童年期)**：一般为6岁~10、11岁，是上小学的阶段。从幼儿园到小学，其角色发生了巨大的改变。其认知、语言、记忆、思维、想象等都发生了本质的变化和发展；进入学校后，他们的社会交往更为广泛。在学习的过程中，运用道德规则建立和同伴、师生等社会关系的能力逐步增强。

● **青少年期**：指11、12岁~17、18岁的中学生。初中阶段为少年期(11、12岁~14、15岁)；高中阶段为青年期(14、15~17、18岁)。世界卫生组织将10~20岁确定为青年期；我国人口统计中将10~19岁确定为青年期。这个阶段正处在青春发育时期，所以又称为青春发育期。青少年阶段是一个过渡时期，也是人一生最宝贵而又有特色的时期。这个年龄阶段的心理状态很不稳定，但可塑性很大，是心理成熟前动荡不定的时期。

6. 儿童心理健康的评定指标有哪些内容?

培养儿童健康的心理，提高他们的社会能力，以预防儿童各种心理问题的发生，家长、幼儿园和学校责无旁贷。儿童心理是否健康，可从以下几个方面进行判断：

● **良好的社会能力**：儿童作为社会的成员，每时每刻都会受社会环境的影响。因此，必须具备较好的社会能力才能健康地成长。较好的社会能力表现在：能与小朋友、同学、老师或其他成人保持良好的人际关系，对自然环境中的气候变化、不同的地理环境，以及生活环境中的各种变化具有一定的适应能力。

● **健全的人格**：健全的人格表现为健康的精神面貌，能客观地评价个人与外界；意志坚强；有一定的自控能力；行为符合社会规范。

● **情感和情绪稳定、协调**：能经常保持情感和情绪的稳定，心境经常处在平静、轻松和愉快的状态。遇到不愉快的事情时，能在较短的时间内调控自己的情绪或情感，使情感和情绪逐渐趋于稳定。

● **智力正常**：能胜任学习与工作任务，从事正常的生活和活动，并保持在一定能力的水平上。

● **行为协调**：儿童的行为能与社会的要求相符合，基本与其年龄及角色相一致。

● **适度的反应能力**：对周围环境出现的问题，能作出适度的反应；遇到突发事件，有一定的应变能力，能采取和年龄相适应的解救措施，不退缩、不逃避。

● **心理特点符合实际年龄**：根据儿童的心理发展，应该区分以下4种年龄：实际年龄——即时间（日历）年龄；心理年龄——由心理发展特征所反映的年龄；生理年龄——由身体发育成熟的水平所反映的年龄；社会年龄——指待人处世，适应社会能力所反映的年龄。健康的心理，要求儿童的心理年龄和社会年龄及实际年龄相一致，既不表现过于少年老成，也不表现过于幼稚。

● **良好的自我意识**：心理健康的儿童，必须能正确地认识和评价自己，正确处理个人与集体之间的关系，能为集体的荣誉而发挥个人的积极作用。

● **注意力集中**：注意力集中就是把心理活动专注于某一事物，是大脑对"目标"事物最清晰、最有效的一种感知能力。儿童时期的有意注意是随着年龄增长而加强的，否则无法完成正常的学习和工作。

● **完好的感知能力**：这是人类认识客观世界，形成和发展思维的前提，也是实现心理健康的必备条件。

第二节 0~3岁儿童心理发展与促进

生命的最初三年（0~3岁）是人类智慧发生、发展的重要时期。婴幼儿的养育方法应"以行为主、以理为辅"。

从受孕到出生，整个胎儿期为个体的心理发生准备了物质

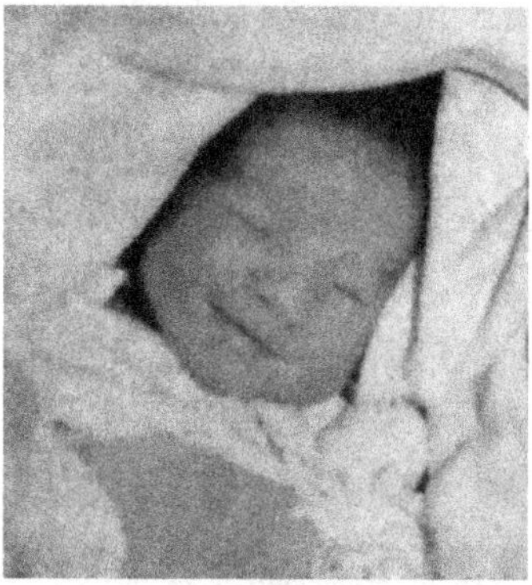
图 2-1 出生后两周新生儿的内源性微笑

基础。新生儿的吮吸、觅食、握持等 70 多种本能(无条件)反射,保证了新生儿内部器官与外界条件的最初适应,也为其度过这个特殊时期以及今后的生存提供了前提。因此,新生儿期是个体心理开始发生的时期。

出生后的新生儿已经具有指向人类社会的自然倾向,如内源性微笑(图 2-1),反映其生理需要得到了满足;而受到不良刺激时(饥饿、疾病、大小便等)就会哭,表示痛苦,以此来吸引成人对他的关注。新生儿这些自然倾向是一种最原始、最基本的信号,表明他在社会关系中的积极参与,也是和成人交流、传递信息、建立联系的重要适应方式。

1. 什么是认知,包括哪些内容?

通俗地说,认知是一种自然的倾向,是最原始、最基本的信号。它包括感觉和在感觉的基础之上所形成的知觉、记忆、思维、情绪和意志等。感觉包括:看、听、触摸、味、嗅等,是大脑对客观事物最简单的物理属性(如颜色、形状、大小、软硬、光滑和粗糙等);化学属性(气味、味道等)以及机体最简单的生理变化(疼痛、舒适、凉、热、饥、渴、饱等)的直接反映。感觉发育可用来评估儿童的发育水平。知觉是通过感觉器官(眼睛、耳朵、鼻、皮肤等),接受外界事物最简单的属性后,经过大脑加工、处理,对事物整体所形成的直接反映。因此,感觉和知觉既有区别,又是密不可分的心理过程,故统称为感知觉或感知。

婴幼儿认知能力的发展,感知觉发育最早,而且最快。他们借助感知能力去认识客观世界,认识自我,这为其心理发展的完善和个性的形成奠定了基础。因此,儿童的心理发展是通过各种感觉器官，在丰富的环境中，不断获取信息而成长的过程。所以，感知觉的发展对儿童的认知、语言、学习等能力起重要的促进作用。

2. 孩子出生后，视觉如何发育？

视觉在6个月前的发展非常迅速，是视力发育的敏感期。此时，如果出现发育异常会引起视力丧失。

新生儿由于眼肌调节能力差，视黄斑区细胞较少，所以视觉不敏感，但能看到光，如用强光照会闭眼。出生后12~14小时，用红色吊环从左向右移动，有76%的新生儿能作出跟随动作。婴儿视觉集中的时间和距离都随年龄的增长而增加。随着调节能力逐渐成熟，婴儿到2个月时就可以自己改变焦点；4个月时能像成人那样改变晶体的形状，以看清不同距离上的物体；12个月时调节能力基本发育完善。婴儿视网膜在3个月前发育非常快，2~4周时两眼凝视光源，能追随物体达中线；4~12周两眼能随物体移动180°。婴儿2~4个月时颜色知觉已经发育得非常好了，能分清几种基本颜色，颜色的感知能力接近成人，如红颜色，最能引起婴儿的兴奋。婴儿喜欢暖色，喜欢明亮的颜色，不喜欢冷色和暗的颜色。部分2岁的幼儿已能识别并匹配几种颜色；2.5岁时90%以上的幼儿能匹配红、白、黄、黑、绿等8种颜色；3岁左右开始说出颜色名称。婴儿视觉发育的里程碑见表2-2。

表2-2 婴儿视觉发育的里程碑

发育年龄	行为表现	视觉发育状态	临床可能发生的问题
6~8周	目光接触：可用眼与家长交流，开始学习家长的表情	注视	屈光不正、弱视
12周	喜欢目光和与声音交流		

续表

发育年龄	行为表现	视觉发育状态	临床可能发生的问题
3~4 个月	喜欢看胸前和玩自己的双手	深度觉开始发育	
5~6 个月	眼手协调:可有目的地用手抓物体——“手成为婴儿第二个眼睛”	深度觉发育较好;开始理解三维物体	
7~10 个月	观察能力:可区别生人、熟人	有了视觉记忆	认知功能落后;对比敏感度差;无视觉记忆

3. 孩子出生后,听觉如何发育?

胎儿在子宫内已经很熟悉母亲的声音了,出生后听觉器官基本发育成熟。但是,由于大脑皮层之间的纤维联系很少,所以听觉能力需要较长时间才能发育到成人水平。婴儿出生时,受外耳道羊水的阻挡,听觉并不灵敏;1 周左右当外耳道的羊水被完全吸收后,听觉慢慢地开始加强。婴儿对说话声音,尤其是对高音调的女性声音反应敏感。对音乐的感知也很早就表现出来,比较喜欢听愉快的、旋律优美的音乐。听觉是儿童语言发展的必要条件之一,通过观察其行为表现,可以判断小婴儿的听觉发育。另外,婴儿一出生,就应该做听力筛查,以便及时发现听力问题,及时矫治。婴儿听觉发育的里程碑见表 2-3。

表 2-3 婴儿听觉发育的里程碑

发育年龄	行为表现	发育年龄	行为表现
0~28 天	83% 新生儿在出生 24 小时后,对刺激就能引起反应(眨眼、动嘴、转头、哭等);母亲的声音可以使其安静;大新生儿可注意音乐和声音	2 岁	喜欢听故事;能和人交流;知道开门;能指出图片上动物的名称

续表

发育年龄	行为表现	发育年龄	行为表现
1~4个月	会寻找声源；喜欢听母亲的声音；爱模仿元音	3岁	能打电话；唱歌
4~8个月	可用玩具弄出声音；对成人的指令有反应；喜欢有节奏的音乐；对自己的名字有反应	4岁	能与家庭成员一起看电视；做打电话的游戏；参加舞蹈、游泳班
8~12个月	喜欢注视电视；懂得“不”的意思；能确定声音的来源	5岁	可参加音乐班；学习骑车
1岁	听音乐可起舞；叫其名字可回答；喜欢躲猫猫	6~8岁	会用闹钟

4. 孩子出生后，嗅觉如何发育？

出生时，嗅觉中枢与末梢已发育成熟，对母亲的乳汁有特别的亲和力，如闻到母亲的乳味就会寻找乳房；7~8个月的婴儿已能分辨出芳香的气味；2岁左右已能很好辨别各种气味。

5. 孩子出生后，味觉如何发育？

新生儿的味觉在出生时，发育已经很完善，如半个月的小婴儿就能对糖水、盐水、苦水等味道做出不同的反应。

人类的味觉在婴儿期和儿童期最发达，以后逐渐衰退。婴儿味觉发育的里程碑见表2-4。

表2-4　婴儿味觉发育的里程碑

发育年龄(月)	婴儿味觉发育
0~2	喜欢甜味，可区别酸味
3	可区别甜味和苦味
4	偏喜咸味水
6~12	可区别乳类与其他食物

6. 孩子出生后，触觉如何发育？

触觉是人体发展最早、最基本的感觉。人体至少有 11 种不同的感觉，如冷、热、光滑、粗糙、压力、瘙痒、痛、震动……皮肤与黏膜的交界处触觉神经最丰富，如嘴唇和鼻腔内部。新生儿的触觉高度敏感，尤其是眼、前额、口周、手掌、足底等部位。触觉有辨识和防御两种功能：触觉辨识能让儿童积累对不同材质的经验，如冷、热、软、硬等；触觉防御功能可让儿童了解周围环境，以保护自己，但不良的触觉反应，可影响儿童的认知、运动和社交的发展，如怕洗头、刷牙、剪指甲；不喜欢玩泥胶、用手指画颜料；不愿意到人多拥挤的地方等。父母关注儿童感觉的发展，如爬行动作有利于视觉、触觉等感知觉的发展。

7. 知觉是什么？婴幼儿的知觉是如何发展的？

知觉是人脑对直接作用于感觉器官的客事物的整体反应。当物体作用于人的眼、耳、手等感觉器官时，人不仅能反映出这个物体的形态、大小、颜色、声音、气味和温度等个别属性；还能通过感觉器官之间的协同作用，在大脑里将物体的各种属性，按其相互间的联系，组合成一个整体。这种对客观事物和机体自身状态的整体反应过程称为知觉。它们包括空间知觉、深度知觉、时间知觉、运动知觉等。

● **空间知觉**：指个体对物体空间特性的反应，包括大小、形状、距离、体位和方位等。空间知觉主要是凭借视觉、听觉、动觉、平衡觉的协同作用，并辅以习得的经验而形成的。视觉在空间知觉中占主导地位。新生儿以反射性活动为特点，很少证实有知觉行为。研究表明，出生 10 天的新生儿已经开始有三维度空间知觉（如把东西移向新生儿的脸，他会做出非常准确的、协调的防御动作）；2~3 周的小婴儿能认识人脸的基本形状，并偏爱与人脸相似的图形；10~12 周有一定程度的“大小恒常性”，能分辨简单的形状；5~6 个月能边用眼睛看，边用手抚摸，并通过眼、手协调动作的配合，辨明物体的准确位置、大小，从而建立物体具有恒常性的观念。研究显示，2.5岁的幼儿80%以上能够判断物体的大小，并用语言表达出来。

● **深度知觉**：是以视感知为主，并与动觉协同作用的结果。视觉悬崖试验（图2-2）表明6个月左右的婴儿已经有了深度知觉。深度知觉随着年龄的递增而不断发展，生后1年内发展最快；3岁幼儿已能辨别上、下方位。深度知觉是客观事物在三维空间中提供的信息，它能使人脑感知物体的厚度和物体与我们的距离。

图2-2 视觉悬崖试验

● **时间知觉**：是个体对时间的延续性和顺序性的感知能力。时间知觉具有主观性、相对性和非直观性的特点，既看不见，也摸不着。婴幼儿对时间的感应，没有相应的感觉器官，只是借助动觉和视觉的联系。所以，婴幼儿的时间知觉仅仅处于萌芽状态，如天黑了要睡觉、天亮要起床等。婴幼儿知觉发展里程碑见表2-5。

孩子出生后通过视、听、触等感觉器官接受外界刺激，经过大脑的处理、加工成为感知觉。感知觉是人类最简单、最低级的心理活动。是小儿通过各种感觉器官，从丰富的环境中选择性地取得信息的能力。因此，感知觉的发展对小儿的认知、语言、学习等起重要的促进作用。作为父母,应该注重培养孩子的观察能力,让其多看、多听、多摸以了解物体的属性、形状、用途和事物间的内在联系。观察是感知觉发展的高级形态,是有目的、有计划、比较持久的感知觉过程,也是一种相对主动、社会化的过程。因此,促进感知觉的发展,对儿童认识客观世界具有重要意义。

表 2-5　婴幼儿知觉发展里程碑

年龄	形状知觉	深度知觉	方位知觉	时间知觉
新生儿	喜欢看人脸的图形和靶心图			
3 月龄	分辨简单形状的能力			
6 月龄		开始有		
8~9 月龄	获得形状的恒常性			
2 岁				开始有,但表述不准确
3 岁			上下方位	渐渐清晰

8. 什么是注意?

专心致志是孩子成功的基础!有人自幼形成对学习草率的态度,马马虎虎、虎头蛇尾、心不在焉,即使是非常平常安静的环境,也不能专心致志地学习;也有人养成了良好的注意习惯,即使环境不利,也能毫不费力地集中注意,专心学习。可见“习惯成自然”。因此,从小引导孩子耐心细致、注意小事,培养对学习认真的态度和习惯就显得十分重要和必要了。

那么,什么是注意呢?

注意是大家非常熟悉的一种心理现象。平常人们常说的“聚精会神”“专心致志”“精力集中”等就是指“注意”的意思。它和人的心理过程紧密联系,如“注意听”是听觉对声音的指向、集中;“注意看”是视觉对事物的指向和集中;“注意记”是心理活动对记忆材料的指向和集中;“注意思考”是对思维内容的指向和集中;“注意做”是对操作对象的指向和集中。由此可见注意并不是一个独立的心理过程,而是心理过程的一种特征。它是人们能细致观察、良好记忆、创造性想象、正确思维的重要条件。注意对学生学业成绩的优劣和智力的发展,都有重要的影响。

9. 儿童注意是怎样发展的?

“注意”是婴幼儿运用感知觉认识世界一切事物的开始。注意分无意注意和有意注意。无意注意是在感知发展的基础上自然发生的、没有目的的、不需要任何努力,如正在吸吮的婴儿,突然停止吸吮,指向刺激发生的方向,这种现象是一种原始状态的注意。而有意注意是自觉的、有目的的,如上课学生注意听讲,目的是为了学到各种知识。无意注意和有意注意在一定条件下是可以互相转化的,注意的发展与感知觉的发展有密切的联系。

婴幼儿由于大脑发育不完善,神经系统的兴奋和抑制过程发展不平衡,自制力差,因而有意注意较差,无意注意占优势。心理学家发现,新生儿一出生就具备了一定的注意能力。新生儿在觉醒状态时可因周围环境中发生巨响、强光等刺激而产生无条件的定向反射;生后2~3个月的婴儿由于条件反射的出现,已能比较集中地注意人的脸和声音,看到色彩鲜艳的图像时,能比较安静地注视片刻,但时间很短。除了强烈的外界刺激,凡是能直接满足小儿机体需要或与满足机体需要有关的事物也都能引起他们的注意,如奶瓶、妈妈等;5~6个月的小婴儿就能比较持久地注意某一个物体了。但是,婴儿的注意极不稳定,对一个对象集中注意只能坚持几秒钟。1岁以内的婴儿以无意注意为主,随着年龄的增长、生活内容的丰富、活动范围的扩大、语言和思维的发展,逐渐出现有意注意。1岁左右的婴幼儿凝视成人手中的表一般不超过15秒。2岁的幼儿就能较聚精会神、主动地听故事。这个时期的幼儿开始出现有意注意的萌芽，逐渐能按照成人提出的要求完成一些简单的任务；指向有关的对象。3 岁以后开始对周围的新鲜事物表现出更多的兴趣，如能集中 5 分钟的时间看小朋友做早操、爱看幼儿画册等。

婴幼儿有意注意是极不稳定的，易被无意注意所分散或转移。凡是新颖的、变化的、有趣的事物都能引起婴幼儿的分心，但也可以吸引和集中婴幼儿的注意，年龄越小越是如此。因此，家长要利用这一特点和规律，因势利导、讲究方法，可以使婴幼儿的注意集中较长一段时间；另一方面应当通过组织小儿感兴趣的活动来培养有意注意。游戏是孩子最喜欢的活动，最能使他们集中注意，并促进其有意注意的发展。随着孩子年龄的增长，有意注意的稳定性逐渐增大。5~6 岁时能独立地控制自己的注意。

10. 儿童的有意注意一般能持续多长时间？

儿童注意持续的时间随着年龄增长而延长。据有关资料统计，5~7 岁的儿童能聚精会神地注意某一事物的平均时间是 10 分钟；7~10 岁是 15 分钟；10~12 岁是 25 分钟；12 岁以后是 30 分钟。一般来说，唤起孩子的注意并不难，难的是如何让孩子的注意稳定于整个的活动或教学的过程中。另外，人在注意某一对象时常常出现特殊的表情、姿势和动作，特别是眼部的动作。当注意达到高度集中时，人的多余动作停止，心跳加快，全身紧张，呼吸变慢甚至有短暂的屏息。有经验的家长常常可以根据这些外部表情来判断孩子的注意力是否集中。

孩子的一切能力，如果不利用与开发，也许永远得不到更好地发展。在培养孩子的注意力方面，许多人认为，孩子的听觉和视觉是自然而然形成的，不需要花什么力气培养。这种观点不够正确！因为，有效地训练婴幼儿的眼睛和耳朵对于孩子的成长具有重要的意义。很多父母可能都有这样的经验，孩子醒的时候都在呆呆地看着窗帘或明亮的窗户，不是孩子不能看东西,而是他没有什么东西可看。实际上,婴儿只要睁开眼睛就能看见东西,如果拿一个色彩鲜艳的玩具在孩子面前晃晃,你就会发现孩子会露出笑容,并且使劲地舞动小手,不停地踹着小脚,这时你就会明白:孩子是想看有颜色而又悦目的东西。

11. 什么是记忆?人是怎么记住事情的呢?

人见过的、听过的、嗅过的、尝过的、触摸过的、思考过的、体验过的对象以及动作等,都可能在头脑里留下痕迹,以后还会再认和回忆出来,这都是记忆现象。记忆开始的标志是条件反射!所以,应该让孩子在生活的体验中增强记忆!一般来说,运动性记忆出现最早(生后2周左右),其次是情绪性记忆(半岁左右),然后是形象性记忆(6~12个月),词的逻辑性记忆最后出现。

记忆包括“记”和“忆”的完整过程。“记”是指识记和保持,这是记忆的前提和关键;所谓“忆”是再认和回忆,这是记忆要达到的目的,也是检验记忆的指标。完整的记忆活动分为识记、保持、再认和回忆四个基本过程,每一具体过程又有其不同的特点和规律。

● **识记**:是记忆的开端环节,是反复认识某一对象,在头脑中留下的痕迹,形成暂时神经联系的过程。识记分机械识记和意义识记。儿童由于经验贫乏,因此机械识记是他们认识世界积累经验的重要形式。心理学实验证明,有意识记的效果要优于无意识记。在幼儿园的实验观察表明:两组儿童听同样的故事,甲组有复述的任务,乙组则无明确目的,结果甲组记忆效果要优于乙组。许多心理实验证明,在有意识记中,记忆任务越明确、越具体,效果越好。有意识记可以使同一内容在大脑皮层建立多通道联系,从而大大提高识记效果。所以,“百闻不如一见”是有道理的。视觉识记、听觉识记和视听结合识记的效果比较见表2-6。

表 2-6 三种识记方法效果比较

组别	识记方法	识记效果（%）
1	视觉识记	70
2	听觉识记	60
3	视听结合识记	86.3

● **保持**：是记忆过程的中心环节。保持是信息的储存，也是暂时神经联系的巩固过程。在这种过程中，大脑要对输入的信息加工、编码，旧经验要对新知识主动整合，使识记材料在量和质上都发生变化。

● **再认和回忆**：是衡量记忆巩固程度以及是否记住的重要指标，也是记忆要达到的目的。再认也叫认知，是对过去感知过的对象再接触时，有熟悉之感，知道它是知觉过的对象。例如碰到熟悉的人，认熟悉的字、词，查阅学过的数理化公式等都是再认过程。

回忆也叫再现。人的大脑好比一台电子计算机（当然比电子计算机更精密），那么日常生活的信息，可以从耳、鼻、眼、舌、皮肤等感官，源源不断地通向大脑，有的立即作出反应，有的则经过大脑的分析、综合，作为“痕迹”而储存起来，待以后需要时又可唤起这种信息“痕迹”的再现，这叫回忆，即过去经历过的对象不在主体面前，由其他刺激作用而在头脑里重现出来的过程。再认是过去经历过的对象又出现在主体面前，此时对识记过的对象有知晓的感觉。再认是比较简单的记忆现象。因此，对识记过的对象进行再认要比回忆容易。从儿童心理发展来看，再认要比回忆早出现；从记忆巩固程度来看，再认低于回忆，能回忆必定能再认，反过来就不一定成立。

人的记忆能力不是天生的，是后天逐渐发展起来的。记忆在儿童的学习中起重要作用。离开记忆，复杂的心理活动不复存在，知识经验的学习和积累也无法进行，人的个性品质与聪明的才智也得不到发展，甚至难于独立生活在社会之中。作为父母应该让孩子勤于用脑、不断复习，让信息反复刺激，使记忆痕迹得以强化。

12. 孩子对一般的事情能记多久?

随着年龄的增长，儿童的记忆能力在生活的体验中不断增强。2、3个月的小婴儿，当他注视的玩具从视野中消失时，能用眼睛去寻找，这表明他已有短暂记忆。实验显示，当着婴儿的面，将玩具放在两块布中的一块下面，8个月大的婴儿，在间隔1秒钟后，就找不到玩具了；而1岁婴儿，可以在间隔3秒甚至7秒后，还能找出玩具。

在日常生活中，3、4个月的婴儿开始出现，对人或物的认知；6个月认知就比较明显，如能辨认自己的母亲与陌生人，开始拒绝陌生人。但婴儿的记忆，保持的时间非常短。1岁儿童再认的潜伏期只有几天；2岁可延长到几个星期；3岁时可保持几个月。1岁左右出现明显的回忆；2岁时，再现潜伏期只有几天；3岁时，可延长至几个星期；4岁时，可延长至几个月。

13. 良好的记忆品质应该具备什么条件?

良好的记忆品质应具备以下特点：

● **敏捷**：这是记忆的速度和效率特征。我国著名桥梁专家茅以升小时看爷爷抄古文“东都赋”，爷爷刚抄完他就能背出来。这种“过目成诵”的品质，是记忆敏捷的超常表现。敏捷是记忆的重要品质之一，但不是唯一的。如果记得快，忘得也快，也就没有什么意义了。

● **持久**：这是记忆的保持特征。人的神经细胞没有再生能力，衰减也很慢。只要好学不倦，人的记忆可保持七八十年以上，甚至八九十岁的老人还能回忆幼年经历过的许多事情的细节。

● **准确**：这是记忆的正确和精确特征。据说日本索尼电器公司一位职员能正确背诵圆周率小数点以下的两万位，其记忆能力可谓惊人。

● **准备性**:这是记忆的提取和应用特征。在实际需要时,能迅速、灵活地提取储存的信息,回忆所需要的内容。

14. 成功案例——在有意注意的基础上,增强孩子的记忆能力

妈妈小丽从“卡尔威持的教育”一书中,对孩子注意和记忆力的培养得到很多启发。她怀孕后,经常听各种名曲、朗读英文小说;宝宝伟伟出生后,她就将声控的色彩婴儿旋转木马安装在孩子的小床头上。伟伟哭时婴儿旋转木马就响起了悦耳的乐声,听着听着,伟伟的哭声就慢慢停止了,并报以微笑。为了培养伟伟的注意力和观察力,妈妈小丽在房间的四壁都贴上好看的装饰画(画对孩子智能开启非常重要),经常一边抱着伟伟看,还一边指着画上的颜色讲给他听,伟伟渐渐地“听懂”了。所以,每当伟伟被抱到画前时,他都表现得非常愉快,似乎很感兴趣地看,安安静静地听(小婴儿看似什么都不懂,但是他慢慢对熟悉的声音和图画的颜色开始感兴趣啦)。久而久之,2岁的伟伟可以背诵“鱼儿鱼儿水中游,游来游出乐悠悠”“打雷了、下雨了,爸爸妈妈都回了”等儿歌,他还可以在大人的提示下背诵《东方红》、毛主席的诗词《沁园春·雪》

妈妈小丽还采用“动感”,培养孩子的注意力和观察力。伟伟一个月左右,妈妈就在他的前臂(衣服外面)系上一个红色的小气球(经常更换颜色),随着小手的舞动,气球也随着摆动,伟伟可高兴了,不断地舞动小手,蹬踹着小脚。为了进一步丰富伟伟对色彩和形状的感知力,妈妈买来了色谱及填充形状的小玩具车,耐心地教孩子分辨那些不同的颜色和形状。这小小的活动,进一步促进了伟伟的认知和记忆力。随后,他很轻松地记住了多种颜色和三角形、长方形、六边形等。他们居住小区院子的一个橱窗里有一面党旗,每当妈妈小丽带伟伟(2岁)走到那个橱窗时,伟伟会告诉你:红颜色的是党旗,他还会说,有“镰刀,

斧头”，再问他是什么颜色，他会说“黄颜色”。

伟伟6~9个月时，妈妈常常帮助他练习站、坐、转等动作；给他一些中等大小的软球、彩色积木、布制的小动物和小摇铃等玩具，并和他一起玩，还用正确的语言告诉他玩具的名称，通过实物和有趣的解说来增加伟伟的记忆力。在伟伟1岁7个月时，面对墙上贴的各种动物、物品，绝大多数伟伟都可以用单词句，正确地说出来。有人做过一个实验，让100个儿童将听过的有趣和没有趣的话回想起来。结果，有趣的话大多数都能记得，没有趣的话大多数都被遗忘了。所以，让孩子把获得知识或者学习当成一种游戏那么有趣，他们就会把所学的东西牢牢地记住了。

伟伟12个月时，妈妈给他买了一个有牛、羊、鸡、狗等各种动物头像的玩具，当按某种动物头像时，它就会发出该种动物的声音。而后当妈妈指着小狗时，伟伟就会说：“狗狗”。问他狗怎么叫，他马上就会学着小狗“汪汪”地叫起来，天长日久，其他的动物他也会这样联系啦。

伟伟刚学会走路，家里人常常带他到附近的公园去玩，经常边玩边给伟伟讲公园中的树木、花草等大自然的物体（让孩子观察身边的色彩和大自然，不光是让他得到美的感受，更重要的是使他形成敏锐的观察力，这非常有利于孩子的智力发育和本身内在的潜力开发）。有时伟伟一下可以说话出6、7种树木的名称，如铁树、榕树……。妈妈小丽非常惊讶，如果不是亲耳听，真不可想象这是2岁8个月孩子能认出的树木。为了使孩子养成爱读书的习惯，在伟伟1岁后，几乎每天晚上8点钟左右就是雷打不动的看书时间。有好些小画书，他都可以让大人讲前段，他讲后段；有时他还可以穿插间断地讲。他从幼儿园回来后常常复述幼儿园的事情。有一件事，你相信吗？那天中午，午睡了，可伟伟要解大便，当时两个痰盂叠落在一起，伟伟看到老师在用力拉，便喊：“老师，加油！老师，加油！”这件事在幼儿园后来都成了美谈。

到位的家长应该通过引导孩子的活动来观察、判断他们的智能发展状况，比如，让孩子同你对话，就能大概知道孩子的语句是否流利，逻辑思维的条理性怎样？让孩子复述发生过的事情或听过的故事，就可以大概知道，孩子的记忆力强弱、兴趣的浓淡和注意力的持久程度。让孩子看图说话、讲故事，就能大概测知他想象能力的丰富和敏捷程度。

伟伟常常和妈妈一起玩“注意看”的游戏。“注意看”这种游戏除了通过色彩和图画来培养孩子的观察力外，还可以有意识地培养孩子专心致志地注意某些事物的能力。因此，伟伟从小婴儿起就形成了一种专心“学习”的习惯。他对小画书特别感兴趣，若试探将小画书拿走时，他会用小手招呼着直嚷“看看，看看”。妈妈小丽旨意是逐渐培养伟伟成人后对自己事业全身心的投入，而不会被其他事情所干扰。有了专心的习惯，即注意力集中，这样孩子的记忆力及自我控制的能力才会大大提高，这种能力对一个人的学习和事业都是非常重要和必要的。

“注意看”的游戏是给孩子一个有各种图案的小花瓶，让他观察一会，然后叫孩子不看花瓶，说出上面有什么东西？还可以在房间放置一些特殊的东西，锻炼孩子的观察力，再撤走某物品，让孩子想想什么东西不在了，看看房间有什么变化……走在街上或在公园里，常常进行“留神看”一类的游戏，如路过商店，就让他仔细看橱窗内摆设的物品，然后再让他讲出留在他记忆中的物品等（既可以训练孩子的观察力，又可以训练孩子的反应能力，那么，注意力、观察力和记忆力，就在你和孩子的游戏中不断加强）。因此，从小注意给孩子提供多看、多听和多动手摆弄物体的机会，让他们尽可能地从感知外界事物的同时，获得丰富的经验是非常重要的。其中，听觉与视觉的训练在感知觉训练中最为重要。

● 作为父母应该明白，孩子能够记住的事物，一定是那些他非常了解的东西，如个大的（大象、长颈鹿等）、体壮的（狮子、马、老虎等）、奇特之物（猩猩、熊猫、猴子等）。孩子之所以能记住这些动物，主要是因为他们对这些动物非常喜欢和感兴趣。有人做过类似实验，在回忆中愉快的事约占55%，不愉快的事约33%，12%是平凡的事。可见，愉快的事令人记忆最清楚，不愉快的事最易遗忘，情绪因素对遗忘也有重要的影响。

15. 什么是思维？

随着年龄的增长，孩子对陌生的周围世界越来越感到新奇和兴趣。2.5岁左右的孩子就会提出许多为什么。当父母带孩子去动物园玩时，孩子看到大象会问："为什么大象的鼻子那么长？"看到猴子会关心地问："小猴子的妈妈为什么不给他穿衣服？"看到老虎时又会问："老虎真的会咬人吗？"上街看到没有见过的东西会问："这是什么？""那是什么？""为什么十字路口一会儿红灯亮、一会儿绿灯亮？"看到电视中感人的镜头会问："为什么爷爷哭了？""那个人是坏人吗？"也许孩子的问题大人听起来是那么幼稚可笑、离奇古怪，但是，这正说明了孩子的思维多么活跃、能力正在迅速发展。那么，什么是思维呢？

思维是借助语言实现的一种思想或观念的精神活动。思维属于心理活动的高级形式，是智能活动的核心。有人认为思维敏捷的人，智商一定高，那可不啊！思考问题的能力和智力的关系，就好比一辆汽车和司机驾驶技术的关系。也就是说，你有一辆很好的汽车，如果驾驶员的驾驶技术不好，车不一定开得好、开得快。反之，尽管你开的是一辆旧车，然而驾驶技术非常高超，照样能把车开好。因此，在智商测验中，分数很高的孩子，并不一定能善于思考问题。因此，无论是哪一个孩子，都不能忽视思维方式的训练。

16. 儿童思维的特点？儿童是怎么在想问题？

儿童的思维（想问题）是在语言发展的基础上、在日常活动的过程中，不断积累经验，逐渐掌握事物与事物之间一些简单联系而产生的。儿童的思维在1岁左右开始产生，是在不断积累经验的基础上出现，如，知道“妈妈”这一词只是指自己的妈妈；1.5岁的幼儿拿到妈妈的钥匙时，会拿其中的一把到橱柜旁，做出开锁的动作；把有胡须的人都叫爷爷；把不同的汽车都叫车；2~3岁幼儿的思维具有直觉性，就是依靠感知和自身动作进行思维，离开了动作思维过程就终止，如拿一根小棍当马，骑在上面边跑边喊，当小木棍被拿走后，游戏也就停止了；与婴幼儿相比，3岁以后，儿童的生活范围逐渐扩大，知识经验不断丰富。与此同时，儿童的认知兴趣也日益发展。这表现在孩子经常提出“怎么样？”“为什么？”一类的问题。这时期孩子的思维已开始摆脱动作的束缚，逐渐学会在动作之前，就能在头脑中依靠表象进行思考。但是，这个时期的孩子，还不能完全离开具体的事物进行思维，进行正确的推理和判断，经常会用自己的生活经验和主观愿望代替事物客观的逻辑。所以，不少推理是不合逻辑的。4、5岁时，思维的独立性开始表现出来。例如，儿童在进行简单的数学计算时，3+4能算出等于7。实际上，这个结果并不是他对抽象的数字进行了分析、综合得来的，而是依靠头脑中再现实物的表象或者数自己的手指头才能算出来的。

17. 如何培养孩子良好的思维方式？

儿童思维过程分为分析综合、比较和抽象与概况三个阶段。

● **分析综合能力的培养：**从婴儿期就可以进行。最好的方法就是和孩子交谈。在谈话的过程中，既可以引导孩子对事物进行综合与分析，又可以利用这个过程发展他的语言表达能力。比如，向孩子提问题，“狗有几条腿啊？”“猫有耳朵吗？”“你的头上都有什么？”等。孩子到了3岁左右，可以指出图画中缺少的部分，让他填图、拼图、做找错误的游戏；或者拆毁玩具，然后让他拼好等等，这都能有效地训练孩子的分析与综合能力。

● **比较能力的培养：**比较是在分析与综合的基础上进行的，比较是我们认识事物的重要过程。通过比较，我们才能区分不同的事物。比较能力的培养，可以从孩子懂得认识事物的生活实践时开始，引导他们对不同事物进行比较。如“两棵树哪个高哪个低？”“两只碗哪个大哪个小？”随着孩子年龄的增长，比较的内容应从事物的单一特征的比较过渡到多种特征的比较。对孩子多进行可以直接观察到的实物之间的比较及实物分类的游戏等。

● **抽象和概括能力的培养**：抽象是在思想上把各种事物的本质属性抽取出来并与非本质属性分开的过程。例如，我们对苹果、梨子、香蕉、菠萝等东西进行比较后可以提出“水果”的特征并把形状、颜色等特征与这一特征区分开。

18. 如何引导孩子善于思考？

培养儿童的思维能力，父母首先要善于、及时回答孩子提出的问题；再者，就是能利用智慧激发孩子心中的好奇心。这是一门教育艺术。著名的物理学家爱迪生，童年是个淘气包，就为了满足看看“将能发生什么”的好奇心，6岁时，竟点火烧了他父亲的仓库。他的母亲并没有因此而厌弃他，而是通过引导，把爱迪生的好奇心带到创造发明的康庄大道，使他成为具有1091件专利注册的“发明大王”。培养小儿敏捷的思维能力，对其智力发展也是一种开拓。

● 孩子在1岁左右，如果拿着某个玩具聚精会神地玩，而不是拿起来就扔掉，我们就应及时地夸奖他，并和他一起玩，启发他尽兴地玩。如果孩子用了一种出人意料的方法玩玩具，不但要夸奖，还要鼓励他再想想多用几种方法来玩。

● 应尽量调动孩子的感觉器官，使其对周围的一切感兴趣，从而不断丰富他对自然环境和社会环境的感性知识和经验。引导孩子自己去发现和探索问题；引导孩子观察一个事物，不仅要观察它的外表，还要观察它的功能等。思维的独创性是智力的高级表现，是智力的精华。独创性强的孩子在思维的过程中比较客观、实际，但是他也有自己的主见、观点、自信和乐观。

● 培养孩子思维的独创性，首先要给孩子创造宽松的家庭氛围。鼓励孩子提各种新颖、独特甚至是有点可笑的创造性设想，不要阻挠孩子自由发挥的想象。鼓励孩子“异想天开”，并告诉他：做任何事情都没有标准答案，消除孩子对书本、对大人的话百依百顺的习惯。

● 发明家的个人传记也会影响孩子的思维，给孩子读读他们创造发明的过程，让孩子崇拜他们，学习他们的创造性，培养孩子的求新观念。在家庭日常生活中，鼓励孩子自主活动，独立办事；鼓励孩子用新的办法去做老的事情。

● 在孩子学习的过程中，父母不要轻易帮助他解决某个问题。对于孩子来说，真正有意义的是独立思考、解决问题的过程。至于是否能让事情做得完美，相对来说显得不是那么重要。因为，这样不但能养成孩子主动学习、解决问题的好习惯，还能充分开发孩子的智力。

19. 婴幼儿有想象吗？

想象是大脑对已有的表象，进行加工改造，形成新形象的过程。也就是，在刺激的影响下，将过去感知的老经验（旧表象）经过加工，重新组合，产生新形象的过程。想象是思维的一种特殊形式，具有间接认识事物和生动的特点。

新生儿没有想象；1~2岁仅有想象的萌芽；2~3岁是想象发展的最初阶段，开始有简单的主题，如模仿妈妈喂娃娃吃饭；与此同时有了一些智慧的结构，如画个圆圈称为“太阳”等。这些想象游戏仅仅局限于模拟成人生活中的某些动作，没有创造性成分；比较零散；内容也非常简单、贫乏。

20. 婴幼儿是怎么学说话的？

语言是人类特有的一种高级神经活动，是儿童学习、社会交往和个性发展的重要基础。语言是表达思维和意识的心理过程，与智能发育有直接的关系。语言必须借助于听觉、发音器官和大脑的正常功能。语言是儿童感觉、认知、运动、心理、情绪和环境等全面发展的重要标志。语言发育与性别、教养以及与是否有经常进行交流的环境等密切相关。儿童语言发育可分为发生、理解和表达3个阶段：

● **准备阶段：**婴儿一出生，虽然不会说话，但会利用发音器官，通过哭和笑等情绪与人进行交流。1个月的婴儿可以用不同的哭声来表达饥饿或疼痛，通过哭声吸引大人对自己的关注。哭是婴儿最早的“语音”。2~3个月的婴儿反复咿呀作声；会用微笑表示自己的满足。5个月左右的婴儿开始进入呀呀学语阶段，发出ba~ba~ba、ma~ma~ma的单音节唇音；逐渐能调节和控制发音器官的活动，产生模仿音。婴儿8个月时已有元音和辅音的组合，牙牙学语达到高峰；开始模仿成人发出的4声音调；能听懂成人部分语言，并对其做出相应的反应，初步形成“词与动作的配合”，称之为被动性语言。11个月左右是词与动作相配合（条件反射）的快速形成期，即可以用词作信号，用姿势表示意思，如挥手表示再见，伸开双手表示要抱抱，用小手指点图片等。此时，牙牙学语的频率降低。

在日常生活中，家长如果对婴儿的各种需求，不断做出回应，那么，婴儿便会越来越多地运用姿势、情绪和发声来表达自己的需求。由此可见，外部的语言环境是言语发展的重要条件。1岁左右的婴儿，能说出第一批真正被人理解的词，这标志着言语的发生。这是一个较长时间的语言准备阶段，又称前言语阶段。

● **理解阶段：**婴幼儿学说话，是先理解后表达。有研究表明，出生不到10天的新生儿就能区别语音与其他声音，如对音乐做出不同的反应（吸吮速率发生变化）。8、9个月的婴儿已经可以听懂成人的一些话，并做出相应的反应，如“拍拍手”“再会”等。12~18个月为语言初期。幼儿对成人语言的理解能力迅速发展，会用单词；词汇量增加到20个左右；能使用词表达自己的愿望，如“抱抱”表示“让妈妈抱抱”。但是，用词说出的短句意义不够明确，词性也不够准确，称为单词句或乱语（隐语）。

● **表达阶段：**婴幼儿学说话，是从无意识模仿成人开始。在不断理解成人语言的过程中，逐渐学会用语言表达自己的要求和愿望。1.5~2岁左右的幼儿，可以用2~3个词组成的词语表达自己的意愿了，如“妈妈鞋”“妈妈走走”“娃娃排排坐”等。这些词虽然结构不完整，十分简短，但意思比单词句明确，仿佛是电报文字，故称为“电报句或隐语”。3岁左右是儿童学习口头语言的关键时期，词汇量已达到1000个左右。这时的儿童，发音还不够准确或句法也不够妥当，但70%~80%的语言可以被听懂。这时的孩子，喜欢与成人交谈，喜欢听成人讲故事，并能理解其内容。所以，在婴儿出生后，就要不断地给予语言刺激，多与儿童交谈。在与孩子进行交谈时，成人的言语一定要准确、规范。儿童语言发展的里程碑见表2-7。

表2-7　儿童语言发展的里程碑

年龄	理解	表达	疑发育迟缓	迟缓
1~2月龄	反应性笑			
6月龄	开始咿呀学语			
10月龄	“不”表示拒绝；对成人的手势有反应	重复单音，如妈妈、灯灯		
1岁	对成人指令有反应；能用手指物	1~2个叠词，乱语；用姿势表示，如“摇头”表示拒绝、“伸手”表示要东西；一词多义，如“车车”可表示车来了、我要车子、车子掉了；以音代物，如“汪汪”为小狗、“滴滴”为汽车		不懂、不会用姿势表示

续表

年龄	理解	表达	疑发育迟缓	迟缓
1.5岁		15~20个字	不说话	
2岁	400个字	说2~4个字的短句,“电报语”	<30个字	不说话
3岁	1000个字	可以说复合句;能正确用单复数、发音、介词	<50个字或者构音有问题	

促进婴幼儿语言发展小贴士

● 最佳方法——经常和孩子说话,让孩子随着语言环境和交谈角色(说话者、受话者、第三者)的变化而变化。

● 和孩子一起,边看书边讲故事:故事讲完后,利用孩子的兴趣(妈妈承诺,明天继续讲他喜欢听的故事),让他简单地复述;孩子讲得不完整,通过引导的方式帮他。

● 看图说话:让孩子看有图画的书,你可以先向他提问题,然后让他看着图讲给大人听。讲得好时,及时鼓励。这对促进他大胆、连贯地讲话,很有好处。

● 背、唱儿歌:孩子很喜欢有韵的儿歌,即使不懂,也爱大声读、唱。成人可以教一些儿歌、浅近的古诗,这样既发展了语言,又学到了知识。

● 作词联物的游戏:如妈妈做饭时,妈妈可以问孩子:“我在洗什么呀?”—“白菜”;“妈妈在煮什么呀?”—“煮面条”……外出时,可以问“天空是什么颜色?”“汽车在马路上干什么?”“你看见天上有什么?”……

● 猜谜语:利用一些短暂的空闲时间,如等公共汽车、睡觉前,饭后休息、外出散步,和孩子一起猜编排得不太复杂的谜语(既让孩子比较容易猜到,又能激发他们的积极性)。

● 作联句游戏：大人和孩子一人讲一句话，连起来编一个故事。例如，"星期天我们到公园""先看动物""再滑滑梯""然后又去打秋千"……

● 大人还可以根据孩子的特点自编故事，用它来强化孩子的注意力和记忆力。

21. 游戏对儿童有多重要，你知道吗？

对于 0~6 岁儿童来说，游戏就是工作。游戏是儿童自由、快乐的行为，也是学习运动、与人交流和了解周围环境的重要途径，如在与父母和家庭成员交往过程中，婴幼儿通过亲人的抚摸、声音、表情的传递，获得情感和食物的需要。在游戏玩耍的过程中，其肌肉的控制能力逐渐增强、运动的平衡能力不断增加。所以，通过游戏获得的每一项新技能又可促进下一个技能的发展。因此，游戏既能使儿童的认知、情感、意志、人格、道德获得较快的发展，又可促进身体运动器官的健康发育。

婴幼儿的游戏能力，随着年龄的增长不断增强。5~6 个月的婴儿正处在感知运动阶段，对抓握物体开始感兴趣，不管是玩具汽车、勺子还是其他什么小物品，都喜欢拿，放入口中或者进行敲打、摇动，这就是他们最初的游戏方式。9 个月的婴儿仍然处在感知运动期，但是采取的游戏方式却有所不同了，如同样是玩具汽车，9 个月的婴儿在摆弄时，会先用眼睛观察，再从各个方向边观察边触摸，体现了智能水平的提高。1 岁左右的幼儿开始理解物体的使用功能，如推着小车走，敲打玩具，让其发出响声；18~24 个月幼儿想象游戏的雏形开始出现，如拿勺喂玩具娃娃吃饭；24~30 个月的幼儿真正想象的游戏出现，开始应用象征物，如在盘中放小纸片当食物等。

第三节 0~3岁儿童情绪发展与促进

近半个世纪以来，“精神健康”问题越来越受人们的关注。虽然儿童时期的各种精神卫生问题与成人时期的精神病之间的直接关系，并未能完全明确。但儿童期的情绪、行为问题将会影响到他（她）的学业、人格以及今后的成就。因此，了解儿童的情绪和个性发展是非常重要的。

1. 什么是情绪？情绪是怎么产生的？

情绪是一种原始的、简单的情感，如喜、怒、哀、乐等。情绪的发生可以由引起情绪反应的情境、身体状态、情绪表现和情绪体验4个部分组成（图2-3）。

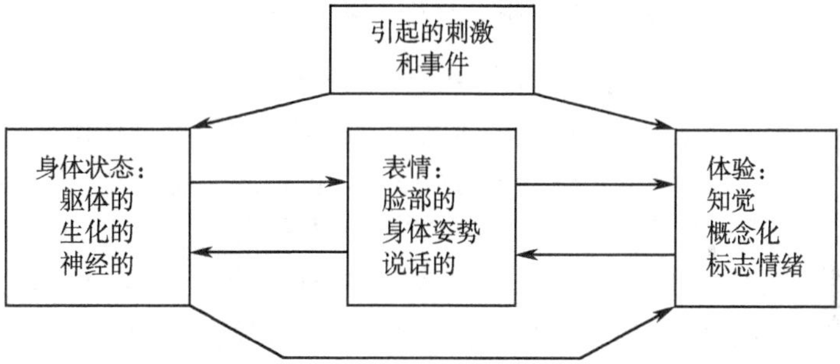

图2-3 四种情绪成分（根据M.Lewis & C.Saarni，1985）

● **情境**：包括各种刺激或事件。如发生的事件（与母亲分离）；对过去事件的记忆（被动物咬伤过）；想象或者幻想（想象妖怪），以及从前的情绪体验等，都能引起情绪反应，这些能引起情绪反应的东西被称为情境。儿童在不同年龄阶段，由于其认知水平不同，引起情绪反应的原因也不同。

● **情绪表现**：包括面部表情、身体姿态和声调等都是情绪的外部表现，如狂喜时捧腹大笑，高兴时手舞足蹈，难过时轻声抽泣，生气时怒发冲冠等，都是描述人们在不同情境下的情绪表现。

● **身体状态：** 指情绪发生时，躯体神经和生化的改变。当人受到惊吓或精神紧张的瞬间，全身会发抖，心率加快，汗毛竖立，皮肤出现鸡皮疙瘩，机体内分泌也会随之发生变化。情绪稳定后便会自动放松。因此，神经生理是身体状况改变的基础。

● **情绪体验：** 人只有在感知到情绪或者能够将情绪概念化时，有意识的情绪体验才会发生。处于前语言阶段的婴儿由于不能用语言描述自己的情绪，其情绪体验与会说话的儿童是无法比较的。

因此，当情绪发生时，情境是情绪发生的原因，情绪体验和情绪表现是情绪的主体成分，而神经生理的激活则是情绪发生的生理基础。

2. 情绪对儿童的心理发展起什么作用？

情绪是非智力因素的重要内容。积极乐观的情绪是儿童心理健康的标志之一，对儿童的生长发育起重要的促进作用。

● **情绪是婴儿生存的重要工具：** 婴儿饿了就哭，吃饱了就玩耍、笑。所以，他们与成人交往是通过情绪来体现的。成人再根据婴儿的情绪表现，来调整他们的养育措施。如果成人对婴儿的情绪反应（饥饿或生病时的啼哭）没有反应，那他们的生存便会发生困难。这不仅影响婴儿对他人信赖感、安全感和依恋感的建立，甚至还会影响到生命。

● **情绪促进认知、认知彰显情绪：** 情绪影响婴幼儿的认知活动，而认知活动又促进了儿童情绪的分化。影响智力发育的认知能力、记忆能力、想象能力和思维能力等均会受情绪的影响和制约。因此，给儿童创造良好的情绪体验，能引起儿童的注意和兴趣，从而进一步提高对该事物的认知水平。

● **情绪既能激发又能驱动婴幼儿的心理活动：** 婴幼儿早期的行为表现是受情绪支配、情绪制约的结果。有研究表明，兴趣和好奇能促进婴幼儿的认知活动。这种带有原始情感性质的兴趣和好奇，是一种内在的驱动性情绪，是儿童早期认知活动的源动力。愉快的情绪能够导致积极的行为，促使婴幼儿去探索周围的世界。

● **语言发育未成熟时，婴幼儿利用情绪与成人交往：**情绪是一种独特的非语言沟通方式。它通过面部表情、身体姿态、声调的变化来实现信息的传递，是对语言交际的重要补充。儿童常常用表情（微笑）代替语言来回答成人的问题。成人也可以通过观察婴幼儿的情绪反应，了解他们的需求、好恶和感觉体验，从而调整与儿童交往的方式和方法。

● **情绪是婴幼儿产生意识和个性形成重要因素：**拥抱和抚摸可以满足婴幼儿最初的生理需要和安全感，也能给他们带来愉悦的情绪体验。随着年龄的增长，幼儿的自我意识逐步发展。受到表扬感到自豪，受到批评感到惭愧；被小朋友嘲笑感到难过等，这都是儿童自我意识的情绪体验。这些情绪体验反过来又促进儿童个性的发展。情绪在社会化的进程中，经过稳定化的发展，逐渐形成自我的情绪品质，如经常出现焦虑的儿童，会形成焦虑的品质；性情开朗的儿童，则形成快乐、活泼的品质。焦虑或开朗的品质在社会化的过程中，就会形成不同的个性心理特征。

3. 婴幼儿的基本情绪是如何分化的？

婴幼儿的情绪在与成人的相互交往中，逐渐社会化。例如，婴幼儿的社会性微笑、依恋、分离性焦虑、怕生、害羞、嫉妒和自豪等，都是在与人交往的过程中，通过面部表情体现出来的。所以，情绪的社会化促进了婴幼儿的人际交流和社会关系的发展。

加拿大心理学家布里奇斯（K.M.Brigdges）在观察了62个婴儿的情绪反应后，于1932年提出：新生儿的情绪只是一种弥散性的兴奋或激动。这种兴奋或激动大约在3个月时分化出痛苦和快乐；随着社会化的推移，痛苦分化为愤怒、厌恶、恐惧和嫉妒；而快乐慢慢分化为高兴、喜悦和喜爱。婴幼儿情绪分化时间表见文末彩图 2-4。

我国心理学家孟昭兰根据自己的大量研究提出，在人类种族进化的过程中，婴幼儿由遗传获得愉快、兴趣、惊奇、厌恶、痛苦、愤怒、惧怕和悲伤等基本情绪。情绪的发生具有一定的时间次序和诱因；既有一般规律，又有个体差异（表 2-8）。

表 2-8 婴幼儿情绪发生的时间、诱因及情绪表现

情绪表现	最早出现时间	诱因	经常显露时间	诱因
痛苦	出生后 1~2 天	身体痛刺激	出生后 1 周	身体痛刺激
厌恶	出生后 1~2 天	异味（如苦、酸）刺激	出生后 1 周	不良味觉刺激
微笑	出生后 1 天	睡眠中，体内节律反应	出生后 1~2 周	吃饱、柔和音乐和人的声音
兴趣	出生后 1~2 天	新的异光、声音和运动物体	2~3 月龄	人面孔、清晰的图像
社会性微笑	3~6 周龄	高频人语声（女声），人的面孔出现	3 月龄	熟人面孔出现，面对面玩
愤怒	2 月龄	药物注射痛刺激	7~8 月龄	身体活动受限
悲伤	3~4 月龄	治疗疼痛刺激	7 月龄	与熟人分离
惧怕	7 月龄	从高处降落	9 月龄	陌生人或陌生环境，异常物体出现
惊奇	1 岁	新异物体突然出现	2 岁	同前
害羞	1~1.5 岁	熟悉环境中出现陌生人	2 岁	同前

续表

情绪表现	最早出现时间	诱因	经常显露时间	诱因
轻蔑	1~1.5 岁	欢乐情况下显示自己的成功	3 岁	同前
自罪感	1~1.5 岁	抢夺别人玩具	3 岁	做错事，如打破杯子

4. 婴幼儿的情绪如何在社会化的进程中发展？

一般来说，婴儿在语言尚未建立前，情绪的好坏决定于机体生理需要的满足和健康状况。他们与成人的交往，主要是通过情绪来表达，如小婴儿用哭表达饥饿、寒冷、疼痛等。随着自我意识的增强和社会化的进程，其他的情感也迅速发展，如 1 岁见到新奇的物体时可呈现出惊奇；1.5 岁左右发展出不安、羞愧、内疚、嫉妒、自豪、操作性焦虑等；2 岁左右能清楚地表达骄傲和同情，至此，成人所有的基本情绪、情感，儿童都已具备。

● **0~2 个月：**这个年龄段正处在社会性反应还没有分化的阶段。胎儿出生后，生存环境发生了巨大的变化，如不再是宫内的恒温、营养需要母亲喂养才能获得……因此，会因为很多不适应（饥饿、寒冷、尿布潮湿等）而产生不愉快。婴儿对这种不愉快的消极情绪常常会用啼哭来表达。但是，这种啼哭所表达的不愉快情绪是模糊不清、笼统的状态。

● **2~6 个月：**社会性反应开始分化。如 3 个月左右的小婴儿对人脸甚至假人的面具都很喜欢看；任何人对婴儿拥抱、微笑、说话都可以使婴儿产生愉快的反应。虽然他们对熟人和陌生人的反应没有差别，但它是发生特化性和差异性的基础，是父母与婴儿相互了解、相互协调必须经历的过程。3 个月左右的小婴儿看见人的面孔会发出微笑（社会性微笑）是情绪社会化开始的重要标志。微笑，反映了积极的情绪，对儿童的心理发展具有积极的作用。5个月左右的婴儿更容易对父母或熟悉的养育者发出微笑，啼哭时也容易接受他们的安抚。6~7个月的婴儿开始对熟悉的养育者产生依恋，见到母亲的笑脸会报以微笑和舞动四肢；对母亲悲哀的面容，亦能表现悲哀的表情。婴儿此阶段发出的情绪反应，是在学习“等待（即期待的延缓效应）”，等待家长给予的“及时满足”。所以，婴儿“期待 - 实现”的行为反应模式，是建立母 - 婴信赖感、母 - 婴安全依恋的重要基础。

● **7个月 ~2岁**：这个时期的婴幼儿对母亲已经产生了特定、持久的情感联系情结——依恋。依恋是婴幼儿寻求、企图在身体上保持与另一个人亲密联系的一种倾向。依恋的对象：母亲或其他亲近的照养者；依恋的表现：微笑、啼哭、咿咿呀呀、依偎、跟随等。6~8个月的婴儿对母亲的离去，会表现不安和伤感；对陌生人则表现出紧张和焦虑（认生）。8~9个月时表现出明显反抗与抚养者的分离，当离开依恋者时就会很痛苦并哭喊，而且明显地害怕陌生人，这就是所谓的分离反抗和陌生人焦虑。

依恋是儿童与父母（特别是母亲）一种长期稳定而深刻的关系。它能使儿童从依恋者获得最大的舒适、愉快和安全感；能使儿童产生人际交往的积极、主动、自信，以致使大胆探索周围世界的精神增强。儿童心理学家安斯沃思（M.Ainsworth），将儿童的依恋分为以下4种类型：①安全型依恋（占65%~70%）：在陌生情境中，能把母亲作为“安全基地”，大胆地对周围环境进行探究。母亲在场时，能够安静地玩耍和探究，对陌生人的反应较积极；当母亲离开时，表现出苦恼、不安，探究活动明显减少；母亲返回时，他们会立刻寻求接触，寻求母亲的安慰，然后继续玩耍。伤心时可以被陌生人安慰，但母亲的安慰更有效。②回避型依恋（约占20%）：在陌生情境中，母亲是否在场，对儿童的玩耍行为没有影响；母亲离开时，儿童没有分离性焦虑；母亲返回时，往往也不予理会，虽然有时也会寻求接近，但很短暂，接近一下又走开了。在忧伤时，回避母亲的亲密行为，很容易从陌生人那里获得安慰，陌生焦虑表现得不明显。这种儿童与母亲实际上并没有形成依恋，称为“无依恋儿童”。③反抗型依恋（约占10%）：在陌生情境中，难以主动地探究周围环境、探究活动很少，表现出明显的陌生焦虑。母亲离开时，儿童表现的分离性焦虑特别明显；重逢时他们一方面试图主动接近母亲，另一方面又对来自母亲的安慰进行反抗。他们的行为表现出一种愤怒、矛盾的心理。不把母亲当作“安全基地”。当母亲返回时，他们拒绝去玩耍，仍然表现焦虑不安。④紊乱型依恋：行为显得混乱、具有自我破坏性。他们先接近父母然后又离开，好像“分不清方向”。

● **2岁以后**：儿童心理学家埃里克森认为，婴幼儿在1.5岁前，情感的社会性发展是处在建立基本信任感时期；而1.5~3岁时建立基本自主感。2岁以后，幼儿运动和认知能力不断提高，活动范围和探索环境的兴趣也大大增加。由此，其生活也随着发生重要的变化，如与母亲经常分离（产生焦虑情绪）、与同伴交往（产生共情）。幼儿在这些活动中，自我意识不断发展，形成共情、羞愧、内疚等多种情绪，与此同时恐惧、焦虑、愤怒、愉快、爱等情绪也不断分化发展。

所以，在婴幼儿情绪早期发展的重要时期，父母要通过满足婴儿基本需求（饥、渴、交往等），使婴儿产生期望，并实现期望，以建立基本的信任感。当幼儿独立意识开始建立并形成时，父母要避免对儿童过多的限制与批评。应该理解和支持幼儿逐渐参与日常活动的要求，帮助幼儿获得自主感，以利于幼儿积极情绪的更好发展。

5. 如何促进婴幼儿建立安全型依恋？

依恋关系的建立受外部生活环境和儿童自身素质的影响。儿童与父母尤其是与母亲的依恋是一种长期稳定和深刻的关系，是其他任何关系都无法替代的。母亲是儿童建立安全型依恋的关键因素。Ainsworth等人认为，婴儿的依恋特征和依恋质量在很大程度上，取决于母亲的养育特征：如母亲对儿童发出的需求信号敏感，对其采取亲热、接受与合作的态度，有利于安全型依恋的形成；抚养者对儿童如果采取高压力、虐待和忽略的养育方式，则会导致儿童产生不安全型依恋。早期的依恋性质对儿童以后乃至一生都有非常重要的影响。安全型依恋的儿童能够从依恋者获得最大的舒适度、愉快和安全感，能够安心大胆地探索周围世界。在人际交往中，能够积极主动，表现出独立自信，变通性和适应性很强的良好心理素质。这种积极的心理素质和进取的探索行为，有利于儿童进一步扩大视野，从而促进其认知能力、智力的快速发展。

另外，家庭经济状况、社会地位、家庭结构和氛围、父母文化素养等，都会通过影响抚养者的心理特点和抚养质量，对儿童的依恋产生影响。气质是儿童行为活动的动力特征，它赋予儿童依恋行为特定的速度和强度，制约着儿童的反应方式和活动水平。难养型和发动缓慢型儿童，容易导致母亲的抚养困难，反过来对依恋的形成产生影响。

● 分离：包括躯体（如与家长分床睡、父母上班或外出、上托儿所、住院等）和心理分离（儿童从内心认同自己，将自己作为一个独立的个体与家长区分开）。心理分离是儿童个体化、独立性发展的开始，躯体分离可促进儿童的心理分离。婴儿在6~8个月时，会竭力寻求与其熟悉的看护者，尤其是母亲的接近，并抗拒分离。当面临分离时，表现出哭闹、寻找等焦虑性行为，这是分离性焦虑。与此同时，儿童对陌生人，表现出明显的警惕性或恐惧，这就是陌生人焦虑。分离性焦虑和陌生人焦虑，分别在14~18个月和8~10个月间达到高峰。研究者认为，分离性焦虑和陌生人焦虑的出现标志着依恋的形成。

● **家长如何接受与孩子的分离**：随着年龄的增长，儿童必然要与抚养者分离。由于分离涉及亲子双方，因此家长也需要接受与孩子的分离。婴儿与母亲分离的痛苦强度与母 - 婴关系有关。关系越密切焦虑反应越强烈，关系一般分离反应的强度也就较弱。有些国家的婴儿，如在美国等西方国家，最早的分离是分床睡，婴儿往往在刚出生的时候就与父母分床睡，甚至单独睡儿童卧房。如果婴儿在分离性焦虑的高峰期前就习惯了分睡，分离过程就比较容易。我国由于住房条件限制和传统观念的影响，对孩子的独立性评价过低；对儿童过度保护、迁就，与儿童依依不舍等，无形中强化了孩子的分离性焦虑。在美国，刚入托儿所的婴儿，家长常需要在托儿所中陪伴 5~7 天，当孩子熟悉了新环境后才离去。孩子在疲乏、疾病或面临痛苦时，对分离性焦虑的耐受性下降，焦虑反应会更强烈。所以，在这些情况下应有家长的陪伴，给予孩子心理上的支持。

● **婴幼儿产生陌生人焦虑的影响因素**：婴幼儿产生陌生人焦虑，与熟悉的抚养者是否在场、是否熟悉环境、是否经常接触陌生人等因素有关。如婴儿在 5~6 个月，见到陌生人会有一种严肃的表情；6~8 个月，见到陌生人，就会表现出害怕、不安、转头、寻找母亲或依偎在母亲怀中，即产生了陌生人焦虑；8~10 个月，陌生人焦虑达到高峰，对陌生人表现出明显的警惕性或害怕，甚至大声哭喊，明显的陌生人焦虑大约持续到 2 岁左右。

依恋与焦虑是儿童早期社会性和情绪发展的中心部分。对母亲的依恋为儿童提供了安全的基础；依恋有助于儿童采纳与父母相同的价值观和与之相应的鼓励行为；有助于儿童适应社会，使幼儿的焦虑体验减小到最低限度，使舒适的安全感增加到最大程度。

促进婴幼儿情绪发展小贴士

依恋与焦虑是儿童早期社会性和情绪发展的中心部分！

● 对母亲的依恋为儿童提供了安全的基础。依恋通常是有利于儿童发展，有助于儿童采纳与父母相同价值观和与之相应的鼓励行为，有助于儿童在更大的社会范围内较好的生活。

● 让儿童舒适安全感增加到最大的限度，就应该让1岁左右婴幼儿的焦虑体验减少到最低限度。

● 创造良好的家庭、集体生活环境，并给予爱抚，让孩子懂得同情，互相友爱，懂得尊重别人，有礼貌，使孩子与同伴及成人之间建立亲密的情感。

● 让孩子与社会多接触，参加一些有意义的社会活动，使他尝试自己在社会中的地位和角色，充分表达自己的情绪。

第四节 0~3岁儿童社会性发展与促进

1. 什么是个性?

个性又称人格，是由遗传和环境所决定的现实和潜在的行为模式，也是比较稳定的心理特征。它是每个人处理环境关系的倾向性，包括思想方法、情绪反应、行为风格等。所以，不同的儿童有不同的个性，主要表现在兴趣、能力、气质和性格等方面。

● **兴趣**：是人认识事物，需要的情绪表现，如愿意更深入、更多地认识对其有意义的事情。兴趣在活动中起非常重要的作用，它使人能积极地去寻找成功需要的途径和方法。比如一个人对某种爱好或某种东西产生了兴趣，他就会积极地接近它、认识它、钻研它，甚至废寝忘食，继而产生不可估量的效果。对于儿童来讲，如有的爱唱歌、有的爱画画、有的爱跳舞、有的爱看书等。儿童的兴趣特点具有暂时性、不稳定性。因此，要积极正确地引导孩子的兴趣爱好，特别是学习的兴趣。

● **能力：**是制约人完成某种活动数量和质量的心理特征。能力在活动中体现，在活动中发展。能力可分为一般能力和特殊能力。一般能力是在从事任何活动都需要的，如观察力、注意力、记忆力、想象力、思考力等。特殊能力指从事某种特殊活动所需要的，如音乐家对音乐节奏特别敏感；画家对色彩具有特殊的鉴赏能力等。

正常人都具有一般能力，但是特殊能力并非人人皆有，特殊能力需要多种能力的结合。有些默默无闻的父母不希望自己平庸的经历在子女身上重演，便热衷于挖掘孩子身上的“特殊能力”。于是，千篇一律地让孩子学弹琴、练唱歌、学跳舞、学绘画……然而，这片“好心”常常会损害孩子的心理健康。所以，为了孩子健康的成长，父母应该从“望子成龙、望女成凤”的急切心情中“解放”出来。即，当让孩子做一件事情时，应考虑孩子的接受能力和智力发展的阶段，善于观察、发现孩子的爱好，培养孩子的兴趣，让孩子健康地成长。

● **气质：**气质是由生物学决定，生来就具有的心理特征，也是人格发展的基础，性格的核心。气质与生俱来，稳定而持久，贯穿于整个儿童时期。如刚出生的新生儿有的爱哭，有的很少哭；有的吸奶一口气吸得很长，中间有规律地停顿一下，不轻易受外界干扰；有的吸奶一口气吸得很短，停顿较多，较容易分散注意力。也就是说，婴儿出生后很快就表现出明显的气质差异性。

儿童气质的最早研究者是美国的托马斯和切斯（Thomas &Chess），他们认为儿童气质是每个儿童的行为表现方式，体现了儿童对外来刺激、机会、期望或要求的反应。通过对儿童长期的追踪观察，他们提出了婴儿的气质可归属为3大主要类型和9个维度（表2-9，表2-10）。

表 2-9　儿童气质的三大主要类型

类型	主要特征	占儿童的比例
易养型	这类儿童饮食、大小便、睡眠都有规律；心境比较愉快、积极；乐于探究新事物，在新事物与陌生人面前表现出适度的紧张，对环境的变化容易适应	大约 40%。
难养型	活动没有什么节律，不容易预测和把握；对新环境反应退缩，很难适应，对新环境或陌生人很敏感，反应强烈，往往很紧张，如哭闹不止等	大约占 10%。
启动缓慢型	行为表现居易于护理儿童和困难儿童之间，属于慢性子。他们对环境的变化也不容易适应，在陌生的人与物面前反应也退缩；不容易兴奋，而且反应的强度比较低；对环境刺激的反应比较温和、抑制；心境比较消极	约占 15%。
混合型	儿童兼有这 3 种气质类型中的 2~3 种特点，即混合型。	大约 35%

表 2-10　儿童气质的 9 个维度

维度	活动水平	节律性	分心	探究与退缩	适应性	注意广度和持久性	反应的强度	反应的阈限	心境的性质
表现	指活动的频度和速度	指生物节律是否规则（睡眠、进食和排泄等）	指是否易受外界刺激的影响，而分散了他对原有行为活动的注意	指儿童对于新的经历的立刻反应是接受还是拒绝	指对环境变化的适应是很快、中等，还是长久不能适应	注意广度指儿童在同一时间内，能够清楚觉察或认识客体的数量；持久性指注意维持在同一对象上的时间	指对事物反应的能量大小，不管它的方向或性质如何	指引出一个可以分辨的反应所需最小的刺激量。不管他的反应是阳性还是阴性，也不管其反应的强度	指儿童占优势的情绪反应。即友好的、愉快的、阳性的心境表露的数量与不友好的、不愉快的、阴性的心境表露的数量之比

气质是婴儿自发性行为与环境相互作用过程中的情绪或行为个体特点，气质对儿童日后的心理发展具有较大影响。儿童随着年龄的增长，环境因素的复杂化，其行为、情绪的表现也愈来愈多样化。不同气质的儿童在成长过程中会出现不同的表现。所以，气质对于儿童行为的定型及在特定环境中塑造出各种不同的个性特征，一直起着重要的作用。

● **性格**：是人对客观现实稳定的态度和习惯的行为方式，是具有核心意义的心理特征。儿童个性心理特征和个性倾向决定着适应社会环境的方式和处事态度。虽然以后对某些不良的个性特征能加以改造，但往往很难起质的变化，除非亲身经历的客观环境有极大转折或变化。儿童的性格并不是由先天决定的，它是在气质的基础上，由长期的生活环境和社会实践相互作用而逐渐形成的。性格一旦形成就具有相对的稳定性，但也具有一定的可塑性。心理分析学家认为性格形成的中心是冲突(conflict)。一直受周围人肯定、积极评价的儿童往往会产生一种满意感、自信感；而经常受到否定的、消极评价的儿童很容易产生一种自卑感、孤独感。

2. 婴幼儿的个性是怎么形成的？

弗洛伊德对婴儿阶段划分，0~1 岁是口唇期，1~3 岁是肛门期。他认为在口唇期，婴儿主要通过吸吮、咀嚼、吞咽、咬等口腔的刺激活动获得性的满足，如果这时期的基本需要得到满足，以后就会形成乐观、信任、有信心的人格；若满足不当(过多或过少)，长大后倾向于形成悲观、对人不信任、依赖、被动、退缩、猜忌等消极的人格，并伴随一些咬手指甲、吃手指、吸烟、酗酒、贪吃等不良的行为习惯。在肛门期，父母在这时期开始培养孩子大小便的习惯，抚养不当，则会形成“肛门性格”，表现为邋遢、浪费、无条理、放肆或是过分爱干净、过分注意条理和小节、小气、固执。

埃里克森(E.H.Erikson)认为，0~1 岁是基本信任对基本不信任的时期，如果照料者能以慈爱和一贯的方式来满足儿童的需要，如要吃、要抱、要有人逗他玩、尿布湿了要换，他们就会对照料者（主要是母亲）形成基本的信任感，要求不能得到正常的满足就会形成不信任感。他很重视亲子关系，认为父母对儿童、对生活、对自己的不信任会巧妙地传递给儿童。信任感占优势的儿童有敢于冒险的勇气，不会被绝望和挫折压垮。1~3岁是自主性对羞怯和疑虑的时期，这个阶段中，发育的任务是自主性。这时，儿童迅速形成许多技能，有了自己独立做事的愿望，自己的意愿有时会与父母的意愿发生冲突。若父母过分溺爱或不公正地体罚儿童，儿童就会感到疑虑而体验到羞怯。父母需按社会的要求或习俗来控制儿童的行为，要注意不伤害儿童的自我控制感和自主性，这样儿童才能既学会独立又能服从一定的规定与要求。当儿童形成的自主性超过羞怯与疑虑，就能形成意志的美德。

父母对孩子的教育方法对孩子性格的形成有很大影响。如果父母采用“权威”的教育方法，可引起孩子发脾气，不听从管教，为所欲为，固执，缺乏自信心及自尊心等；而父母的“民主”教育可以培养孩子的独立、大胆、机灵，善于同别人交往、协作，有分析思考能力。由于婴幼儿的性格尚未定型，因此重视婴幼儿个性的培养和教育至关重要。父母是孩子性格的塑造家，其教育方法对儿童性格的形成至关重要，父母教育孩子的态度对孩子性格形成的影响见表2-11。

表2-11 父母教育孩子的态度与孩子性格的关系

父母教育的态度	孩子的性格
民主	独立、大胆、机灵，善与别人交往、协作，有分析思考能力
过于严厉、经常打骂	顽固、冷酷无情、倔犟或缺乏自信心及自尊心
溺爱	任性、缺乏独立性、情绪不稳定、骄傲
过于保护	被动、依赖、沉默、缺乏社交能力

续表

父母教育的态度	孩子的性格
父母意见分歧	警惕性高、两面讨好、易说谎、投机取巧
支配性	顺从、依赖、缺乏独立性

3. 什么是社会性?

社会性是儿童作为独立的个体,在与人进行交往、融入社会所需要的品质和特点。那儿童是怎样融入社会的呢?首先我们要了解孩子是怎么认识自己的,即“我是谁”?有研究认为,1~2个月的小婴儿已经能意识到这个问题,具体表现在将自己的躯体与周围的物体区分开,将自己的哭声与其他婴儿区分开,但是他本身并没有真正产生自我的认识。那么,什么是“自我”呢?自我包括:自我概念、自我认识、自我意识、自我评价、自我控制、自我调节和自尊等。

4. 婴幼儿的社会性是怎么发展起来的?

婴儿社交技能的发展与儿童本身的性格(如气质)、家庭环境及与父母的依恋关系有关。自我意识的开始是以依恋的产生为标志,也就是通过观察主要抚养人的社交信号(如微笑、舒适、害怕),学习处理新环境的人和物。比如7个月的婴儿看见陌生人时,他会通过观察母亲对陌生人的表情和反应来逐渐分辨接近陌生人的方法:如果母亲微笑默许,婴儿会保持安静;如果母亲表示不热情,婴儿可能会哭。对于自我的认识是在依恋逐步形成的过程中不断发展,如当父母离开时,婴儿便会感觉到自己的独立存在;接近1岁的婴儿可以指出自己身体的几个部分;1岁以后能用词表达自己身体的各部分,也知道自己名字;21个月左右的婴儿,大多数能认识镜子里的映像是自己,照镜子时会摸自己被标记了的鼻子;2~3岁开始把自己当作主体来认识,从称呼自己名字变为称“我”,这是自我意识发展的一个重要转折，也是区别自己与他人重要的“里程碑”。自我评价从这个时期开始出现，但此时的自我评价还是依赖于成人对他们的评价。所以，成人对儿童的评价是否“恰当”，对儿童自我意识的发展有着重要影响。

随着“自我”的发展，婴儿的社会关系也逐渐从与父母的交往向与同伴交往发展。婴儿的同伴交往和与父母等人交往一样，是社会化进程的重要部分，而且同伴交往有着与成人交往所无法替代的作用。6个月前婴儿的同伴交往尚无社会意义；6个月后出现对同伴的微笑和发声，但只有极短暂的相视、微笑或触摸，婴儿之间通常互不理睬。1岁之内，大部分的同伴交往都是单向的，缺乏相互的反应。1岁后出现了简单的交往，婴儿之间开始有了应答性的行为，如相互对话或给玩具，仍以单独游戏为主。18个月左右的小儿社会性游戏迅速增多，2岁后社会性的游戏超过了单独游戏，儿童更愿意与同伴进行游戏。游戏是同伴交往的主要形式。在游戏中，儿童发展最初的友谊，表现为同伴之间的亲近、共享、积极的情感交流，并且开始出现偏爱某个同伴。

5. 如何促进婴幼儿的意志发展？

● 什么是意志？

意志是人自觉支配和调节自己的行为，去克服困难以达到预期目的和任务的心理过程。意志过程有3个基本特征：①行动有目的；②行动体现在克服困难之中；③以随意运动作为基础。意志是在生活中逐渐强化自己的行动而形成的。积极意志品质的特点有自觉性、坚持性、果断性、自制性（包括控制自己的情绪、约束自己的言行）；消极的意志品质表现为依赖性、顽固性及冲动性。年龄越小，积极的意志品质表现越差。

● 婴幼儿意志发展的雏形

新生儿没有意志。随着年龄的增长和伴随动作、语言的发展，婴幼儿会意欲用一些动作来达到某种结果（行动或抑制某些行动）时，出现了意志的萌芽。婴儿在1岁左右出现了最初的独立性，如按自己的目的抓、够远处的玩具；摔倒后自己爬起来等；还表现在许多场合中拒绝成人的直接帮助，如吃饭时坚持要自己吃。随着对自主性的追求，2~3岁的幼儿就不那么顺从了，经常说“不”。3岁左右的儿童出现“事事都要自己干”的行为，这就是意志发展的标志。随着年龄的增长，语言和思维的发展，社会交往的增多，儿童的行动可服从于别人或自己的目的，而不受外界环境或内部心理活动的影响。在成人教育的影响下，儿童的意志逐渐形成并发展。儿童积极意志的发展与其思维活动、个性、行为及学习能力密切相关。培养婴幼儿具有创造性的思维活动或行动，应从培养其坚强的意志着手。可通过日常生活、游戏和学习，来培养儿童的自制能力、责任感和独立性，以促进其积极意志的发展。

第五节　学龄前儿童心理发展与促进

“学龄前儿童”是指3周岁以后至5岁的儿童。学龄前期是儿童心理行为发育的过渡时期，具有高度可塑性的特点。其养育方法应以“行”和“理”兼并。为此，要加强良好生活和卫生习惯的培养，并注重道德品质的教育，为上小学做好准备。

此期儿童体格发育的速度比幼儿期减慢，身高每年平均增长5~7厘米，体重每年增长7~8千克。3岁幼儿脑约重1010克，相当于成人脑重的75%。神经细胞仍继续进行树突和突触数量的增加以及“修剪”，神经纤维的髓鞘化速度有些放慢，但是在逐渐地完成，神经兴奋的传导比婴幼儿期更加精确、迅速，由于运动和感觉区域神经元的髓鞘化到6岁才能完成，因此学前儿童仍然显得眼手协调能力较低和动作较笨拙。

皮亚杰认为2~7岁是前运算阶段，随着信号功能或象征性功能的出现，儿童可以凭借象征格式在头脑里进行“表征性思维”。例如，进行各种象征性游戏，把布娃娃当作小朋友，把木棒当作马等；用词语表示某个人或某物；用一种事物代表另一种事物，在头脑中进行想象，进行延迟模仿、语言、扮演游戏角色、理解图片、绘画、搭模型等，这些活动和技能都体现了该阶段学龄前儿童认知功能的发展特点。4~7岁属于皮亚杰的前运算阶段直觉思维时期，这个时期儿童的思维特征是直接接受感知的事物，并被其所左右。所以，感知对儿童行为的影响要比事实的影响大。这个时期儿童的另一特征是“自我为中心”，即看待事物完全是从自己的角度出发。

随着年龄的增长，孩子的认知能力和个人智能水平不断提高，在兴趣和爱好方面也有了很大的发展。如有的孩子喜欢唱歌，有的却喜欢跳舞，对任何事物都感到新鲜，认识兴趣也更加浓厚，但是孩子的兴趣和爱好还很不稳定容易转移。3岁的儿童，其独立性、自信心、自尊心、道德意识等人类高级的情感和行为特征逐渐发展起来，初步形成对人、对事、对自己和集体一些相对比较稳定的态度，开始意识到性别的差异，是个性形成的重要基础。因此，学龄前期的生活经历对儿童长大后乃至一生的个性特点，都具有举足轻重的影响。

1. 学龄前儿童知觉发展有哪些特点？

知觉的发育主要表现于动觉和视觉的联系以及各个分析器官的协调活动上。一般情况下，4~5岁的儿童观看客体时，先看到的是个别部分，然后再是整体；但6岁以后的儿童便逐渐发展为先看整体，然后再看部分。

● **形状知觉：**学龄前儿童对形状知觉的发育很快，3岁时已能辨别圆形、方形和三角形，4~5岁时能认识椭圆形、菱形、五角形等。大小的知觉，即对图形大小判断的正确性，需依图形本身的形状而定，如幼儿判断圆形、正方形和等边三角形的大小较容易，而判断椭圆、长方形、菱形和五角形的大小较困难。对方位的识别，3岁儿童已能辨别上、下方位，4岁儿童已能辨别前、后方位，5 岁儿童开始能以自身为中心辨别左、右方位，到 6 岁时虽然能完全正确地辨别上、下、前、后 4 个方位，由于左右方位有相对性，准确的识别需经过较长一段时间，所以以对方为中心判断左右一般要到 7、8 岁才能完全掌握。因此，学前儿童对字符的识别经常左、右颠倒。例如分不清“d”与“b”、“p”与“q”、“9”与“6”。

● **时间知觉**：学龄前儿童对时间的掌握比较缓慢，也就是时间知觉发育得比较晚。4 岁左右的儿童才开始有时间概念，但很不准确，需要依靠具体事例进行说明，如早晨起床、晚上睡觉。有研究显示，学龄前儿童对一天之内，早、中、晚较大的时间概念，在 4 岁前掌握的水平较差；5 岁左右则有较大的发展，能区别今天、明天、昨天，并能正确运用早上、晚上的时间概念；6 岁左右则可以区别上午、下午、晚上和前天、后天、大后天。但是对一周内的时序、一年内 4 个季节和相对的时间概念的认知 5~6 岁才逐渐开始。

观察是知觉的高级形态，也是有目的、有计划，比较持久的知觉过程。因此，应该让儿童多看、多听、多摸以了解物体的属性、形状、用途和事物间内在的联系，以逐渐培养其观察能力。这对儿童认识客观世界具有非常重要的意义。

2. 如何促进学龄前儿童注意的发展？

● **注意**：学龄前儿童的注意是通过游戏活动不断发展的，如在向儿童明确下达游戏任务时，可促进学龄前儿童有意注意的发展。另外，变化的事物、鲜明、新颖、具体形象都能自然而然地引起他的注意。但学龄前儿童的注意特点仍以无意注意占优势，而且注意的时间短、容易分散，注意的范围小，并且经常带有情绪色彩。因此，可通过游戏等有趣味和适合年龄特点的活动促进其有意注意的发展。儿童有意注意的持续时间及诱发因素见表 2-12。

表 2-12 儿童有意注意的持续时间及诱发因素

年龄	有意注意持续的时间	注意的诱发因素
新生儿	原始状态的无意注意	巨响、强光刺激所产生的无条件定向反射
6个月内	注意主要表现在视觉方面	3个月后喜欢注视熟悉人的脸；凡是形象鲜明、新颖和变化的事物都能自然而然地引起儿童的注意，对感兴趣的事物，集中注意的时间相对延长
1岁左右	有意注意开始萌芽，注意时间一般不超过15秒	
2~3岁	注意力能集中10~12分钟	3岁时一般只注意事物的外部较鲜明的特征
5~7岁	有意注意时间约为15分钟	4岁时开始注意到事物不明显的特征、事物间的关系，5岁后能够注意事物的内部状况、因果关系等
7~10岁	20分钟左右	
10~12岁	可达25分钟	
12岁以后	30分钟	

3~6岁儿童的有意注意虽然有所增强，但仍以无意注意为主，如能将注意指向一定对象，并保持一定的时间；但范围还不够广，稳定性也较差，易分散，而且常常带有感情色彩，即熟悉、理解、有兴趣、能激起强烈情绪的体验容易引起他的注意。

3. 如何促进学龄前儿童记忆的发展?

一般情况下，人的回忆最早只能追溯到3~4岁。3岁儿童只能再现几星期前的事情，4岁儿童可再现几个月前的事情，3岁以前的儿童记忆带有很大的无意性，凡是他感兴趣或能带来鲜明强烈印象的事物就容易记住。有意记忆在3~4岁出现并逐渐发展起来，但仍以机械记忆为主，即只能按事物表面的物理性质对事物进行分类、编组，而不能根据事物的本质特征来概括。随着年龄的增长，生活内容的增加，以及语言、理解和思维能力的增强，有意记忆逐渐发展。虽然学龄前儿童易学易忘，但是学习背诵形象和有趣味的儿歌和诗词等，既有益于入学的记忆学习，又有助于儿童想象力的发展。5~6岁学龄前儿童的记忆能力已经接近成人，可以利用简单的方法，如重复、联想，接受任务时，喃喃自语等帮助记忆。儿童在积极的情绪状态下记忆能收到良好效果，因此，激发儿童的学习兴趣和积极性是学习的关键。

促进学龄前儿童记忆的小贴士

记忆和注意两者密切相关！

● 在儿童情绪良好的情况下，可通过儿童对周围感兴趣的事物、游戏或利用打比喻、讲道理等方法，在提高有意注意的同时增强儿童的记忆力。

● 由于学龄前儿童认知能力与生活经验所限，有意记忆的能力还比较差，容易会也容易忘。经常给孩子一些记忆训练，如学习背诵一些形象有趣味的儿歌、诗词，入学后面对大量需要记忆的东西就不会感到十分困难。

4. 学龄前儿童思维发展的特点是什么？

3岁左右儿童的思维特点是具有直觉性，即依靠感知和自身动作进行思维，离开动作，思维终止，如木棍当马、板凳当火车等。与婴幼儿相比，学龄前儿童的思维逐渐摆脱动作的束缚，开始学会在动作之前进行头脑中表象思考，从而使思考有一定的目的性和预见性。但其思维还不能离开事物的具体形象，也就是经常用自己生活的逻辑和主观愿望来代替事物的客观逻辑。

例如物体沉浮实验：实验者先拿一盆水和一块石头、一根火柴；然后将石头和火柴同时放入水中，石头沉下去，火柴杆浮在水面上。问孩子：为什么石头会沉下去而火柴会浮在上面啊？他们会说：是因为“石头大，火柴杆小”；当实验者再把一根比火柴还小的缝衣针丢进水而沉下去时，孩子又会说“因为针比火柴小，所以沉下去了”！孩子的回答，仅仅是根据事物外在、非本质的特征作出判断，而对自己前后矛盾的理由并没有觉察。

5. 如何促进学龄前儿童想象力的发展？

3岁以后的儿童与周围环境接触增多，获得的感性认识也在不断丰富。因此，想象能力迅速发展，但这时的想象基本是自由联想，内容贫乏，数量少。如喂布娃娃吃饭、自己当医生给布娃娃打针等，这就是儿童按自己的联想在做游戏。4~5岁的学龄前儿童想象和创造的内容进一步丰富，有情节，新颖程度也在不断增加，更符合客观逻辑。表现在过家家、开汽车等象征性的游戏上，还表现在绘画、泥工、讲故事等活动中。6岁前儿童在游戏时的有意想象水平较高，而在非游戏时的想象水平就很低。

儿童的想象在学前期最为活跃，几乎贯穿于各种活动中，在游戏时常常沉湎于想象的情景中，把自己当成游戏中的角色。在这时期，想象的突出特点是喜欢夸张，表现在夸大和混淆假想与真实两个方面，幼儿常把自己想象的事情或自己的强烈愿望当成真实的事情，容易发生现实与臆想混淆的现象。正因为如此，学龄前儿童是十分相信童话或传说中的人物与情节，自己也会编织一些自己向往但根本不存在的事情，常被误认为在撒谎，这时成人不要轻易地批评孩子。

6. 促进学龄前儿童想象性思维发展的小诀窍有哪些？

● 想象是人类智能的表现，与人的创造性能力密切有关。孩子的想象力活跃，是思维敏捷的表现。他们要想知道自己看见的每一件事物意味着什么。所以，他们把一切利用推理得出的结论都与自己联系起来。当听人说起火车时，他们马上要知道，“我以后会搭火车吗?”当听人说起某种疾病时，他们便会想，“我会得那种病吗?”他们特别爱听故事，由于想象力活跃，分不清真假，也会编造一些故事，如自己到过月宫里作客，如何美好……眉飞色舞地描述自己“设计”的游戏，令小朋友羡慕不已。作为父母，不必为孩子偶尔编造的故事而担心，他会随着年龄逐渐长大，知识不断丰富，慢慢就会清楚地划分“想象和事实”的界限。你应因势利导，引导孩子尊重事实，既不能听任其发展，也不要轻易给孩子扣上“说谎”的帽子。

● 培养孩子想象性的思维，鼓励儿童在丰富多彩和形象化的游戏中，学习观察，发现问题、提出问题，满足其求知欲，是开拓儿童智力发展的重要手段，而良好的教育，作为后天环境因素可以加速儿童思维的发展。但是，培养孩子思维的教育必须切合儿童的认知能力，只有当所教的东西可以引起孩子从事再造和再创的活动才能有效地被儿童接受。原因在于儿童认知能力的发展必然要在主观和客观的相互作用的过程中经历一个逐步统一的过程，不能一蹴而就。所以，教育要按照儿童的认知能力来组织教材，调整教法。做父母的应该尽量调动儿童的感觉器官，使其对周围的一切感兴趣，从而不断丰富他们对自然和社会环境的感性认识和经验，引导儿童自己去发现和探索问题，并运用自己已经感知的经验独立解决问题。

● 学龄前儿童在思维不断发展的基础上，通过语言调节，在大脑中利用已感知的客观事物，可以创造出新的思维活动，这就是孩子的想象。学龄前期的孩子随着经验和语言的发展，有意想象已初步形成，如把几个布娃娃放在一起进行角色扮演：妈妈、爸爸和自己等。这个时期孩子的想象活动增多，但想象简单，无明确目的，往往以重复的生活经验来想象。有些灵感敏锐的孩子，对事物有浓厚的兴趣和爱好，总爱琢磨点问题，或做一些人们意想不到的事情。他们的观察力和创造力往往很强。对这样的孩子要因势利导，注重智力开发。6 岁胡晓丹画的“荡秋千”，曾荣获国际儿童绘画一等奖，这幅画有独特的想象：空中运动会上画个荡秋千的小朋友，月亮宛如一把钩子，秋千挂在月亮上。这是一幅多么具有丰富想象力的图景啊！

● 不少孩子在想象的基础上，还可能产生更高级的想象，这就是有意想象或创造性的想象。然而，要发展孩子丰富的想象力，必须依靠成人的精心培养。有些孩子对周围的事物不感兴趣，常说：这没意思，那没意思，而不去思考，更谈不上有什么创造。这可能是因为，孩子对某一事物的内部联系和外部表现不够清楚。因此，平时注意培养孩子的观察力、兴趣非常重要。你可以从身边的一些小事情入手，如让孩子观察两只公鸡相斗的情形；带孩子到动物园观察猴子爬杆的动作；比较两条腿的动物（鸡、鸭）与四条腿的动物（马、牛）走路的异同点等。只要循循善诱，引导孩子经常观察周围很活跃的事物，孩子的兴趣和爱好定能增强，其观察力和想象力也一定能提高。与此同时，父母要多与孩子谈话，发展他们的语言和丰富的感性认识与生活经验。为了让晓丹画好画，他的父母、老师付出了很辛勤的劳动，如引导他注意月亮的变化，给他讲科学童话，看画报，画月亮、星星、飞机、飞船等，晓丹幼小的心灵慢慢充实起来，有了飞上月球的愿望。这时老师才让他画“我在 2000 年的生活”。晓丹参加过幼儿园的运动会，他眨动着双眼：运动会在月球上开那该多好。这样，“荡秋千”一画油然而生。可见，帮助孩子积累知识与生活经验，加上有意识的引导，就能让孩子插上金色的翅膀，在美好的想象中，自由地飞翔。

7. 怎么才能促进学龄前儿童语言发育呢？

与 3 岁相比，6 岁儿童的词汇量大约增长 3~4 倍。一般在 3~4 岁可掌握 1000~1700 个；5~6 岁可掌握 2500~3500 个；7 岁可掌握 4000 个左右词汇。儿童学习语句的特点是：对句子的理解先于句子的产生；语言的表达逐渐由连贯性的语言取代情景性的语言;逐渐由外部语言(断断续续不连贯的、需要附加许多手势和表情,别人要结合当时的情景,才能理解)→自言自语→内部语言(语言发展的最高级形式)转化。

经历了简单句向复杂句发展的过程,3岁儿童的语言基本都是完整句,会话性语言也开始发展;4岁时已经会说较多复杂的语句,同时也逐渐学会了用代词、形容词、副词等修饰语;4~5岁时,语言发展较快,出现代词、介词、条件句、连接句等更为复杂的语言形式。由于指示代词和人称代词具有明显的相对性(说话者、受话者、第三者),所以正确使用指示代词与人称代词不仅要求儿童具有相当的语言能力,还要随时调整和转换理解的所参照的对象,故4~5岁儿童常常会错误地理解或说错。此时,儿童的语言表达逐渐由情景性语言向连续的内部语言发展,其表达的内容也开始丰富,基本能掌握各类词汇和各种语法的结构、词义。他们能用语言表达自己的思想和愿望,可自由地与他人交谈、争辩、评论事件甚至说谎。6岁以后,儿童的自言自语逐渐减少,代之而起的是内部语言,即无声语言(默语)。随着年龄的增长,孩子逐步学会用语言来调节自己的行为和活动。12岁时儿童语言能力如同成人。

促进学龄前儿童语言发育小贴士

● 3、4岁儿童的语言发音已基本正确,但由于发育尚未完全成熟,言语中常出现口齿不清、发音含糊,甚至口吃。这些现象往往越紧张越严重,甚至持续到上小学。

● 口吃一般是由于发声器官紧张或言语功能不成熟造成的,有时是急于表达自己的想法,但表达能力还跟不上思维的速度时,便会出现口吃。学龄前儿童语言发育过程中的口吃可间断出现或持续几个月,男孩多于女孩,2~3岁和5~7岁是口吃发生的两个年龄高峰,一般不需特殊矫治。适当关注、避免指责、耐心引导，经过恰当的处理，绝大多数口吃会逐渐转为正常。

● 如果4岁时还经常、明显地出现发音含糊、口齿不清，应及时看医生，进行评估检查。研究发现4岁以后的语音缺陷与发育性阅读障碍高度相关。

● 儿童语言发育与先天的大脑皮质语言中枢的发育有关，也与后天的环境有密切关系。儿童读物和电视对幼儿的语言发育均有促进作用。语言发育的不成熟或发育迟缓，常会引起一些行为问题，如发脾气、社交退缩等。在语言迅速发育的时期，应重视创造良好的语言环境和表达机会，多与儿童对话、听故事、讲故事可以丰富词汇量和言语内容，给予儿童轻松的发言机会以练习表达能力。

第六节 学龄前儿童情绪和社会性发展与促进

学龄前儿童从一个没有多少行为制约的家庭环境进入有各种规章制度的幼儿园；其人际关系已不再局限于家庭成员，开始接触社会，要面对一些应激事件，因此会有一个适应的过程。学龄前儿童具有很强的顺应性，既与神经系统的发育有关，还与控制的内动力有关。但是，每个儿童适应能力的强弱是不同的。因此，帮助儿童调控自己的冲动和行为；学会控制自己的情绪；学习互惠性分享；在游戏中采纳同伴的建议、与同伴合作、解决与同伴的问题时，学会采取简单的谈判技术，是儿童社会化进程非常重要的一课。

1. 学龄前儿童情绪发展的特点是什么？

学龄前儿童的情绪体验已相当丰富，成年人体验到的情绪

（发怒、焦虑、羞怯、嫉妒、兴奋、愉快、挫折、悲伤和快乐等）基本都被学龄前儿童所体验，只是在引起情绪的动因、情绪的表现形式上还有许多不同。如受到表扬时，表现出高兴；受到批评时产生羞涩或惧怕。与此同时，一些高级情感（信任、同情、美感、道德等）的体验也有了初步发展，如能根据成人的教育把同伴或自己的行为与规范行为相比较，从而产生积极的或消极的道德体验。

学龄前儿童的社会关系主要是家庭成员和同伴，对父母仍然很依恋，但是产生的分离焦虑减轻了很多。3~4 岁儿童与家长分离时，能与家长达成协议，如讨论“何时回来”“回来后一起做什么”；家长离开后还能通过想象这种临别时的协议来克服焦虑，想象妈妈走时说的“你睡醒后我就回来”“我回来后给你讲故事”这类的话。然而，不安全依恋的儿童很难与家长协商，也不能表达出自己的真实感受。所以，婴幼儿期的安全依恋对儿童社会性发展非常重要。

孩子在与成人交往的过程中，感受社会对事物好与坏、美与丑的评价，从而初步产生道德情感的体验。通过成人的正确教育和成人道德行为的示范，儿童学会把跌倒的小朋友扶起来，彼此分享玩具、食物等道德品质。因此，父母健康的思想感情，正确的言行对孩子情绪、情感的健康发展影响至关重要。学龄前儿童由于神经的抑制过程较弱，因此情绪的稳定性极其有限，破涕为笑的现象经常可见。6 岁儿童已经有较稳定的情感，如对父母或亲人的依恋、对师长的敬爱、对同伴的友谊、对坏的憎恨等，都有了较好发展，但情感的易感性和冲动性还是比较突出的。3 岁后的孩子自我评价和自我意识发展也很快，这不仅使儿童在外部行动上与成人交往，而且还能通过内心的体验与成人交往。他对事物的体验不只是表现出“高兴”“害怕”“抱怨”，还会说：“我高兴”“我不好意思”“我难过”等，初步意识到自己在社会关系中的地位和角色，显露出个性开始形成。

2. 学龄前儿童个性和社会性的发展的特点是什么?

学龄前儿童在与成人或同伴的交往中自我意识在不断发展,他们不仅在外部行动上与成人或同伴交往,而且还能通过内心的体验与他们交往,从而初步意识到自己在社会关系中的地位和角色。弗洛伊德认为 3~7 岁属于生殖器期,儿童在行为上开始出现性别之分,出现了对异性父母的偏爱,即恋母情结或恋父情结,以至于本我和自我产生冲突,冲突的结果往往是儿童去模仿同性父母,并使之内化为自己人格的一部分,男孩将来形成男子气的人格,女孩形成女子气的人格。与此同时,儿童在社会化的进程中,个体的气质类型在后天外界环境和教育条件的作用下,儿童的个性差异也随着年龄的增长逐渐表现出来。如有的孩子对周围环境、许多细小的变化都十分感兴趣,并有强烈的探索和求知的欲望;而有的孩子却对周围环境毫无察觉。有的孩子不论什么事情都要“自己”来;而有的却总想依赖成人。艾里克森认为 4~6 岁是主动性对内疚的时期,如果父母鼓励儿童进行独创性行为和想象力,并积极支持儿童智力性的游戏,那么儿童会以一种健康的独创性意识离开这个阶段;若父母讥笑儿童的独创性行为和想象力,认为孩子的活动是笨拙的,那么儿童就会对自己的活动缺乏信心和自主性,容易产生内疚感。

3 岁的儿童开始能认识到别人有内心想法,别人的需要和情绪与自己的不一样;4~5 岁时,儿童能意识到内心世界的愿望和信念;5~6 岁时能理解别人在想什么,意识到错误信念等,能进行很简单的抽象思维和推理。儿童自我意识的发展表现在能够独立意识到自己的外部行为和内心活动,并能恰当地评价和支配自己的认知活动、情感态度和动作行为,由此逐渐形成自我满足、自尊、自信等性格特征。

3. 学龄前儿童个性的形成有哪些影响因素?

3~6 岁的儿童在与成人和同伴的交往中,开始对自己形成一定的看法，一直受到周围人积极评价的儿童往往会形成自信感和良好的自尊；而经常受到否定评价的儿童则易产生自卑感和孤独感。这个时期形成的个性倾向性常常是一个人个性的核心部分。艾里克森认为游戏是儿童自我形成的一个重要手段，游戏具有学会自我控制、自我教育和自我治疗等作用，利用游戏可以补偿失败、挫折带来的痛苦。

儿童良好的自我意识受多方面的影响。如果家长尊重自己的孩子，对他们采取鼓励、支持的态度，能帮助儿童建立自信；而对孩子过分保护、严加控制或忽视、冷漠都会促成他们形成消极和自卑的自我意识。学龄前儿童表现自己的积极性很高，会为了满足自己的需要采取行动改变周围环境。4岁左右的儿童已经建立了自尊感，进行自我评价，表达自己，如“我是个好（坏）孩子”。家长的教育方式在孩子自尊的形成中至关重要，对孩子是温暖、支持、民主的，孩子的自尊就比较高，家长对孩子需要的敏感也有利于儿童自尊的形成。

4. 学龄前儿童容易产生哪些社会行为？

● **攻击性行为**：当3~4岁的儿童感到不安或挫折时，会出现躯体性攻击性行为。如喜欢扔东西或用拳头打人，但很少用言语攻击（如骂人），攻击的目的主要是为了夺到某个东西或破坏某个东西，而不是故意要伤害谁。4岁以后的言语攻击逐渐增多，躯体攻击减少。儿童常常因为得不到想要的东西或不能做要做的事情（体验到挫折），又不能清楚表达出来时，常常发生攻击性行为。随着沟通能力、对话活动、组织能力的增强，外在攻击性降低。如果攻击后，达到了目的，而且未受到惩罚（如将小朋友推倒后抢到了想要的玩具，没有受到反抗或大人的惩罚），会强化儿童以攻击作为解决问题的手段。有时儿童的攻击行为是通过模仿家长体罚儿童或电视中攻击性的镜头而获得的。

● **利他性行为**：在2~3岁幼儿中就可见到，有的儿童看到别的小朋友哭时，会拿玩具给那位哭的小朋友以示安慰；小朋友受伤时会表示同情或帮助遇到麻烦的小朋友。这就是儿童在社会行为的发展中，处理与同伴关系的"利他性"。利他性是有目的、自愿的、利于他人的行为，也是社会人性发展的美德。利他性是随着年龄的增长而增加的。在利他性的基础上，儿童之间发展起友谊关系。研究显示，在3~4岁儿童中有1/2都曾与一个以上的同伴建立过相互的友谊，而且多数持续至少6个月。但幼儿的友谊是表面化的，主要表现在喜欢相互在一起玩，比较合作而很少发生冲突。

● **性角色的认同**：学龄前儿童性别概念的理解和性角色的认同已经有了发展。3岁左右的幼儿已能从外表识别男、女，但到4~5岁时才能比较准确地理解性别的概念，知道性别是固定的，即使男孩穿了女孩的衣服也仍然是男孩，女孩长大了做妈妈，开始将性别与人格特点联系起来，如女孩听话、男孩淘气。3~4岁的学龄前儿童在玩具的选择、活动特点上已经明显地表现出了性别倾向，如女孩喜欢娃娃、喜欢玩"过家家"游戏；男孩喜欢玩具汽车、喜欢搭积木和打斗的活动。5~6岁的儿童更加领会了性别的永恒性，遵循对性别的要求去做男孩应做的事情或女孩应做的事情，如男孩不哭，女孩应文静。6岁时知道性别是天生的，而不是后天教育的。在儿童的相互关系中，也存在着性别上的差异，学前儿童多数喜欢与同性伙伴在一起，而且男孩之间和女孩之间的相处方式也有差异，女孩之间比较相互支持、容易达成一致意见，喜欢提建议；而男孩之间更喜欢限制别人，让别人服从自己，喜欢命令。

学前时期是性别认同的关键时期，不能有性别歧视，但也不能忽视性别差异，如果经常被打扮成异性的样子，或长时间生活在缺乏同性别的环境中，儿童不能形成正确的性别认同，会产生性角色混乱，甚至在长大后的心理状态也会造成影响，如男女性别异性化。

5. 什么是社会道德?

社会道德涉及道德认知、道德情感和道德行为三部分。儿童的道德认知主要是指儿童对是非、善恶行为准则及其执行意义的认识,皮亚杰把儿童道德认知发育分为无律(0~5岁)、他律(5~8岁)和自律(8~11岁)三个阶段。从出生到5岁这一时期儿童的道德价值十分混乱,无道德标准,他们的行为没有涉及道德意识,也称“前道德期”。但3岁的孩子经常会对规则感兴趣,并越来越遵守规则,对伤害到他人或明显引起他人不满的行为比较敏感,并觉得内疚。随着儿童自我概念的发展,他们明显地感到自己应受到尊重。如果体验到过多的内疚和羞愧,就会感到自己是道德的失败者;如果没有体验到内疚和羞愧,也不能发展起对他人的责任感,不会关心他人的权利和感受。在道德产生的初期,儿童会用语言来调节自己的行为,例如当想要打人时,会说“不能打人、不能打人”,并逐渐将这些语言内化为道德意识。

6. 怎么从小培养孩子成为一个有道德的人?

儿童社会化的核心内容就是成为一个有道德的人,能遵守社会的道德规范和行为准则。儿童在社会化的进程中,在与人相处的同时,会觉察他人的情绪反应,使他具有理解和共享别人情感的人,如看到别人痛苦的表情也会表示出关心,这种情感共鸣是道德情感发展的基础。道德情感是人道德需要是否满足所引起的一种内心体验。学龄前儿童“道德”产生的基本前提是学习自我控制和分享,它渗透在人的道德认识和道德行为之中,但学龄前儿童尚未形成明显的主动道德体验。家长需要教孩子学习行为规范和价值标准,如家长尊重别人,那么孩子对他人的态度也很可能是尊重的;如果家长是自私、苛刻、武断、缺乏合作性,那么孩子就体会不到人与人之间相互的“利他”关系,不能从以自我为中心提升到与人分享。另外,学龄前儿童很单纯，容易接受一致性的东西，如果家长说的和做的不一致，社会所提倡的与家里的生活模式发生分歧，儿童就会感到茫然，不知道哪个是应该遵守的，哪个是不应该遵守的，从而出现"不被接受行为"。

家长和社会的价值观对孩子会产生明显的影响，学龄前儿童的游戏经常折射出家长言行的作用。在对道德的判断方面，儿童的道德认识是在逐步发展的，即从具体到一般；从以自我为中心、只关心直接的后果到逐渐关心别人的利益、愿望与要求。学龄前儿童的道德价值主要受事物的外部特征或权威所支配，如对老师的绝对服从，为避免惩罚服从，根据行为后果判断好坏。与此同时，又比较以自我为中心，认为世上的什么事情都应该满足自己、符合自己的意愿，认为满足自己需要的动机就是正确的。因此，当事与愿违时就经常出现为争取独立而进行的"战争"。而利用表扬—奖励、表扬—说明的方法，能有效地促进儿童道德认知的发展与成熟。学龄前儿童由于受认知发展所限，难以接受抽象的道理。所以，道德的培养应采取：①榜样示范：利用儿童具有很强的模仿学习的能力，家长、老师应当以身作则，提供学习道德的榜样；②坚持说服教育，避免简单粗暴的惩罚，采取儿童易接受的方式（故事、儿歌、游戏等）耐心说服教育；③行为训练：不断强化儿童正确的道德行为，使儿童养成各种符合道德规范的好习惯，如热爱劳动、遵守纪律。

7. 学龄前儿童意志发展的影响因素有哪些？

意志是人自觉地支配和调节自己的行为，克服困难以达到预期目的和任务的心理过程。意志过程有三个基本特征：①意志行动是有目的的行动；②意志行动体现在克服困难之中；③意志行动是以随意运动作为基础的。意志是在生活中逐渐强化形成的。积极的意志品质有自觉性、坚持性、果断性、自制性（包括控制自己的情绪，约束自己的言行）；消极的意志品质为依赖性、顽固性及冲动性。年龄越小，积极的意志品质表现越差。

随着年龄的增长，语言和思维的发展，社会交往的增多，儿童的行动可以服从于别人或自己的目的，而不受外界环境或内部心理活动的影响。在成人教育的影响下，儿童的意志逐渐形成并发展。儿童积极意志的发展与其思维活动、个性、行为及学习能力密切相关。培养婴幼儿具有创造性的思维活动或行动，应从培养其坚强的意志着手。可通过日常生活、游戏和学习培养儿童的自制能力、责任感和独立性，促进其积极意志的发展。

8. 学龄前儿童的意志成长体现在哪些方面?

2~3 岁幼儿开始出现“自己来”的行动，即表现出要独立的愿望。学龄前儿童更是如此。虽然他们本领不大，但往往这要自己来，那要自己干，显得很不听话。常听有的父母说“真气人，这么点的孩子就自己有主意啦!”其实，这是孩子心理发展的规律，到了“自我中心时期”。所以，应因势利导，切不可因硬要制服孩子的“犟劲”，而影响孩子意志的发展，甚至会留下精神创伤。学龄前儿童的行为虽然冲动性仍占主导地位，但对外部行动的自我控制和调节能力迅速发展，如 6 岁儿童的自我控制力就比 3 岁儿童有很大提高。3~4 岁儿童很喜欢简单地说“不”用来违抗大人的要求，而 5~6 岁的儿童不愿服从大人的要求时，会以更复杂的语言与大人协商。绝大多数儿童满 3 岁后进入幼儿园，在新的集体环境中，因要遵从集体的各种规章制度，遵守各种游戏规则，与其他小朋友和睦相处、建立平等的伙伴关系，因此控制和调节自己行动的能力迅速得到发展，逐渐获得忍耐、自制、坚持等品质。

随着独立生活能力的提高，儿童能在成人的要求下做一些并非自愿和有兴趣的事情。自我的控制和独立感发展，使儿童能建设性地参与同伴的活动，将一部分对家长的依恋转向了同伴。3 岁以后儿童开始能抗拒引诱和延迟满足，在等待满足的过程中，学前儿童耐心等候满足的时间很短暂，难以超过 15 分钟。因此，需要在成人的帮助下用唱歌、做游戏等分散注意的方法延长等候时间。5~6岁时，儿童对强烈情绪的控制能力有很大的进步，遇到挫折很少动辄大哭或生气时打人、摔东西。自我调控能力是一个较稳定的意志表现，与以后的社会适应行为有很大关系，缺乏调控力的儿童上学后容易发生适应不良，出现冲动控制、攻击、反社会等问题。

9. 如何在日常生活中锻炼儿童的意志？

培养孩子对待事物的坚持精神很重要。游戏和劳动是培养孩子意志品质的好方法。如果要求孩子站着不动，并保持一定的姿势，孩子很难控制自己。但是，如果让孩子在游戏中扮演一个解放军站岗的角色，他则能保持较长的时间。在家庭的简单劳动中，可以有意识地让孩子充当一定的角色，比如让孩子倒洗脸水、择菜、抹桌子等。父母要求孩子的事要鼓励他满腔热情地去行动，在完成工作的过程中，可协作他，但不能完全代替。在安排孩子做一些力所能及的事情时，目的要求要讲明，而且不要在遇到一点困难或挫折便改变主意，要鼓励他认真学会不怕困难，使他的意志和毅力逐渐变得坚强、充满自信乐观和不盲目等精神。在意志的培养过程中，要特别注意防止孩子固执的表现。有的孩子有时会坚持自己不合理的要求，例如，家长买不到他要的玩具、衣服，他就哭叫，甚至打滚要挟大人。形成"犟脾气"，这与父母平时娇生惯养、处处顺从孩子有很大关系。孩子一旦产生这种固执的坏毛病，父母就要提高警觉，正确引导，努力纠正。只要家长坚持要求，孩子固执的不良习惯是不难克服的。

第七节 0~6岁儿童心理行为评定工具的简单介绍

面对要求越来越高、竞争越来越激烈的社会，有研究显示：全球约15%的儿童存在不同程度、不同临床表现的心理行为问题。因此，WHO倡议各国将儿童心理卫生纳入初级卫生保健，开展儿童心理卫生与相关的保健服务。由于正常和异常的儿童心理行为问题在早期并没有一条严格的分界线，所以发育偏离早期在临床上很难判断。如果和儿童朝夕相处的家长了解一些相关的知识，经常观察自己孩子的情绪和行为表现，并与正常儿童比较，可以早期发现偏离的问题，以争取早期干预的时间。下面我们简单介绍一些帮助家长观察婴幼儿社交、情绪状态以及与父母的关系和对其他人的反应是否有偏离的评估方法，供家长参考。

1. 儿童心理行为偏离或者异常有什么表现?

心理行为发展异常是脑功能紊乱的表现，即认知、情感意志和行为方面的异常。评定儿童心理行为发展的表现是否正常，必须以儿童不同年龄阶段的生理、心理特征为基准，同时还要结合儿童生长所处的家庭社会环境、文化背景、风俗习惯等作为评定参考。一般来说，心理行为发展异常儿童的临床表现与其发育水平、生活经历的体验以及环境、教育等均有密切的关系。此外，儿童心理行为发展异常往往会以突出症状为表现，如语言功能障碍、运动和行为异常、感知觉障碍、抽动和意识障碍等。年幼儿童的心理行为发展异常症状较为单一、贫乏。随着年龄的增长，心理行为的发展，其心理行为发展异常症状也逐步呈现复杂化、多样化。由于儿童时期形象性知识多于抽象性的理论知识，所以一般心理行为发展异常症状以行为改变、感知障碍多见。

2. 在日常生活中，怎样才能早期发现儿童心理行为偏离或者异常?

通过观察：

（1）外观：体型、营养、衣着、卫生、发育成熟情况；有无头、面、躯体、皮肤形态异常。

(2) 对环境的反应:

● **对环境和陌生人的反应**:探究、呆板、哭、把脸藏起来、好奇、兴奋、淡漠、焦虑。

● **适应性**:①探究:何时、怎样探究人脸,玩具、陌生人;②对环境变化的反应:当检查者与之玩时、拿走玩具时、离开时有什么反应。

(3) 自我调节:①精神状态调节:从深睡到觉醒到大哭时的知觉状态;在从事检查时的变化;情绪转变的模式(平稳还是剧烈);被安抚和自我安抚的能力;平息警觉状态的能力(这些内容有的在幼儿也可应用)。②感觉调节:对声音、视觉目标、气味、光和触摸的反应(迟钝或过敏),反应的形式(淡漠、回避、害怕、兴奋、攻击或明显行为改变);有无过分寻求某种感觉现象。③不寻常的行为:1岁以后仍用口接触、猛烈撞头、嗅物体、转圈、用手拍打、弹手指、身体摆动、足尖走、盯着光或转动的物体,说话重复、固定或用词古怪,对物品和人的古怪行为,拔头发、反刍、屏气。④活动水平:总的活动水平及变化情况,如:父母抱着时不停扭动、在座位上或地板上安静地坐着、不停地要走、爬桌子、探究房间、在6~8个玩具之间踌躇不定。⑤注意广度:集中注意于一种活动的能力,注意保持的平均时间和最长时间;有无注意涣散,婴幼儿期观察注视或追随物体,注意自己的手、脚和脸,用手和口探索物体所持续的时间。⑥对挫折的忍耐力:尽管失败仍坚持困难作业的能力;如果容易受挫,对挫折的反应(攻击、哭、发脾气、退缩、回避)。⑦攻击性:表达方式,控制攻击或喜好攻击的程度,表现恰当的自信心。

(4) 运动:肌肉强度、肌力、姿势、异常运动(抽动、抽搐)、头面部的整体协调情况(面部、口、舌、眼的运动),进食、吞咽、注视,有无过度流涎。

● **整体运动的协调性**:①婴幼儿:俯卧、控制头部、打滚、坐、站;②学龄前儿童:走、跑、跳、爬、单足跳、踢、扔球、抓球。

● **精细运动协调性**:①婴幼儿:抓住、放开、把东西从一只手递到另一只手、对指抓东西敲击、扔东西;②学龄前儿童:对指抓、堆积木、乱画、用剪刀剪,通过观察儿童怎样处理难题、制作盒子、玩球和运用玩具锤子、玩小汽车、玩有连接部分的玩具来判断精细运动和视运动的协调能力。

(5)言语和语言:①语言产生:音质、速度、节律、语调、发音是否清晰、音量。②语言感受:对他人语言和行为方面的反应(服从指令、指出"某某在哪儿",理解方位词、代词,包括听力(特别是在语言迟缓的儿童,注意其对巨响、说话声、细微声音的反应)。③语言表达:词汇量、词组、句子、过分概括(如用小猫代表动物)、代词颠倒、模仿语言(立即或延迟模仿)、异常的或古怪的用词、语言难懂;交往能力;发声、呀呀语、模仿、体态语言(点头、摇头)、照顾者对婴幼儿交流表达的理解能力、能否有效交流。

(6)思维:婴幼儿的思维可通过发音、游戏来体现。观察有无持续语言、联想不连贯。当儿童表现持久的代词颠倒、语言艰涩难懂、较大幼儿及学龄前儿童有较多的模仿语言应考虑精神性障碍(包括广泛性发育障碍),注意幼儿常将幻想和现实相混淆,常有奇怪的想法。记录有无:

- **特殊恐怖**:害怕某种物体、担心被丢失或与母亲分离。
- **噩梦和睡惊**:2~3岁儿童有时能回忆梦的内容,有时儿童将梦与现实混淆。
- **分离状态**:突然发作的退缩、注意力不集中、意识恍惚,有时需与癫痫小发作、抑郁、孤独症、耳聋不易区分,了解创伤史及既往史有助于诊断。
- **幻觉**:极罕见,见于中毒或器质性障碍,以幻听及幻触多见。

(7)情感:由于语言的限制、缺乏表达情感的词汇,儿童情感的评估更困难。儿童常用退缩行为来反映情感(从回避、胆怯、厌烦到焦虑、抑郁),可从以下方面评估:①表达方式:面部表情、言语、姿势;②表达范围:喜好、特别是亲子关系;③反应性:

对情境、谈论的内容、游戏、他人参与的反应;④情绪反应:持续的时间、引起情感反应的因素,特别是亲子关系;⑤情绪反应的强度:影响因素,特别是亲子关系。

(8) 游戏:在婴幼儿,游戏是采集病史的基本手段。幼儿的游戏对评价认知水平、象征能力和情感表达十分有意义,较大幼儿,了解游戏的主题有助于评价;注意与不同照顾者之间的区别,与母亲及检查之间的区别。

● **游戏形式**:①感觉运动游戏:0~6个月,用口接触、敲击、丢和投掷玩具或其他东西;6~12个月,探索物体的特征:移动、撕扯、拨弄。②功能性游戏:12~18个月,了解和探索物品的使用功能(推汽车、拿梳子梳头发、把电话放在耳朵上)。③早期象征性游戏:18个月~3岁,假装自己吃饭、睡觉,假装"喂妈妈"吃饭,用一个东西模仿另一个(如用钟当汽车),假设一个活动的结果(如煮饭、吃饭)。④复杂的象征性游戏:30个月~较大幼儿,计划和表演戏剧性游戏,使用假想的物体,让其他儿童加入游戏、分配角色。⑤模仿、解决问题:36个月~幼儿晚期的儿童,已经有了初步的计划性,而且力图进一步理解和表现自己扮演角色的意义和任务,如办"过家家"的游戏时,商量分配角色的任务(买菜、煮饭、吃饭、洗碗、睡觉等),能较好地按一定次序进行;幼儿晚期的儿童不但能事先计划游戏步骤,在游戏中如果发生了争执,大年龄幼儿还能用游戏规则来解决问题。

● **游戏内容**:幼儿选择玩具、使用玩具常常可以反映其情绪。

(9) 认知:通过以上内容,特别是游戏、言语和象征能力、解决问题能力,可以粗评儿童的认知水平,观察有无受损、延迟或早熟。

(10) 人际关系:①对父母:儿童是否保持与父母目光、躯体的接触,有无主动回避与父母接触;幼儿是否从照顾者身上挣脱;婴幼儿被抱着喂食、坐在照顾者膝上的舒适和放松程度;注意身体、语言的影响,敌意,对离别和相聚时的反应、使用转移物品(毛毯、玩具、照顾者的东西)时的反应,儿童对不同照顾者之间的差异,如有否特殊依恋关系。②对检查者:正常幼儿在面对陌生人时常显示踌躇,特别是6~8个月婴幼儿,检查者可以观察一段时间,在开始检查前,让熟悉者抱着他或拿一些有趣的东西吸引他,观察儿童在开始的拘谨后表现如何,是否时间太长或完全不能接触,对陌生人和对父母有无区别,是否无区别地寻求注意、是否过度保守或焦虑;照顾者不在身边时儿童能否继续接受检查,当受到检查者表扬时,是否能追求成功。③依恋行为:观察表达情感、寻求安慰、要求和接受帮助、合作、探索、控制行为的情况,当照顾者离开后再出现时的"重逢反应"。有无与年龄不相称的表现(害怕、依附、过度顺从、高度警觉、冲动、活动过度及违抗);有无紊乱的探索行为、无区别地向任何人寻求安慰。通过精神状况检查,记录儿童的正常能力和异常发现,以便确定是否需要进一步检查。

3. 哪些工具可以评估0~6岁儿童的心理行为?

(1) 儿童气质量表:在现实生活中,如果遇到事情,你可以观察到,在情绪反应方面:有的儿童暴躁,很容易动情,在受到挫伤时,更容易发火;而有的却冷静沉着,不动声色,情绪发生得缓慢,即使受到非难,也可以冷静思考,虽然内心不快,也不立即爆发;在行动上:有的儿童表现得伶俐、敏捷、活泼好动;而有的则反应比较迟钝,行动缓慢而稳重。这些都是每个儿童个性中的气质特征在起作用。气质没有好坏之分,看待气质的表现应从积极和消极两个方面来分析。

如果孩子的行为给你带来一些困扰的话,不要无可奈何,可以通过探索儿童的气质类型,归纳出一些改善他们气质的活动方法;在了解、观察,并体谅儿童气质特征的基础上,尽量因材施教,这样才能取得良好的效果。

20世纪50年代开始,托马斯(Alexander Thomas)和切斯(Stella Chess)持续30多年的追踪研究(New York Longitudinal

Study,NYLS)发现,婴幼儿在出生后就明显表现出不同类型的气质特征。与此同时,研制出婴幼儿和儿童气质量表(图2-5)。

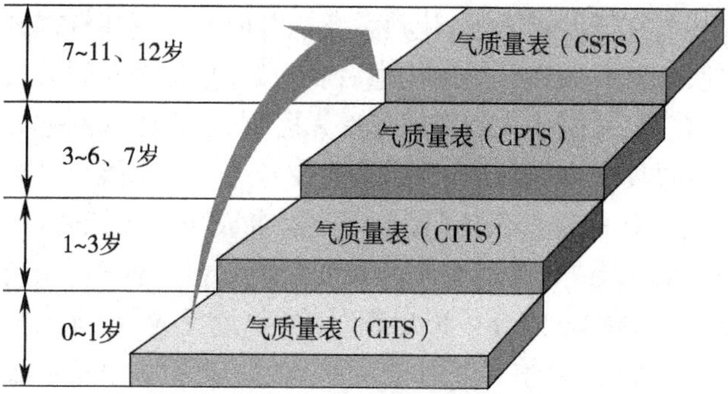

图2-5 婴幼儿和儿童气质量表示意图

● **内容**:Thomas和Chess编制的婴幼儿和儿童气质量表,1977年由西安进行标准化,成为中国常模:包括中国婴幼儿气质量表,适应于0~12个月婴幼儿(CITS);中国幼儿气质量表,适应于1~3岁幼儿(CTTS,)和3~6、7岁儿童气质量表(CPTS)及7~11、12岁儿童气质量表(CSTS),四个年龄阶段。各个年龄段的气质量表,所属的条目均可归纳为9个因子(维度):活动量、规律性、趋避性、适应度、反应强度、坚持度、情绪本质、坚持度、注意力分散度和反应阈。Thomas认为其中前六个因子对婴幼儿期的亲子关系和社会化进程有决定性影响。

● **评分**:量表由家长填写,按几乎从不、极少发生、不常见、常见和很常见5个等级评分。再根据9个维度的得分情况,划分出五种气质类型:容易抚育型(E型)、抚育困难型(D型)、启动缓慢型(S型)、中间近容易抚育型(1-E型)和中间近抚育困难型(1-D型)。

● **特点**:气质是婴幼儿自发行为与环境相互作用的过程中,情绪或行为的个体特点,对儿童日后心理发展具有较大影响。不同气质的儿童在成长过程中会出现不同的表现。所以,气质对于儿童行为的定型及在特定环境中塑造出各种不同的个性特征，一直起着重要的作用。

(2) 儿童气质快速自测表：帮你轻松揭开气质之迷。

下面的情况你的孩子有吗？作为父母的你，是否制定出了恰当的养育策略，帮助你和孩子在不同的气质之间，找到和谐共处的良方了呢？

● 我的儿子除了睡觉时安静，其余时间都是一刻也不得安宁的。每次洗澡，他都要把水拍得到处都是，浴室像发了大水。

● 晨晨要的东西，如果被人拿走了，他就会躺在地上打滚，你一还给他，他马上破涕为笑。

● 我家果果超级怕生，可又好奇得要命。见到陌生人就往妈妈怀里钻，但是，又特想看人家，瞅一会儿就对人家笑，可是绝不肯让人家抱。

● 我家孩子比较爱哭，和人打架，还没打，自己就先哭起来了。不熟悉的人，一碰他就哭。印象中我小的时候也这样。

● 我家孩子才 7 个月，蛋黄、米粉、粥、烂面条，样样都吃得很高兴。只要喂的速度跟不上她吃的速度，她就会大声喊叫、哭闹。姥姥说：这样的孩子长大后脾气肯定很倔，比他妈妈还性急。看来我小时候也是个急性子。

● 我给球球断奶一点也不麻烦。一次我回家晚了，球球喝上了奶粉，从此后就高高兴兴地喝奶粉了，没有一点留恋我的样子。这反倒让我有被孩子抛弃的失落感……

● 为什么，人家的孩子一天到晚笑个不停，我家的孩子却总是眼泪汪汪？为什么，人家的孩子文文静静，我家的孩子却像个十足的淘气包？

所以，每个孩子都是独特的，每个孩子和父母之间的亲子搭配也是独特的。因此，要用心找到你和孩子之间最好的组合方式，并按照孩子的气质，来表示你的需要，以调整你和孩子之间的关系。这样，你就能和孩子一起经历、一同分享成长中的快乐了！如果要让孩子那份独特的气质，成为他 / 她最好的自己，那就看看你家孩子具有下面哪些气质特点？我们一起来做个测验吧！

好动 VS 好静

从孩子在吃饭、游戏、洗澡等日常活动中活动量的多少，可以看出他是好动的还是好静的，好动的孩子每天都精力充沛地活动、探索，不知疲倦；好静的孩子可能更喜欢安静地玩。

快速自测：

- 喂奶、吃饭时，总不能安静地躺着或坐着。
- 换尿布、穿衣服时，不能老老实实地让你换或穿。
- 睡醒后，就开始手舞足蹈、不停地扭动身子。
- 洗澡时，经常像一条小鱼似地乱动。
- 会爬、会走以后，经常在房间里迅速地到处爬、到处走。
- 特别喜欢乱蹦乱跳的游戏。

结果：如果你选择了4项以上“是”，说明你的孩子是一个好动的孩子。

规律 VS 不规律

有规律的孩子每天什么时候吃、什么时候睡、什么时候大小便等，你很容易掌握；而不规律的孩子，可能饭量时多时少，睡觉或醒来的时间或早或迟。

快速自测：

- 每天都在大致相同的时间里睡觉或醒来，相差不到半小时。
- 每天都在大致相同的时间里进食，相差不到半小时。
- 每天都在大致相同的时间里大便，相差不到1小时。
- 每天活动量最大的时候几乎在同一时间，上午或下午。
- 每天出现躁动不安的时间大致相同，早晨、中午或傍晚。
- 每天喝奶的量都差不多。

结果：如果你选择了4项以上“是”，说明你的孩子是一个有规律的孩子。

怕生 VS 自来熟

有的孩子怕生，在陌生的地方和陌生人面前会感到不自在；有的孩子自来熟，见人就笑，很容易交上朋友。

快速自测：

- 在新的环境里睡觉、吃东西都没有问题。
- 陌生人接近时不害怕，愿意让陌生人抱。

续表

怕生 VS 自来熟	● 让他与别人打招呼，他就会照着做。 ● 换个人照顾他，能很快地接受。 ● 去别人家，10 分钟内就能像在自己家里一样自在。 ● 看见不熟悉的小朋友，会主动去接近。 结果：如果你选择了 4 项以上“是”，说明你的孩子是一个自来熟的孩子。
适应快 VS 适应慢	适应快的孩子，换个地方生活，睡眠、饮食等能很快调整过来；适应慢的孩子，换个地方可能就睡不好觉，换个保姆会闹好几天情绪。 快速自测： ● 调整时间或换个地方睡觉，过一两天就能睡得很好。 ● 换个人给他洗澡、喂奶，两三次就不再抗拒。 ● 新添加的食物，两三次就能接受。 ● 到一个新环境，用不了几分钟就能适应。 ● 见到陌生人，一点也不拘谨。 ● 换个人照顾他，很快就能适应。 结果：如果你选择了 4 项以上“是”，说明你的孩子是一个适应快的孩子。
敏感 VS 不敏感	有的孩子，对周围的细微变化都能感觉到，尿布湿了一点就立即哭闹；有的孩子，在吵闹的环境里仍然睡得很香，尿湿裤子也不在乎。 快速自测： ● 轻轻触摸一下他的身体，他也会吓一跳或扭动身体。 ● 周围发出的声音，他很快就会安静下来或转过头去。 ● 尿湿了或裤子上沾了大便，马上就感到不安，哭或扭动身体。 ● 妈妈的外表有变化，如换个发型或穿一件新衣服，他马上能注意到。 ● 食物的味道、温度等有变化，就不肯再吃了。 ● 睡觉时周围有响动，很容易让他醒来。 结果：如果你选择了 4 项以上“是”，说明你的孩子是一个敏感的孩子。

续表

激烈 VS 平和	有的孩子对事物反应很强烈，高兴时手舞足蹈、大笑大叫，不高兴时大发脾气；有的孩子却很平和，即使不高兴，表面上你可能也看不出来。 快速自测： ● 饿了、渴了、尿湿了都要大声哭闹。 ● 要睡觉了，或睡醒后身边没有人也哭闹得很厉害。 ● 吃喜欢吃的食物时，会高兴地咂嘴、大笑大叫。 ● 看见喜欢的玩具高兴得手舞足蹈，玩具被拿走时就大发脾气。 ● 摔倒或被碰撞后就大哭。 结果：如果你选择了4项以上“是”，说明你的孩子是一个反应激烈的孩子。
高兴 VS 不高兴	有的孩子爱说爱笑，经常是一副自得其乐的样子；有的孩子却笑口难开，常常为一点小事而哭泣、抱怨。这就是情绪的不同表现。 快速自测： ● 自己玩自己的，经常发出愉快的声音。 ● 游戏、洗澡时，很少哭闹。 ● 看见熟悉的人来到身边，会高兴地笑。 ● 换尿布或穿衣服时，经常愉快地发声、笑。 ● 睡觉前很少烦躁不安。 ● 遇到小朋友时，经常会高兴地笑。 结果：如果你选择了4项以上“是”，说明你的孩子是一个情绪愉快的孩子。
专心 VS 分心	专心的孩子不太在意周围的事情，长大后做事效率较高，但小的时候较难哄；易分心的孩子很难专心做事，但小的时候倒容易哄。 快速自测： ● 尿布湿了、肚子饿了时哭，抱起来哄哄，一两分钟就不哭了。 ● 烦躁时，哄哄就能很快安静下来。 ● 喝奶、吃饭时，听到电话铃声、敲门声，会停止吃并观望。

续表

专心 VS 分心	● 洗澡时，经常像一条小鱼似地乱动。 ● 有人走进房间时，会停止吃东西或玩耍，并抬头看那人。 ● 听到其他孩子玩的声音，就会停止在进行的活动去看他们。 结果：如果你选择了4项以上“是”，说明你的孩子是一个容易分心的孩子。
坚持 VS 顺从	有的孩子能长时间坚持做事，遇到困难不轻易放弃，但不对的事也喜欢坚持；有的孩子则不能长时间做事，不过他们往往听话、顺从。 快速自测： ● 你在说话或唱歌时，他能盯着你的脸看5分钟以上。 ● 还在摇篮里，就能自己玩10多分钟，如盯着娃娃或玩具看。 ● 新学会一种本领时，如抬头、翻身等，喜欢反复练习。 ● 洗澡时，经常像一条小鱼似地乱动。 ● 对喜欢的玩具，能持续玩10分钟以上。 ● 会想方设法得到他想要而又够不着的东西。 ● 活动（如吃东西）被短时间打断后，还能继续下去。 结果：如果你选择了4项以上“是”，说明你的孩子坚持性比较高。
“风物长宜放眼量！”每个孩子都有自己的独特性，根据气质特点抚养、教育孩子，给孩子一个能调适的良好环境，就能充分发挥孩子的潜能，并获得最佳发展效果。	

（3）康奈尔儿童行为问卷：包括父母症状问卷（PSQ）和教师评定量表（TRS）。该量表在美国颇为常用，已广泛用于行为及发育儿科学、儿童精神病学及儿童神经病学等领域。

● **康奈尔父母症状问卷：**共48个需要父母回答的问题。应用前首先向父母解释问卷的使用方法，要求对每一个问题都要如实、准确地填写。每个项目（问题）均采用四级记分：即“完全没有”（记0分），“有一点”（记1分），“问题较严重或经常出现”（记2分），“很严重”（记3分）。

本量表经过因素分析处理可测出6个方面的问题，即品行障碍、学习问题、心身问题、冲动-多动、焦虑、多动指数。6个分量表各有自己的项目，例如多动指数与问题4、7、11、13、14、25、31、33、37、38有关；焦虑与问题12、16、24、47有关；学习与问题10、25、31、37有关。根据量表各有关问题得分的总和除以问题的数目，即为各有关分量表的得分。如多动指数与上述的10个问题有关，10个问题的总分除以10即为患儿的多动指数。根据统计研究，如多动指数平均分数高于1.5即提示多动症。

● **康奈尔教师评定量表**：共28个问题，各问题的记分分级为0、1、2、3。经因素分析本量表可分为5个方面的问题：攻击行为、注意力不集中、焦虑、多动、人际关系（社会-合作）。较为重要的多动与问题1、5、7、8、10、11、14、15、21、26有关，多动指数的计算方法同PSQ，如指数高于1.5，提示有多动的可能。

（4）入学合格测验50项：入学合格是指初入小学学习所需要的那些技能、知识、概念及其特征等已达到入学后可以接受教育的适当水平。该试验是从美国引入，经两次修订后已适合我国儿童情况。

● **内容**：50个项目，包括自我意识、非环境性定向（身体部位）、偏利性、记忆、视感知及眼手协调、知识（形状、动物名、颜色）、联系与抽象（分类）、听觉与语言理解、运动、说话流利程度以及情绪特点等。

● **评分**：测验方法简单、每通过一项记1分。6岁儿童入学标准大概如下：32分以下不具备入学能力，32分以上可入学，但35分以下者学习可能有困难，45分以上可望学习优良。如作为一般性筛查，不同年龄的异常及可疑分数界限见表2-13。

表2-13　入学合格测验的异常及可疑分数界限

年龄（岁）	4	4.5	5	5.5	6	6.5	7
异常	<15	<19	<24	<28	<32	<34	<34
可疑	15~22	19~25	24~29	28~33	32~36	34~37	34~37

（5）Achenbach（CBCL）儿童行为筛查量表：CBCL 是由美国心理学博士 Achenbach 及 Edelbrock 所研究及修改的由父母、教师填写和青少年自评 3 套大同小异的量表，适用于 4~16 岁儿童及青少年。现介绍由父母填写儿童行为量表，内容全面，有较好的信度和效度，应用也较广泛，但是内容太多，评分方法复杂，该量表适用于不同年龄、性别，它从不同角度观察评定儿童行为。

● **内容**：分为三大部分：①一般项目：包括姓名、性别、年龄、填表人等。②社会能力：包括七大项：参加运动情况；参加活动情况；参加课余爱好小组情况；课余职业及家务劳动；交友情况；与家里人及其他小伙伴相处情况；在校学习情况。③行为问题：包括 113 项，要求父母根据儿童最近 6 个月内的表现填写。共有男女 3 个年龄组（4~5 岁；6~11 岁；12~16 岁）6 个常模；每个常模包含 8~9 个因子，即分量表，例如 4~5 岁的男孩行为问题因子为：社会退缩、抑郁、不成熟、躯体诉述、性问题、分裂样、攻击和违纪 8 个条目；女孩为：社会退缩、抑郁、躯体诉述、性问题、分裂样或焦虑、肥胖、攻击、多动 8 个条目。每一个分量表包含 113 项里的若干项，同一项目可以出现在不同的分量表中；此外，还可将 113 项进行再次因子分析，提取 2 个因子，即内向性行为问题和外向性行为问题。

● **评分**：①社会能力评分：凡是分量表得分低于第 2 百分位，即可认为在这方面的能力有缺陷。将社会能力的七大项归纳为 3 个分量表。活动情况：包括 1、2、4；社交情况：包括 3、5、6；学校情况：为第 7。社会能力部分 1~4 项需分别评价参加的项目数及数量、质量；第 5 项包括小伙伴个数与玩的次数；第 6 项包括与父母、兄弟、姐妹、小朋友相处情况及独处情况；第 7 项包括学校成绩：按班上同学的平均水平 4 级评分（失败记 0 分；低于平均成绩记 1 分；相当于平均成绩记 2 分；高于平均成绩记 3 分），还有是否为特殊班级、是否留级和有无学校问题等。将各项目分加起来就可以得出：活动情况、社交情况、学习情况 3 个分量表分。和行为问题相反，社会能力分数愈高表明儿童在这方面的能力愈强。②行为问题评分：CBCL中113项的每一项行为问题都按“0”“1”“2”3级记分法。如果没有这个问题记0分；偶然有这个问题则记1分；经常出现这个问题记2分。把每一条的得分加起来，称为总粗分。分数越高，行为问题越大。因此，根据大样本的统计分析，可以算出一个正常上限（不需要下限）。例如4~5岁组男孩的总粗分上限定为≥42；女孩≥45。各个分量表的项目分数相加，即得出该分量表的粗分。以各分量表的标准化常模98百分位为划界分，凡是得分高于此分者，则认为有该因子项目的行为问题。例如，4~5岁的男孩行为问题各因子项目分数为：社会退缩6~7、抑郁13~14、不成熟10~11、躯体诉述4~5、性问题1~2、分裂样4~5、攻击19~20、违纪4~5；女孩行为问题各因子项目分数为：社会退缩7~8、抑郁9~10、躯体诉述10~11、性问题2~3、肥胖3~4、多动5~6。

CBCL量表要求由家长填写孩子6个月之内的情况，如果过去有过，但6个月之内已不再发生，则记0分。

（6）婴儿-初中学生社会生活能力量表（SM）：自1971年修订了智力低下的定义后，规定智力低下的诊断与分级必须结合适应性行为评定结果进行综合评价。适应性行为指人适应外界环境赖以生存的能力，其评定标准有两个：①个人独立的程度；②满足个人和社会义务及要求的程度。国内目前多采用日本S-M社会生活能力检查（修订版），经再标准化，即婴幼儿—初中学生社会生活能力量表。

● **内容：**全量表共132项，按起始年龄分7部分：①6个月~1岁11个月（第1~19项）；②2~3岁5个月（第20~41项）；③3岁6个月~4岁11个月（第42~63项）；④5~6岁5个月（第64~80项）；⑤6岁6个月~8岁5个月（第81~96项）；⑥8岁6个月~10岁5个月（第97~113项）；⑦10岁6个月以上（第114~132项）。按年龄选择起始年龄项目进行检查。各年龄阶段包括6个行为能力：①独立生活能力（self-help）：包括进食、脱穿衣服、料理大小便、个人与集体清洁卫生状况等；②运动能力

(locomotion):包括走路、上阶梯、过马路、认识交通标志等;③作业(occupation):包括抓握物品、画、剪图形、解系鞋带等;④交往(communication):包括叫名转头、说话,懂简单指令、交往、打电话等;⑤参加集体活动(socialization):包括做游戏、值日、参加文体活动等;⑥自我管理(self-direction):包括想自己独干、不随便拿别人东西、控制自己不提无理要求。

● **评分**:受检儿童每通过一项计1分,根据年龄与总分查表得标准分。按标准分将儿童适应行为分为:极重度低下(≤5分);重度低下(6分);中度低下(7分);轻度低下(8分);边缘(9分);正常(10分);高常(11分);优秀(12分);非常优秀(≥13分)。

第三章

0~6 岁儿童情商与智能的潜力开发

每一个家庭、每一对父母都希望自己的孩子健康成长。特别是在生活水平大大提高的今天，几乎所有的父母都能意识到强身教育与益智教育相互影响的重要性。但是，在现实生活中，我们看到的很多现状却是：孩子身体健康状况良好，智能发育也不错，但给人的感觉是：孩子好像一台“会走路的电脑”。他们缺乏情感，缺乏对家庭、对他人、对社会的责任感……有些家长对此熟视无睹；还有相当一部分家长对这个问题存在不少误区，认为只要孩子智商高，将来就能挤入强者之林。

随着学者对智能研究的深入，很多人认为高智商者未必成才，而智商平平者未必不能成才！这是为什么呢？原因就是情商和其他一些非智能因素对于一个人的成才与否有举足轻重的作用！那么以“情商”为核心所表示的一系列非智能因素又是如何影响我们儿童的呢？

第一节　家长的自身素质是孩子一切功能达到最佳的基本保证

“家庭是社会最基本的单元。人类美好的生活在这里实现，人类胜利的力量在这里滋长，儿童在这里生活着、成长着……”俄罗斯著名教育家马卡连柯的这段话，精辟地阐述了家庭的美好。

父母是家庭教育的实施者，决定着家庭教育的培养目标、教育内容和教育方式，对孩子的教育起着至关重要的作用。因此，要让孩子在温暖的环境中愉快地成长，使他的一切功能达到最佳状态的大前提便是父母自身素质的提高，以榜样的示范作用熏陶孩子。家长的自身素质包括：

（1）高度的教育责任感和崇高的品德。

（2）理性的教育观念。

（3）丰富的教育知识。

（4）教育子女的能力。

（5）良好的心理素质。

（6）科学的教育方法。

随着社会的发展，当今的中国家庭对子女的教育较之过去多子女的家庭发生了很大的变化，年轻的父母对孩子的要求更高了。目前，作为父母层面的大多数都是独生子女，他们从小没有兄弟姐妹，没有玩伴，没有家庭中多子女间的交往、游戏、争吵、谦让、互助和学习；另一方面，在现代社会，教养孩子的任务比以前多子女的父母们更难。也就是说要扮演好父母这个角色，需要更多的努力，更高的责任心和许多理性的教育观念与知识。

在“中国独生子女人格发展与教育的调查”中显示，父母在孩子出生前后认真学过有关教育孩子的知识比例很令人忧虑。其中 69.5% 的父母没学过儿童生理发育方面的知识；45.5% 的父母没学过儿童卫生保健知识；79.2% 的父母没学过儿童心理发展方面的知识；52.5% 的父母没学过儿童教育的知识；88.3% 的父母没学过儿童性教育方面的知识；51.6% 的父母没学过与孩子有关的文化知识。他们认为整天忙孩子都忙不过来，哪有闲心想自己呀！殊不知，你能知道孩子身上的每一个痣或一块疤，也能说出孩子的体重和身高，但是除了这些表象之外，您是否了解，处在不同年龄阶段的孩子会出现哪些生理特征？会有什么样的心理变化？孩子怎样看待父母对他的教育？孩子喜欢什么样的生活方式？在不了解的情况下，你“为了孩子好”所尽的一切努力，都有可能得不到孩子的认同，不受孩子的欢迎。因此，父母在认真履行自己的养育职责外，应学习点儿童心理、生理及教育规律方面的知识，对孩子普遍性的东西有个大概的了解，并运用学习的正确知识和方法引导、教育孩子。这样，孩子们在父母温情、慈爱的关怀下，一定会很愿意接受父母的教育，茁壮成长。因此，提高父母自身素质，优化教养方法，是当今做父母很重要的课题。

当今，很多家长为自己孩子不尽人意的成长而苦恼，其实大可不必！我们每一个孩子出世后都是一张白纸，有的父母在这张白纸上画出了自己五彩缤纷的养育技巧，使孩子长成了参天大树；有的父母由于没有遵循孩子生长发育的规律，教子心切，揠苗助长，使本来很聪明的孩子却一无所成；也有的父母由于教养不到位，使孩子养成了一些不好的习惯，孩子的成长便打了折扣，不能达到预期的效果；还有的父母对孩子的期望值很高，想让孩子成才，可自己却坐而“望”之，不愿付出努力……普天下的父母都希望自己的孩子成“龙”、成“凤”。可同一个心愿，为什么却产生不同的结果呢？

家庭是最小的社会单元，孩子在这里成长直到长大成人并组成自己的家庭，一直都是(特别是0~6岁儿童)他们的重要生活环境。对于父母来讲，家庭的主要职责是养育孩子长大，这包括提供丰富的喂养护理(喂养、睡眠、护理、安全)、丰富的家庭生活(生活习惯、规矩养成、情感体验、家务参与)和丰富的玩耍体验(游戏玩耍、文体娱乐活动、社会活动、体验自然)。一个家庭中不同的成员对孩子的作用是不同的，如妈妈的影响可能是最大的，因为她要维持一家人的衣、食、住、行，妈妈的养育质量对孩子的健康至关重要；阳刚的父亲在家中可以给孩子带来安全和信赖感，能有效地缓解儿童恐惧和焦虑的心情。所以，父母既是孩子的养育者，又是孩子的朋友和老师。

● **父母是孩子的第一任老师，也是孩子模仿学习的第一个榜样**。模仿是人类最基本的学习手段，也是人类创造发明的基础。所以，父母的一言一行、一举一动都在为孩子做示范，父母的言传身教是孩子成人、成才至关重要的一环。要想使孩子养成礼貌待人的习惯，父母就应做到语言文明，不说脏话；要想使孩子成为诚实守信的人，父母就应首先对孩子信守诺言。一旦孩子产生了“崇拜”父母的感情，父母的良好言行就会在孩子身上打上深深的烙印。因此，父母在日常生活中，应有意识地以自己的敬业精神、高尚品格去感染孩子，用自己的才华去教育孩子，从而使自己的孩子在潜移默化的模仿中，不断提高，不断进步。

幼儿园已成为我国城市儿童除家庭之外得到照顾和教育的重要活动场所。幼儿园老师对儿童有类似父母的身份，老师喜欢或表扬可使儿童产生一种愉悦感，对儿童行为问题的矫治有积极意义。因此，幼儿园老师的教育方式及态度对学龄前儿童行为问题影响很大。家庭中的父母和幼儿园的老师，他们相互之间在思维模式和人格特性构成一种极为复杂的动态结构系统，这些均可在孩子身上留下较为深刻的影迹。儿童通过家庭和幼儿园中的情感体验，并根据家长和老师的协同教育，把自己或同伴的行为与行为规范相比较，从而产生积极或消极的道德体验，并初步规范自己的行为准则，为上小学奠定基础。

● **沉甸甸的思考题（表3-1）：**

表3-1 一个民族的教育观念，影响和造就无数孩子的成长道路

全球在竞争，教育是关键	值得思考的我国现状	值得借鉴的国外理念
培养孩子成才问题	以智能为中心	塑造健康人格和天性自由发展
子女的养护方面	对孩子包办代替、照顾得无微不至	注重孩子自理能力的训练
	重生理，轻心理	更重视孩子健康心理的培养

续表

全球在竞争，教育是关键	值得思考的我国现状	值得借鉴的国外理念
与子女的关系方面	家长崇尚“服从”	家长讲究“平等”
育儿观念	着眼于孩子将来有出息，一生顺利：只要孩子好好学习，什么都可以不干（对未来的社会能力及公民意识很少考虑，有些根本不考虑）	培养孩子成为具有适应各种环境和独立生存能力的社会人：重视孩子从小的自身锻炼（劳动、坚强意志、忍耐力、吃苦精神）
教养方式	一些家长在孩子社交上“过度保护”；生活上“包办代替”；经济上“非常”放任	锻炼孩子独立生活能力：给孩子创造自我锻炼的机会和条件（让孩子从“动手”中发展自己的爱好和特长；采取放手、不放任的方法）
不同的育儿观念和教养方式所导致的结果	独立生活能力普遍较差、（缺乏自主意识、胆怯、依赖性强、做事被动）；不懂理财（由于家长喜好攀比的消费风，对孩子的零用钱普遍“随意给”；家长的溺爱、娇惯所造成）；缺乏社会责任感（只关心自己、不把父母放在眼里、缺乏恰当的交往技巧、怕苦怕累、缺乏同情心和帮助别人的能力）	具有很强的自立能力（即使很富裕的家庭，在读的孩子打工自己挣零用钱的也不少）；具有市场经济头脑（从小体验钱来得不容易）；具有适应社会环境的本事（从小的艰苦磨砺，积存了克服困难的毅力、与周围人和谐相处的素质和有作为社会成员独立存在的能力）

● “少年富则国富，少年强则国强”！

● 精心培育好每一个孩子，是每一个做父母的义务和责任，也是中华民族腾飞的希望！

第二节 智商与情商

21世纪是人才竞争的世纪。因此,孩子的智能发育似乎摆在每个家庭的首位。但是很多心理学家研究指出,一个人的成功20%靠智商,80%有赖于情商等非智能因素。

1. 什么是智商?

智商是用来表示智能水平高低的商数,它可以用公式进行粗略的测算:

智商(IQ)=[心理年龄(MA)/实足年龄(CA)]×100%

随着对智能发展不断深入的研究,很多学者认为智能是以思维为核心的能力体系,是对头脑中的经验系统,进行加工和组织的过程。因此,智能并不是一个单一的能力,而是由多种能力构成的复杂体系,不能仅仅用智能测验进行简单的表达。哈佛大学心理学家纳德指出:智能测验在人类各种能力的广阔领域里,只能代表一小部分,如某些在数学方面或音乐方面有着惊人特殊才能的天才或高智商者,很可能在其他方面的能力却平平或极低。因此,所谓"聪明"和"愚蠢"等观念是毫无道理的。也许你在某一方面聪明,而在另一方面却很愚蠢。他还归纳出人类有7种智能:①语言能力:有的孩子开口早,语音好,理解词汇、记忆诗歌的能力强;有的孩子虽然口语发展慢一些,但是几年后,在文字阅读上却出现了优势。②数学逻辑能力。③空间知觉等学业能力:有的孩子感觉敏锐,形象思维强;有的孩子双手灵巧,动作思维能力强。④音乐能力。⑤身体运动能力。⑥人际交往能力。⑦自我认识能力。我国心理学者曾对22万个儿童进行了智能发育普查,结果发现:智能低下儿约占千分之三左右;大多数儿童的智能属于中等、中上或中下。由此可见,传统只围绕着数学、语文等方面的学术能力的智商概念就过于狭窄了。

除了上述智商的概念，在人成功的里程中起一定的作用外，情商和其他一些非智能因素对于孩子的成才与否也有着举足轻重的作用。

2. 什么是情商？

“情商”又称“情绪智能”。情绪智能是从整个人生的角度着眼，扩大了智能定义的范围和寓意。情商可以诠释：具有同等智商的人，为什么会有不同的成就？因为，情商可以促进其他能力（包括智能）的潜能发挥得更好。“情商”的内涵包括：①真实了解自己情绪的能力：如了解自己情绪产生的原因、如何掌握好自己的生活，这是最重要的情商内容。因为它是发挥自制力和其他情商的基石。②调控自己情绪的能力：如在某“高昂”的事件中，能安抚自己，摆脱强烈的情绪干扰并及时调整自己的情绪反应。③自我激励的能力：如能保持高度的热忱，不断地鼓励自己要保持高度的注意力、发挥创造力，并朝着自己既定的目标不断努力，为了成功克制冲动，延长需要的满足等。④认知他人情绪的能力：如具有站在他人立场，感受他人的需要、欢乐、痛苦和烦恼的同理心。同理心是孩子将来在社会上与人合作共事、宽容和相互理解的基础。⑤保持良好人际交往的能力：这种能力包括组织能力、协商能力、人际联系和人际分析能力。

3. 在日常生活中，如何协调孩子智商和情商的关系？

首先要分析你的孩子在哪些方面比较睿智，再确定如何有效地促进，继而采取开发策略。分析孩子如下能力：

（1）感知事物敏捷，有超过同龄儿敏锐的观察力。

（2）知识丰富，能掌握基本的知识和技能，能适当地应用知识、技能去解决具体问题。

（3）注意力集中，不容易分心。

（4）思维流畅，能形成许多概念，并善于吸收新概念。

（5）思维灵活，能摆脱自己的偏见，学会从他人的角度看问题。

（6）语言表达流畅熟练，能掌握丰富的词汇和清楚地讲述自己的观点。

（7）有较强的推理能力，能从整体的关系中去理解和把握概念，也能把概念推广到更大的关系范畴中去。

（8）能独立思考问题，富有想象力。

（9）有独创性，能用新颖、独特的方法去解决问题。

（10）兴趣广泛，对多种活动感兴趣，如艺术、戏剧、书法、阅读、数学、科学、音乐、体育和社会常识等。

（11）有坚持性和责任心，承担任务后能努力地完成。

（12）好奇心强，喜欢提问、想办法解答问题和与人议论新问题。

（13）有灵活的反应性，对他人的建议、提示，容易得到启示和作出积极的反应。

（14）有好胜心、挑战性，乐于接受比较困难的任务，喜欢争论。

（15）有强烈的学习动机，关心社会和自然，爱看书籍和听他人谈论大事。

（16）关心集体，积极参加集体活动，助人为乐，能和人友好相处，对别人不吹毛求疵。

（17）情绪稳定，经常保持愉快、安详的心情，有自信心、自尊感，能适应环境的变化和挫折，不暴怒，不冲动，不惊慌失措。

这17个项目，前9项涉及的是智能因素，即观察力、记忆力、注意力、想象力、语言和思维能力等；后8项涉及非智能因素，即兴趣、动机、意志、性格和情感表现等。这说明“聪明”不是单一的智商有多高，而聪明是人多种品质的综合反应。因此，家长要开发孩子的智能潜力，一定不要走单一、片面训练的捷径，应该让我们的孩子在整体素质各个方面和谐地发展。

其次要善于发现和保护孩子的兴趣和特长，也就是要激发孩子内在的动力，使孩子能够在自己感兴趣的领域里施展才能。父母应该创造条件,让儿童充分动员自己的感觉器官去认识周围的世界,用眼多看、用手多摸、用耳多听、用口多尝;家长可以用提问、比较、联想等方法去启发儿童,使孩子保持旺盛的求知欲。4、5岁时,父母应该注意孩子兴趣的发展,利用他们智能或非智能因素的某一种能力,来带动提高孩子整体的智能水平。在激发孩子内在动力时,要掌握和孩子交流的技巧,即运用知心妈妈卢勤在《写给年轻妈妈》一书中提到的快乐人生3句话:"我能行""太好了""我来帮助你"。我能行是成功者必备的心理素质。在艰苦的任务面前,父母鼓励孩子敢于说"我能行"这无形中给孩子一个调控自己的信念,使孩子自强自立的精神更加坚定!孩子在遇到困难或挫折时父母运用"太好了",能让孩子面带微笑看世界,并以坚强而开朗的心态迎接失败和不愉快的事情。父母巧妙运用赞赏的话,能给孩子带来满满的自信和希望。有的父母常常责骂孩子愚蠢、没出息、没指望……殊不知回忆回忆自己小的时候又比孩子能强多少?自己为人父为人母后,有了资本却不能站在孩子的位置上进行换位思考,动辄训斥、责备、打骂孩子。这些"恨铁不成钢"的行为严重地挫伤了孩子内在的动力,使孩子认为自己无能而感到灰心。教会孩子在别人需要时,亲切地说一句"我来帮助你"!孩子的心田,从小就会种下"助人为乐"的种子,使孩子从关心他人的活动中体验到自己在家中地位和社会上的角色。让孩子在不知不觉中学会善良、真诚和心胸开阔等良好的与人相处的品质。这样,孩子在成长的道路上会拥有更多的朋友,可进一步提高孩子人际交往能力和社会适应能力。

第三节 亲子关系与儿童情、智商潜力开发

19世纪20年代,奥地利精神分析学家西格蒙特·弗洛伊德最先指出,婴儿对母亲的情感是他成长后,面对所有人际关系的基础。原始的驱动作用为男孩早期对母亲的"恋母情结"和女

孩对父亲的“恋父情结”奠定了孩子后期的人格发展基础。在母亲满足了婴儿的食物、温暖、玩耍的需要时，婴儿的亲子关系就受到强化，以后一有需要，就找妈妈；而妈妈在养育孩子过程中，也因为孩子的满意、健康而得到精神上的满足。可以说，婴儿是在被养育过程中学会了喜欢妈妈温柔的照顾、温和的微笑和亲切的安慰，因为妈妈的这些行为都可以减轻婴儿的压力。而母亲则是学会了怎样更好地照顾孩子，选择能使孩子更高兴、更健康的成长方式来养育孩子。可以看出，婴儿与母亲的关系是出于情感，而这种情感与生俱来，是人的本能。

1. 什么是亲子关系

婴儿在出生前和出生后，与他关系最密切的人就是母亲。母亲对儿童的生长发育、心理发展起着最重要的作用。在生物进化过程中，出于生存的需要，所有高等动物的幼仔都和自己的母亲从一出生就形成了亲密的关系，这种亲密的关系称为“亲子关系”。这种亲密的关系还发生在父子之间，以及婴儿与养育他的其他亲人之间。良好的亲子关系对儿童的智力和人格的发展都起着重要作用；而亲子关系的建立对母亲、父亲本人的心理健康，也起着重要的作用。

在儿童早期，父母不仅仅是孩子的依赖、信任的对象，更应该是孩子心中的安全基地，有了这样的安全基地，孩子才敢于大胆地探索外面的世界，才能极大地激发孩子的自信心、独立性，也促进了孩子想象力和探索能力的发展。这就是互动的亲子关系形成了健康依恋的结果。健康的亲子依恋关系对孩子日后的情绪与处理人际关系能力的发展，非常重要。如孩子对母亲健康的亲子依恋关系就形成了爱别人能力的发展基础，再以对母亲的亲子依恋关系为基础，逐步扩大亲子依恋的圈子，慢慢就掌握了搞好人际关系的能力。所以，孩子对母亲健康亲子依恋关系的形成，是孩子自立发展最重要、一定要完成的课题。

2. 哪些因素可能影响亲子依恋关系？

美国哈佛大学心理学家杰罗姆·凯根认为，儿童气质是建立亲子关系的决定因素。如有些儿童从出生起就不喜欢别人抱，不喜欢密切的身体接触，他们容易烦躁，爱哭闹，不爱笑，这些儿童因此较少得到母亲的关爱和注意，与人交往的机会少，容易遭到成人的冷落。而另一些儿童喜欢别人抱、亲吻、抚摸、爱笑，他们与母亲交往积极、容易得到母亲的欢心。但是，对于那些气质上具有危险因素的婴儿来说，如果父母利用充分的时间和耐心关心这种孩子的特殊需要，他们就能较好地形成与父母的亲子依恋关系；如果父母缺乏这种能力，自己的人格或充满压力的生活，可能会造成养育方式不当，那么，困难型的婴儿就极可能会产生亲子依恋问题。

再者，父母自己从小所经历的亲子依恋关系，可能会影响家庭环境，也就是说，养育者小时候和自己父母之间建立的亲子依恋关系，会影响到他们现在与自己孩子之间的关系。如果父母不管自己小时候所经历的亲子关系是好还是坏，都能客观冷静地对待自己的童年，这样的妈妈，对他们的孩子也很疼爱敏感，其孩子往往也能形成安全型亲子关系。

家庭是儿童早期社会化的主要场所，是儿童早期生活最基本的环境。家庭生活约占儿童期全部生活时间的2/3。儿童智力和个性的发展、社会行为的获得，最关键的几年也是在家庭中度过的。研究证明，儿童早期的生活经验将深刻地影响其整个一生。父母作为儿童的重要抚养者，对于其身心的发展起着不可替代的作用。在家里，父母的教育观念和教养方式都反映在他们对儿童的教养行为中，并且通过与儿童的交往对儿童心理和行为产生影响；与此同时，儿童的行为和自身特征又会对父母的教养行为产生作用，于是父母与儿童就形成了一定的亲子互动模式，这种互动模式是相对稳定的行为风格（表3-2）。

表 3-2　父母教养行为对孩子所产生的作用

父母教养类型	对孩子的教养方式及结果
权威型教养	对孩子会提出合理的要求，与此同时提出必要的限制条件，让孩子遵守这些条件；当孩子做得好时，及时进行赏识；他们对孩子表现出温情和爱，能耐心倾听孩子的观点，鼓励他们参与家庭决策。权威型教养方式是理性、民主的，它同时承认和尊重父母和子女两方面的权利。权威型教养方式下的儿童活泼、快乐、自信，自我控制能力较强。这些孩子没有刻板的性别角色观念，男女孩在友好、合作的行为表现得特别好
专制型教养	父母采用高压政策，强调孩子必须听话，即使孩子不愿意，甚至完全拒绝，他们也是如此要求："你必须那样做，因为我说要这样做！"他们很少和孩子进行平等的谈话，孩子必须无条件地接受成人所说的话，不许有任何疑问；如果孩子不这样做，专制型的父母就会转而使用强力和惩罚。父母对孩子在外面的活动不放心，希望掌握孩子的一切行踪；和孩子之间缺乏心理上的沟通，专制型父母抚养的孩子，在遇到事情时，经常表现焦虑、退缩和沮丧；在与同伴交往的过程中，如果不如自己的意愿，就会表现出敌意行为，尤其是男孩会表现出高度的愤怒和反抗；女孩则具有很强的依赖性，缺少探索精神，面临挑战性任务时她们很可能会退缩
宽容型教养	父母关心和接纳孩子，但不对孩子提出要求，很少控制孩子。在孩子还不能做出决策的年龄，父母就允许孩子自己作决定。在饮食起居、学习、游戏等方面不提要求，随心所欲。孩子不必学会礼貌或做家务。很多宽容型父母对他们教育孩子的能力缺乏自信，他们在理家方面的能力也较差。宽容型教养方式下的儿童很不成熟。他们很难控制自己的冲动，在要求他们做一些与他们愿望不一致的事情时，他们常表现出不服从和反抗行为

3. 如何建立正确的亲子关系?

为什么权威型的亲子关系教养儿童有效果呢?首先,对儿童来说,公平、讲道理而不是唐突和武断的控制,他们就更容易遵守规则并加以内化。其次,权威型的父母如果要为孩子制订安全、可以实现的目标,父母就会约束自己成为关怀行为和自我控制、自信行为的榜样。再次,权威型父母是根据孩子的能力发展情况提出合理要求,让孩子自己承担行为的责任,这些父母能让孩子知道自己是有能力的,他们能成功地做一些事情,结果会使孩子具有高度的自尊心。这样孩子的独立性和成熟的社会行为就会逐渐发展起来。

0~4岁是建立亲子关系的关键期。在此期间亲吻、拥抱和抚摸孩子,能使孩子感受到关注和爱。这对孩子的心理发展十分重要。在婴儿期,母亲与婴儿相互作用的亲子关系,如哺乳时,母亲温情地注视着婴儿,而婴儿依附在母亲的怀里努力地吸吮着母乳,这种相互的作用能培养婴儿的努力精神。这种潜在的作用,可以赋予孩子强大的独立"精神"。那些很小就被收容到儿童福利院的孩子,如果由于保育员的人手不够而接受机械的照顾,或者保育员不固定,经常变动等原因,会使在这里的孩子身心发育比较迟缓,容易生病;严重者面无表情,没有朝气,不断地将身体前后摇摆,或将头往墙上撞;如因某种原因兴奋时,有时会有咬自己手等自伤性行为。这些现象都是由于在儿童发育期没有给予充分养护刺激的缘故。可见,婴儿在出生前和出生后,与他关系最密切的人就是母亲。母亲对新生儿、婴儿、儿童的生长发育、心理发展起着重要作用。

建立良好亲子依恋关系的小贴士

● 首先要尊重孩子,也就是用孩子能理解的方式与他沟通、玩耍,如孩子要做一件事而大人认为不应该做:有的父母说，“你再这样，我就不喜欢你了”；而有的父母却说，“你是我们非常喜欢的孩子，如果你换一种方式做，我们就更喜欢你了”。作为孩子，并不能区别这两种表达方式，但是孩子却能够感受到这两种方式所带来的体验：前面的可能给孩子带来自卑、抑郁的阴影，而后面的则可能造就一个自信的孩子。所以，父母在和孩子沟通时，要注意表达亲子关系的技巧。

● 当孩子不听话时，有的父母又吼又叫又发火，实际上大可不必！你可以暂时离开现场思考一下：“我应该怎样和孩子谈这个问题他才能接受？待你的心平缓时，就可以心平气和地和孩子谈问题了。这样做也可以为孩子树立“如何控制自己情绪”的榜样。

●“提前预告法”也非常奏效。“再玩10分钟我们就要吃饭了”，这句话可以给正玩得起劲的孩子一个心理上的缓冲准备；如果孩子仍然自顾自地玩或哭闹，父母就要让孩子进行选择“要么去吃饭，要么接受一定的惩罚”。

切记：父母不管作出任何决定，要坚持！否则孩子就会得出一个经验：可以通过自己的哭闹来迫使父母让步！

● 对孩子的行为做个分析：哪方面应该鼓励；哪些方面还有不足。然后和孩子一起讨论制定个“积极行为表”（表3-3）和“消极行为表”（表3-4）。将这两张表贴在家中所有的人都可以看得见的地方，根据孩子的表现对其进行评定（积极行为贴个“红五角星”；消极行为贴个“黑三角”）。

● 父母一定要不折不扣地执行预定的奖励和惩罚，使孩子既能感受到父母对他的理解，也能帮助孩子采取配合措施。

表3-3 积极行为

积极行为	星期						
	一	二	三	四	五	六	日
按时起床							
能将自己的玩具收拾好							
早晚刷牙							
自己洗手帕							
当父母叫吃饭时就到餐桌旁							
能把自己脱下来的衣服放进洗衣机							
能用“请”“谢谢”等礼貌用语							

表3-4 消极行为

消极行为	星期						
	一	二	三	四	五	六	日
说脏话							
故意破坏玩具							
故意打翻饮料							
拒绝吃蔬菜							
不经父母同意擅自晚归							
打小朋友							

总之，提高亲子关系质量的关键在于提高父母对儿童各种需要的敏感性，尤其要注意情感方面的需要和孩子的情绪状态；要善于从儿童的角度去分析问题，用儿童能理解的方式去解决问题。这样的父母才能真正成为孩子心中的安全基地。

4. 建立良好的亲子关系有哪些误区?

高尔基曾经说过:爱孩子,这是母鸡也会的事。爱,对孩子的生理、心理的健康发展无疑起重要的影响,但是,不同方式的爱将结出不同的果,错误的爱只能结出苦果。

● **误区一:溺爱孩子**

许多母亲认为孩子在母腹中是自己的,即使生下来,也是自己身上掉下来的肉。自己和孩子骨肉相连,血脉相通。孩子高兴,父母高兴;孩子悲伤,父母痛苦;孩子与人发生纠纷,父母就冲出来理论……正因为这样,父母袒护孩子的现象比比皆是,由此而产生教育的误区。

幼儿园放学了,妈妈来接小明。

孩子:"妈妈,今天在幼儿园有小朋友打我了。"

母亲:"什么,打你了?快告诉妈,打哪了?疼不疼?你打他了没有?"

孩子:"不疼!我没打他!"

母亲:"傻呀!你为什么不打他呢?是不是他先打你?"

孩子:"不是!是我抢了他的位子,他就把我推倒了,老师把我们两个都批评了!"

母亲:"啊,你挨了打,老师还批评你?下次不要告诉老师,谁打你,你就使劲打他,知道吗!?"

孩子:"妈妈,老师后来让我们俩和好了,还说:打人不是好孩子,互相谦让才是好孩子!"

母亲:"……"

这样袒护孩子,在年轻的父母当中,为数不少。一般来说,建立在血缘上的关系,渗透着本能的亲子纽带,但是这种亲子关系一旦过分,就会让你走入爱的误区。这种爱孩子的方法很容易让孩子养成自私、护短甚至产生攻击性行为,从而影响人际关系，阻碍孩子的社会性发展。

有的父母过于宠爱孩子，不敢管孩子，对孩子姑息迁就，也会使孩子不懂得适度控制自己。有的父母对孩子吃、穿、用等事百依百顺，唯独没有教孩子如何做人。所以，孩子吃鱼身、瘦肉、鸡蛋、好苹果，而父母吃鱼头、肥肉、蔬菜、烂苹果。日复一日，年复一年，孩子并没有体会到父母对他的钟爱与谦让，而认为父母这样做是应该的、是各人所爱。在这样环境中与家庭教育下成长起来的孩子，怎能懂得人间亲情与儿女孝道呢？又怎能理解尊老爱幼和助残济贫呢？可想而知，不会做人的孩子，将来又怎能成才呢？

溺爱孩子主要表现在把孩子视为掌上明珠，含在嘴里怕化了，拿在手上怕摔了。处处姑息迁就，无限度地满足孩子的一切要求和愿望；再就是不让孩子做力所能及的事情，不培养孩子的自理能力，不让孩子承担任何家务劳动，一切都由父母代劳。这样的溺爱，使孩子在无需努力的优裕环境中长大，处处都以自我为中心、任性、固执、自私、不知足、只顾自己、不关心他人、对同学老师和父母轻慢、缺乏自制力。溺爱使孩子懒惰、依赖性强、软弱、轻视劳动、独立生活能力差。

为了使我们的孩子成为社会人，作为父母应该“升华”自己对孩子正确的爱：有理智、有分寸、有原则。另外，随着孩子的成长，父母应该逐渐弱化家庭对孩子的保护作用，让孩子在社会化的进程中，逐渐学会独立面对生活、经受磨炼和挫折，通过体验痛苦的感觉，增强“心理免疫力”。

● 误区二：严厉“爱”孩子

爱自己的孩子是做父母的本性，可有些父母在爱之切得不到预期的回报时，便会“恨铁不成钢”，继而采用错误的爱，责骂、殴打，以示严厉。殊不知，他们这是建立与溺爱对立的另一个极端的亲子关系。个别家长把古时候的一句话“棒头下面出孝子”当作座右铭，以鞭策孩子成龙成凤。这样的父母错误地以为“严厉才是爱孩子”。因此，棍棒，也被个别家长作为教育子女的魔棍。这些家长认为棍棒的“疼痛”,可以使孩子永远记住过去,并能迅速纠正缺点。殊不知,这种教育走向了与溺爱的另一个极端。

严厉的爱体现为:打骂威胁、无故的斥责、蛮横专制。这样的“爱”造就孩子:冷漠、自卑、冷酷。

有些父母心情不好时,动辄打骂、体罚,甚至打了孩子还不准哭泣和申辩,这会使孩子产生戒备心理,认为父母冷酷无情,会疏远甚至憎恨父母。“喜怒无常”是父母教育孩子的大忌。对孩子管教过严,会使孩子变得胆怯,长大后容易产生社会交往退缩,成为一个没有主见的人。当孩子好心办了错事时,不要不分青红皂白的全盘否定;当孩子在做力所能及的事情但结果不理想时,不要责骂他为什么没有做好,否则,既会泯灭孩子的热情,又会使孩子的自尊心受到伤害,失去自信,将会严重影响孩子日后学习的积极性。对孩子所犯的错误,应动之以情,晓之以理,时时事事都不要忘记“赏识成功教育”! 千万不能挖苦和讽刺孩子的弱点。要知道孩子虽小,但已有了自己的人格和自尊。

经常受到责打的孩子,他们的心情比较抑郁、沉默少言、畏惧、缩手缩脚,很少与别的小朋友交往,自卑心理突出,在他们的脸上很少见到欢乐的表情,会失去孩子应有的天真。由于过分严厉,孩子从小对父母和蔼可亲的印迹感受得少,家庭的温暖也体验得少;在社会化的进程中,很容易对周围的人或事采取冷漠与无动于衷的态度。另外,经常得到的是父母不认可、否定、训斥、打骂……孩子会产生非常自卑、懦弱、缺乏自信、惧怕、忐忑不安的心理,容易导致失去心理平衡,从而变得冷酷、暴躁、固执、易冲动。

经常受到责打的孩子,为了摆脱家长的打骂不得不违心地说假话。天长日久,欺骗、说谎成为他的绝技。即使在棍棒的压力下承认了错误,内心也有怨恨,会把自己的委屈、怨恨在别处发泄。他可以虐待幼小的动物,例如把蚂蚁弄死,肢解蟾蜍,摔死小猫；更严重的是学会父母的方法，以暴力来制服比他年龄还小的孩子。至青少年时期，还可能出现违反社会治安秩序的行为。孩子毕竟年幼不懂事，并不能完全理解或执行大人的话。即使自己从实际经验中受到挫折或失败也不会从中吸取教训，下次可能重现，更何况孩子有执拗的心理。因此，对孩子切忌成人化的教育，切忌棍棒教育，只有耐心地说服教育，才能取得良好的效果。

孩子毕竟年幼不懂事，即使自己受到挫折或失败也不容易从中吸取教训。所以，父母过度的愤怒常常会影响自己对事情的判断力，甚至忘记了自己管教孩子的目的是"为什么"？让愤怒来驾驭自己是愚蠢的！如果想一想你慈爱的本意和用棍棒进行教育对孩子带来的伤害，秉承棍棒教育的父母是不是应该努力控制你自己的情绪。棍棒教育结出的是苦果，年轻的父母，请你务必走出这样爱的误区。

5. "爱心"教育，可以帮助建立良好的亲子关系吗？

爱是人世间最强大的力量，蒙台梭利将孩子视为爱的源泉，那怎么才能让孩子感受到父母这伟大的爱呢？

一是了解你的孩子！首先要花一定时间与孩子相处，只有这样你才能真正了解孩子的兴趣、爱好、喜欢什么、不喜欢什么、为什么烦恼、为什么不听话……另外，和孩子在一起要启用"交流"，通过对话、观察孩子的喜恶、烦恼。只有全面了解了你的孩子，让他把父母当成自己的知心朋友，你所实施的爱才能真正奏效。

二是要通过一件件具体的事，让孩子体会你对他真诚的爱！亲子依恋是父母与子女形成的双向情感联系。亲子之间的感情虽然有先天的血缘关系作基础，但是后天的共同生活才是这种情感发展壮大的土壤，母爱和父爱都需要后天的培育。孩子在成长的过程中，心理还很不成熟，需要促进措施。孩子如果没有自身体验的措施，仅仅是父母的口头说教，他是很难理解和体会的。所以，要想办法让孩子感受到你这伟大的爱，如孩子小的时候，在用语言表达爱（宝贝，妈妈爱你）的同时，施加一些体态语言（拥抱、微笑、抚摸）；此外，可以通过各种游戏的形式传递你的感情信号，如父母可以带孩子一起到公园散步，边玩边寻找你和孩子能合力抱住的树，然后和孩子合力抱树，当你的手拉住孩子的手时，你大声地说："我喜欢这棵树，我更爱你，宝贝！"如果没时间外出，在家里可以和孩子玩照片树的游戏，收集一些爷爷、奶奶、姥姥、姥爷、爸爸、妈妈、孩子的照片，再准备一张大纸，然后按辈分将照片像一棵树一样往上排。在祖父母那一组的下方写上：×× 爷爷爱 ×× 奶奶、×× 姥爷爱 ×× 姥姥，在父母那一组也写上同样的话，最后在孩子的照片下方写上，我们每个人都爱你 ×××（孩子的名字）。在平常的生活里，将游戏气氛融于亲子关系中，你将会发现与孩子一起玩是一件很有趣的事情。亲子游戏可以根据孩子的年龄、兴趣与孩子一起策划，让孩子在与父母欢快的游戏中感受你的爱和关注，也会进一步强化父子的感情。和孩子一起做游戏，一起喝彩，让孩子在游戏的互动中分享家庭的快乐，既增进了亲子关系，又增加了父母教育和帮助孩子的机会，孩子沐浴在父母这样的爱河中，慢慢就能感受体会到这种爱的存在，孩子与父母的沟通渠道也就畅通无阻。在这样充满爱心家庭成长起来的孩子，将来步入社会他就会用爱心去拥抱别人、拥抱社会，将来一定是一个有用于社会的人。

第四节　早期发展与儿童情、智商潜力开发

自20世纪50年代以来，国内外心理学家和教育学家就开始研究儿童的早期发展。这是因为它关系着人才的开发和科技的进展，间接或直接影响着人类的素质和社会、国家的建设。高尔基曾说过："爱孩子，这是母鸡也会的事，可是要善于教育他们，这便是一桩国家大事，需要才能和渊博的知识。"我国著名

心理学家与教育学家陈鹤琴曾经说过:“父母好像人人都可以做。但是我们知道:养蜂有养蜂学,养蚕有养蚕学,栽花有栽花学,甚至于养鸡养鸭,都有专门的学识。我们要栽花,一定要请花匠,我们要养蜂,一定要请懂养蜂的人去养。”可是,我们对于教育小孩子则不然,差不多任何人都可以教,任何人都可以养,好像教小孩子比栽花、养蜂都来得容易,这说明教育孩子的随意性。事实是这样吗?

养育孩子是一门科学!现在越来越多的年轻父母充分认识到这一点。“望子成龙,望女成凤”是做父母的普遍愿望,但是,仅仅有这样的愿望,孩子是成不了材的!要教子才能成材,那怎样教?什么时候开始教?教的内容应该包括哪些,这都属于儿童发育科学的问题,仅仅靠本能去爱孩子是不够的。因此,作为父母必须在了解孩子生理和心理发展特点的同时理智地爱孩子,科学地教孩子。这样才能使孩子成为一个对社会有用的人才。

1. 什么是儿童早期发展?

儿童早期发展是根据儿童生理特点和心理发展的规律,结合个体差异,对从出生到学龄前的儿童进行有目的、有计划、有系统地适当超前的教育和训练,使其感知觉、动作、语言、思维、记忆及想象等能力不断地发生和发展。

早期发展是根据儿童本身的特点和接受能力而进行的,如果方法恰当,则会达到事半功倍的效果。所以,早期发展应当是适量的启蒙,而不是生硬的灌输;是从兴趣爱好出发,而不是强求、强迫;是按个体特点进行,而不是千篇一律的一刀切。对于0~6岁儿童应该是让其在游戏中发展才智,扩大知识领域;通过行、理兼并的方法,逐渐养成好习惯。每个孩子都有具体内在的发育潜力和天赋,通过家庭环境和养育的作用,这种潜力不断地发挥和凸显,从而造就了孩子在生理、情感、思想和能力各个方面的发育,造就成人期基本能力的萌芽和基础。孩子最终成长成一个什么样的人，是孩子内在潜力和早期环境综合因素作用的结果。

家庭对于 0~6 岁的儿童来说应该是主导力量。其早期养育的主要内容包括：①丰富的喂养护理：喂养、睡眠、护理、安全；②丰富的家庭生活：生活习惯的培养、规矩的养成、情感体验、参与家务；③丰富的玩耍体验：游戏玩耍、文体娱乐活动、社会活动、体验自然。

2. 儿童早期发展的实施基础是什么？

遗传和天赋是儿童的先天性因素，而教养则是生后可促进的因素。儿童早期发展是在先天性因素的基础上，通过一系列促进性措施，使儿童的生理、心理和社会能力的发展潜力得以最大的发挥，更是人一生健康和能力的基础。德国教育家福禄培尔于 1840 年根据他对儿童教育的实践写道："人的整个日后的生活，即使到他将要离开人间的时刻，它的渊源都在儿童早期；假如在这个时间受到损害，他就像未来之树的胚芽受到了损害，需要很大的努力、克服很大的困难，才能成为强健的人。"

美国当代心理学家布鲁姆在对近千人的追踪研究后指出：假如把 17 岁的智能水平作为 100，那么从出生到 4 岁将获得智能的 50%，4~8 岁又获得 30%，而 8~17 岁只获得 20%，即人的智能发展主要在前 4 年，前 4 年智能等于以后 13 年的总和。美国心理学家亨特认为，6 岁以下是儿童智能变化最大的时期，这个时期的教养经验是最重要的，受限制的环境和童年缺乏智能刺激，对未来智能的发展具有消极、永久的影响。他认为一个人后一阶段智能来源于前一个阶段的智能，而年龄越大智能越固定。因此，早期智能发展是非常重要的。

儿童的大脑结构及功能在生长发育的过程中逐步完善。刚刚出生的新生儿，其脑细胞数已经和成人基本相同，但脑重量会随着年龄的增长不断增加。出生时脑重约 900 克（成人约 1400 克）；2~3 岁时可达 1010 克左右；7 岁时约重 1300 克。3 岁时，脑细胞分化基本完成;神经突触的连接已完成80%。这都说明,儿童一出生就已经具备不断接受教育的物质基础啦。

儿童的智能发展速度与开始接受教育的年龄成反比:许多心理学家根据自己研究的结果得出:教育开始得越晚,儿童智能潜力发挥出来的比例就越小,如从儿童出生时就给予理想的教育条件,可以开发儿童智能的100%;但若从5岁开始教育,即使是理想的教育,也只能达到发展自己智能潜力的60%。

● **智能发展的关键时期**:奥地利动物行为学家康德拉-洛伦兹在研究小鹅行为时发现:小鹅生后的"母亲印刻"现象(出生后,第一眼看到自己母亲的印迹)。这种"印刻"只在出生后的一定时期内发生,并作为一种行为方式固定下来,一直影响到以后的行为。因此"母亲印刻"的这个时间段称为认母的"关键时期"。儿童心理学家受之启示对儿童的心理和行为进行了研究,结果发现:儿童心理和行为的发展也有类似动物发展的关键时期,抓住关键时期进行教育能收到事半功倍的效果。心理学家和教育学家通过大量实验和观察证明,婴儿童年时期是人生智能发展的关键时期,在这个时候进行良好的养育及有效刺激,训练大脑各部位的功能,能加速神经系统和大脑的成熟,使其尽快发展,臻于完善。俗话说"三岁看小,七岁看老",就是从某个角度概括说明早期发展、早期环境对后来智能发展的重要性。

3. 儿童早期发展应该执行什么原则?

0~6岁的养育奠定儿童一生的健康基础,如营养、睡眠和运动为孩子带来健康和强壮的体魄。而良好的饮食习惯、规律的睡眠和对运动的喜爱都是父母在早期的养育过程中促进其发展形成的。因此,良好的养育会给孩子的一生带来健康和幸福。与此同时,在父母与孩子亲子互动的过程中,培养了孩子的感情,从对父母的爱到家人的爱,并辐射到对同伴,以至集体。基于爱的情感会让孩子产生亲子依恋、具有归属感和安全感。所以，父母的养育过程是孩子情感形成的摇篮。

● **儿童早期发展应根据儿童生理、心理发展特点来制定**（表3-5）。

表3-5 儿童早期发展应该执行的原则

原则	内容
量力性原则	即量力而为，量力而行。量力性原则是指在向儿童进行教养时，必须符合儿童的年龄特征和接受能力，按照儿童实际的年龄阶段选择和确定其教育任务、内容和方式 人认识能力的发展是无限的，但在一定的条件和阶段中，又是有限的，有时还受客观实践所制约。儿童是正在生长发育的个体，如果不考虑他们的接受能力，硬性灌输一些他们不能理解的知识；安排的学习活动，超出其承受限度，会直接影响到他们的身心健康发育。从儿童的实际年龄出发，注意他们的接受能力，并不是消极地去适应他们原有的水平，而是在自然养育的过程中，通过丰富的养育内涵，建立孩子与养育人之间的亲密互动来促进其发育潜能的突现，促进孩子健康成长
直观性原则	即在向儿童进行教养时，应该在感知的基础上认识事物，以形成观念。直观性原则在儿童早期教养中具有特殊的意义。因为在这个年龄阶段，儿童生活经验缺乏，思维特点是以形象思维为主，必须在感知的基础上才能认识事物，形成观念 即儿童对生动形象的事物和现象容易认识和记忆，而对复杂和抽象的说理就不容易接受。因此，对儿童进行教育时，不宜采取呆板的课堂教学形式，应该通过直观的实物、图片、玩具进行启发式诱导，这样才能收到良好的教育效果。在贯彻直观性原则时，应坚持多样化，如电影、电视、幻灯、录音、录像、唱片、广播等，以激发儿童学习知识和获得技能的兴趣和积极性
启发性原则	是指在向儿童进行教养时，珍惜儿童好奇的特点，因势利导。儿童生性好动、好奇，对周围事物（尤其对新鲜事物）有极大的兴趣，这是儿童求知欲的表现，是培养学习

续表

原则	内容
启发性原则	兴趣，促进积极主动学习的基础。因此，我们要珍惜儿童的这种好奇心，因势利导，启发他们多想、多问，积极开动脑筋。这就要求教育者和家长多使用启发性语言，鼓励引导儿童去发现问题、提出问题，并帮助他们一起解决问题，为儿童探索问题疏通思路。正确对待儿童的提问，使他们的好奇心得到满足，能促使他们的求知欲更加旺盛，所提出的问题也更深更广，儿童的思维活动也就越能向更高的水平发展
督导性原则	儿童对接受教育和训练具有很大的被动性，这就要求教育者在实施教育的过程中，经常对儿童进行提醒、督促、检查和指导，使他们养成良好的习惯。但督促、检查一定不要强制和包办代替
连续性原则	即在儿童教育的过程中，应按照知识本身的逻辑系统和儿童认识的规律，有步骤、持之以恒地进行。儿童的语言和认知发育是有一定规律和顺序的。因此，在培养过程中，不能急于求成，揠苗助长。要注意知识的连贯性和新旧知识的联系，通过逐渐提高智能活动的难度、广度，循序渐进，略为超前的原则进行训练，这样才能达到预期的效果
一致性原则	即在教养时，教育者的育儿观念和方法应该一致。教育者应该通过研讨、不断总结和相互默契配合，同心协力，使孩子向着健康的方向发展

4. 实施儿童早期发展有哪些方法?

（1）观察法：观察是有目的、有计划、有系统、比较持久的感知过程，是人对客观事物外部属性特征的反映，也是儿童在认识事物的进程中，取得直接经验的重要途径。儿童是通过观察得到的感觉信息、印象，来具体感知某些事物的。

● **观察内容：**可为实物或者模型。在室内或室外进行自然或实验观察；专门或随时观察等，可根据实际情况灵活运用。

● **注意事项：**①教育者应预先向儿童提出观察目的、任务，并拟订观察计划，使他们有充分的思想准备，以培养儿童的目的性、条理性、敏锐性和深刻性等。例如，让孩子观察鸡的特点时，事先要告诉孩子观察公鸡和母鸡的区别、注意鸡的外形特点（头、脚、羽毛、尾巴等），让孩子有的放矢地感知其特点。②在观察过程中，可加强语言描绘和适当的手势，但不可过多，否则会分散儿童在观察时的注意力。③在观察过程中，应该耐心倾听，认真回答孩子们提出的问题。④观察结束后，要及时进行总结，巩固儿童观察的印象，引导他们用语言来描述观察的事物，使他们在观察中得到的知识，进一步巩固和条理化。

（2）游戏法：是儿童感兴趣并引起愉快情绪的基本活动：①儿童在游戏中学习、模仿，使其智能得到充分发展；②通过游戏学习现实生活中必不可少的实用技能；③户外游戏可使儿童的身体直接接触到充足的阳光和新鲜的空气，锻炼他们的体格；④通过游戏可培养儿童良好的思想品德。

（3）示范法：根据儿童喜欢模仿的特点，可通过表演、操作游戏的示范，让儿童进行反复练习，从而加深其理解和掌握知识的能力。

（4）提问法：在教育的过程中，能否调动儿童积极的思维，教育者的提问起着非常重要的作用。但在提问时应注意以下几方面：①所提的问题必须有明确的目的性；②所提的问题要具体、明确，便于儿童回答；③所提问题应富有启发性，由浅入深，由具体到抽象；④所提问题不能超出儿童理解的限度和知识范围。

（5）练习法：是让儿童对所学的知识、技能进行反复操作，以加深理解和掌握。

儿童早期发展的原则和教育方法是贯穿在儿童教养的每一个环节中，应灵活应用，因材施教。

5. 促进儿童早期发展应该注意哪些问题?

● **充分爱、相信、理解孩子**:爱是儿童的精神食粮！父母对孩子的养育态度和行为与儿童早期发展密切相关。如对孩子生活上细心照料;讲话时亲切、耐心、柔和、循循善诱……能使孩子精神愉快,阳光活泼,大脑的兴奋和抑制趋于自然和谐,并促进脑的健康发育和智能的提高。在教养的过程中,应根据儿童年龄阶段的生理、心理特征,拟定符合自己孩子的实际目标。不能单纯为了发展儿童的智能,强迫孩子,学这学那,这不仅会使孩子产生厌恶情绪,还会影响健康。揠苗助长的方法不可取。

● **父母要当好早期发展的第一任老师**:"三岁定终生"是社会儿科学的观点。它揭示3岁前奠定生活习惯、智能发展和品德基础的重要性。作为孩子的父母,既要照顾他的衣、食、生长,又要引导孩子达到德、智、体、美、劳全面发展。因此,懂得些儿童生理发育、心理发展和教育方法等知识是非常必要的。家庭是社会最小的单元,父母亲的言行举止对孩子可以产生非常重要的潜移默化的作用。例如:父母要求孩子学习,而自己则悠然自得地打牌,无休止地看电视……在这种环境中长大的孩子,一则学习兴趣不浓,二则看不起父母的言行不一。因此,称职的父母应该在对孩子施以正面教育的同时,必须注意以下几点:

● **言行一致、审美欣赏**:凡要求孩子做到的,首先自己必须做到;凡是答应了孩子的事,再难也要完成。在孩子面前不许诺,不失言,不说大话、空话。对孩子的教育,除言传身教外,还可通过音乐、故事、游戏、电视等多种方式进行,让孩子在审美性欣赏中陶冶情操,拓宽知识面。父母的言谈举止要对孩子产生良好的影响,就要求父母加强自身修养,不断提高自身的素质,以自己崇高的理想激发孩子的理想;以自己的健康情绪去陶冶孩子的情操;以自己美好的心灵去塑造孩子的心灵。

● **培养良好习惯、家庭成员教育的态度要一致**:儿童教育过程,就是兴趣、习惯形成的过程。当某一习惯尚未形成之前,改变它比较容易;某种不良习惯一旦养成,要想矫正就困难得多。因此,应从小逐渐建立有规律的生活,将不良的习惯扼杀在萌芽状态。

当今社会,家庭逐渐呈现核心化,但仍有不少家庭是三代同堂,形成了四五个大人围着一个孩子转的状况。由于老年人与青年父母的经历、文化、心理、脾气等方面的不同,可导致育儿观念和方法的差异。常常可以看到这样的情景:父亲打孩子,母亲竭力为孩子辩护,奶奶或爷爷则干脆夺过孙子反过来训斥儿子,这种情况是家庭教育的大忌!管教孩子,如果教育者不一致的意见暴露在孩子面前,不但影响家长自身的威信,而且会使孩子学会钻家长教育态度不一致的空子。他们知道什么样的要求在谁的面前容易通过,便会去选那个"突破口"。例如,我们上面所述家庭的孩子,可能惧怕父亲,在父亲面前唯唯诺诺,有理不敢讲,有事不敢说,乖如小绵羊;而在妈妈和奶奶面前却言行放肆,为所欲为。久而久之,孩子难免养成察言观色、见风使舵、欺软怕硬的不良性格。

● **不要忽视非智能因素的培养:**在提高儿童智能因素的同时,还应注意孩子非智能因素的培养。随着社会的发展,很多人已经开始意识到儿童的成长不仅仅是智能的开发,还有另一个重要的方面,即个性倾向性、情感、意志、兴趣、品质以及性格等,即非智能因素。人的心理是一个完整的统一体,智能因素与非智能因素虽具有独立性,但两者又是互相联系、互相影响和互相制约。兴趣和探索的动机是发展创造性的促进剂,儿童有了学习兴趣,才会努力去学习;有了制作的兴趣,才会埋头苦干;有了探索的兴趣,才会追根求源。正常而稳定的情绪是学习的基本保证。意志和性格是促进创造性的强有力因素,在创造个性的形成中,非智能因素起着决定性作用。一些心理学家所进行的追踪研究表明:在杰出人才与平庸人之间,最显著的差异不仅限于智能水平的高低,还取决于自信心、进取心、坚持性及自制力等非智能因素的优劣。

6. 儿童早期发展就是早期教育吗?

在家长越来越注重儿童早期发展的时候,必须注意:不是任何早期教育对孩子的成长都是有益的!科学的早期发展是有益的,但是应该循序渐进。

● **促进早期发展不能过于超前:**0~6岁是儿童身心发展相当迅速的时期,但促其发展是有条件的。美国著名心理学家盖塞尔认为,支配儿童心理发展有两个因素,一个是成熟,另一个是学习。但在两个因素中,他更强调成熟的重要性。他认为,儿童心理发展是儿童行为在环境影响下按一定顺序出现的过程,这个顺序与成熟关系密切。他利用双生子爬梯实验充分证实了这一点。在这个实验中,让双生子中的一个从48周起每天做10分钟的爬梯训练,延续6周,到第52周,他已能熟练地爬上5级楼梯;在此期间,另一个双生子先不做爬梯训练,而是从53周才开始训练,两周后,这个双生子不用旁人帮助,就可爬到楼梯的顶端。由此,盖塞尔得出的结论是:不成熟就无法产生学习,而学习知识对成熟起一种促进作用。说明任意进行超前教育和训练,不见得是一件有益的事。

学龄前阶段是儿童身心发展的关键时期,应及时进行必要的培养教育和训练,但不应过于超前。法国思想家、教育家卢梭说过:"大自然希望儿童在成人以前,应该像孩子的样子。如果我们的超前教育打乱了这个程序,就会造成一些果实的早熟,那他们长得既不丰满也不甜美,而且很快就会腐烂。也就是说,我们将造就一些年纪轻轻的博士和老态龙钟的儿童。"可能没有家长愿意让自己的孩子成为"既不丰满也不甜美"的"早熟果实"吧!

● **促进早期发展不等于超前教育:**儿童青少年的发展是一个长期的过程。在这个过程中,早期发展在教育的内容上,不能错误地"定义"为智能开发。我们应该明白,人各方面的素质不是孤立的,它们是相互联系、相互影响、相互制约、相互促进和相辅相成的。各方面的素质培养只有在和谐发展的基础上,才能获得可持续发展。如果在早期只注重儿童的智能开发,不及其余,那么,这种片面的教育和训练,必然会破坏儿童和谐发展的正常进行。儿童作为一个完整的人,面临着各种各样的发展课题,人为地加速和强化某个方面的发展进程,只能是以牺牲、丧失其他方面的发展为代价。从长远来看,忽视儿童全面素质的培养,一味进行超前智能开发,就会导致“掠夺性”的智能开发。中国有句成语叫“杀鸡取卵”,比喻只贪图眼前微小的好处而不顾及甚至损害长远利益。现实生活中,为了早一点得到鸡蛋不惜杀鸡取卵的这种蠢事,人们是不会去做的。但在孩子的教育上,却有不少急功近利的类似现象,如强迫孩子去学习掌握他们这个年龄阶段不能理解和接受的知识……因此,父母有责任有义务呵护孩子的童心、童趣,保留他们“固有的东西”。这就需要遵循孩子成长的自然规律,让孩子在自由自在地玩耍中成长,在无忧无虑的生活中获得发展。

第五节　游戏玩具与儿童情、智商潜力开发

细心观察,爱玩是孩子的天然秉性:婴儿时,他们反反复复地玩弄自己的手脚,咿咿呀呀地与自己的声音闹着玩;到了能抓握东西时,任何一样伸手可及的东西都是玩物;会走能跑时,更是在广阔的空间里尽情地玩耍;即使到了承担学习任务的小学生,仍然会见缝插针地玩。如果父母不加干预,儿童大部分时间都在玩,即使在按父母的要求完成简单的学习和劳动任务时,他们也往往是边干边玩,或者以玩的兴致和方式进行。可见,玩是儿童期一种固有、自发和快乐的活动。

1. 什么是游戏?

游戏的通俗表达就是“玩”,游戏是0~6岁孩子的主要工作,也是孩子完美沟通的另一种形式！就儿童而言,任何自由活动

都是游戏，因为它愉快、无需取得结果。从这个意义来说，游戏对于儿童的重要性无论怎么强调都不过分。因为没有游戏儿童就没有活动，而没有活动就意味着没有发展。儿童通过游戏学习周围的事物、培养个性、发展性格，并增长智慧。有资料表明，健康儿童在生命最初6年，游戏要花去1万5千多个小时，也就是说，一个儿童平均每天要用7个小时做游戏。因此，除了饮食、睡眠，游戏几乎成为一个小孩的整个生活了。所以，游戏对于早期儿童发展是非常重要的。

2. 儿童为什么喜欢做游戏？

为了了解和驾驭周围的环境，儿童从出生便开始不断地从事着游戏活动。他们的成长与发展既在游戏中得到锻炼，也在游戏中得到实现（表3-6）。儿童期是人生一个特殊、极为重要的发展阶段，游戏是这个阶段最基本和最有效的活动。

表3-6 儿童游戏的作用

呈现儿童幼稚的心理	正在成长中的儿童，他们所面临的是一个由成人规范、组织起来的成人世界。这个成人世界充斥着许多他们不能理解的规则，由此产生许多他们渴望了解的问号。而儿童既不能像成人那样做自己想做的事，也做不了成人会做的事。所以，他们必须有一个能以自己能力与方式做自己想做事的世界，而游戏就是一个属于儿童自己的世界。在那儿他们不会受到成人肯定与否定的评价；所有的方式都是与他们身心发展水平同步；他们在游戏中永远都是积极参与和大胆尝试者，并从中获取经验，以达到心理满足的状态
促进儿童自我发展	儿童天生就有不断重复刚刚获得的动作的技能、知识和经验倾向。如刚会爬楼梯的儿童，一见楼梯便不断要上上下下；刚会用方木垒高，便会不停地推倒垒高的方木用以重来。这种出自儿童内部发展需要，使儿童感到开心和满足的重复行为就是游戏。正是这种重复活动，使刚刚获得的知识技能得以巩

续表

促进儿童自我发展	固。当他们满足了某一发展需要时，就不会再重复这种活动；这说明，某一发展层次基本实现，更高层次的发展即将产生，并又将开始新的重复。所以，游戏又体现了自发练习的功能 儿童天生的好奇心使他们对生活中的一切都要看、要摸、要问，儿童这种自发探究倾向也是一种由内部发展需要而引发的活动。游戏，能使儿童获得经验和满足，并体现一种自发探索的功能。这种自发练习和自发探索的功能，决定了儿童早期发展的途径是游戏，也使我们看到了游戏中的教育契机
促进儿童的认知发展	在儿童早期，游戏是保证其智能发展的动力。儿童通过游戏接受外部信息，在客体与观念之间形成独特的关系与联想；由于操作，儿童注意到物体之间的相似与不同，使类别与概念得到发展。儿童只要面对问题，就会有思维活动，那“问题”从哪来呢？对于儿童来说，主要来自游戏，如在游戏的情景中，发生的问题，就会激发他们的思维活动，并设法找出解决问题的方法，即“玩中生智”。由于在游戏中迫切需要交流，儿童的语言也随之迅速发展。游戏还能吸引儿童的注意，使他们的有意注意在集中性和坚持性中得到锻炼 儿童通过游戏与不同的人、环境、材料交往，得到了多种信息，扩大了知识面。游戏是一个自然、主动的学习过程，它比传统的强制性学习更有趣，也更有价值。美国心理学家杰罗姆·希鲁纳等人认为，自己所发现的东西才是最重要和最富于独特的个人色彩的知识。在游戏中获得的丰富知识和经验还给儿童以后的概念学习打下必要的基础。因为概念的形成是一个累积的、发展的过程，在人的一生中，后来形成的许多概念都有赖于早期的经验背景
促进感知和抽象思维发展	在游戏中他们通过不同的角度去感知材料的各种特征，如材料的形状、颜色、大小、轻重以至材料的功能和内部结构等。在感知材料的同时，儿童对材料进行辨别、比较，从中可发现事物的共同特征和相互之间的联系及因果关系，为形象思维向抽象思维的过渡架设了桥梁，起到了中间环节的作用

续表

促进动作发育	动作分两大类。一是大肌肉运动，如坐、站、走、跑、跳、攀、爬等基本动作，体现儿童身体的协调性、平衡性、力度、灵敏度等发展水平；二是手部的小肌肉运动，如眼手协调、手的灵巧度，体现儿童手的操作技巧和发展水平。运动性游戏离不开基本动作，是儿童大肌肉发育的最好方式；桌面游戏可以使儿童得到更多手的练习，为将来书写和阅读准备必要的技能。
促进儿童社会性发展	作为集体游戏的成员，儿童必须学会互相理解、遵守规则，履行集体一致的要求，通过这些游戏规则，儿童会逐步克服、摆脱以自我为中心的心理。在游戏时，玩伴间的纠纷和矛盾也会给儿童带来较深切的人际关系体验（成功或失败的交往经验），这促使他们对社会文化、自己个性的特点有所了解。在游戏中，儿童体验轮流、共享、交换、等待、互助等交往规则，这些体验都将会迁移到日后社会性的协作中去。因此，游戏对儿童情感的满足和稳定具有重要意义。它使儿童积极或消极的情感在游戏中得以表现，并通过学习、驾驭、控制不友好、攻击性的行为，找到妥当表现自己感情的途径
体现儿童最初的社会活动	在与同伴的交往中，儿童要学会控制自己的愿望，学会从别人的角度看问题，例如，玩具要轮流玩，角色要轮流当等；还要学会如何与别人相处，学习关心别人，对比自己小的儿童提供帮助，向比自己大的儿童请求帮助，学会与别人平等相待；有机会学习怎样与别人分工、合作来完成一个共同任务，学习遵守大家制定的规定，学会领导别人和接受别人领导等
有利于儿童个性发展	它可以提供充分的机会，让儿童依靠自己的力量去克服各种困难，如在爬、抓、滚、跑、跳、攀登等活动中，养成一种勇于拼搏的精神。成功不仅仅给儿童带来了喜悦，提高了他们的自信心，还有利于培养儿童的独立性。这种早期的自信心和独立性是以后学习成功的重要因素

苏联教育家苏霍姆林斯基说："对于孩子来说，游戏是最严肃的事情。世界在游戏中向儿童展现，儿童的创造性才能也是

在游戏中显示的。没有游戏，就没有也不可能有完满的智能发展。游戏犹如打开的一扇巨大而明亮的窗口，有关周围世界的观念和概念的知识，源源不断地通过窗口进入孩子的心田。游戏犹如火花，它点燃探索和求知的火焰。”的确，在游戏中儿童不仅能学到各种知识，还能练习和巩固他们已有的知识技能。无论是操作性游戏活动，还是反映人与人之间的游戏活动，儿童都要运用已有的知识经验，通过回忆、联想来再现与眼前的游戏有关的生活经验。

3. 父母在儿童的游戏中，应该怎么做？

父母的触摸、哄逗、注视就是父与子、母与子间亲子游戏的初始。所以。婴儿从出生起就开始和父母一起做游戏啦。亲子游戏给予婴儿声音、视觉、触觉信息，能使婴儿通过气味（出生 5 天）、视觉认出母亲（出生 7 天），并做出有区别的反应。新生儿评价量表评价 4 周内婴儿显示，父母在每天的照料中与之游戏一会儿的那些婴儿较为灵活、敏感；父母对儿童游戏的态度还可以影响儿童控制环境的能力及对游戏的反应。心理学家西尔斯指出，母亲表现接纳、养育和赞许儿童的亲切程度，与儿童效仿成人角色做游戏的欲望直接相关。因此，家庭中儿童游戏的时间就是学习与教育的时间，父母自然也是最好的老师。比如，当儿童桌面游戏进行不下去时，父母可以引导孩子将正在玩的积木当成其他东西（如手表）来玩玩，请他开个钟表店，父母扮成顾客，进行买卖游戏。如此，儿童便学会了象征性转换的技巧（原来积木也可当成其他物品），其游戏行为也随之提升到高层次的戏剧游戏行为，从而完成了游戏对儿童的教育功能。又如 3~6 岁儿童最盛行的角色游戏，父母帮助他们了解所扮角色的意义，能提高游戏技巧，更能使儿童将幻想与现实结合在一起，进入激动人心的成人世界。另外，儿童游戏行为所传达的信息，能协助父母进入儿童的内心世界，从而对儿童忧虑、恐惧或对抗性情绪加以辨别、诊断。愉快的游戏是儿童心理健康的标志，父母稍加注意便能发现一些适应能力强的儿童会在象征性游戏中，轻而易举地转换各种角色。父母只要用心去体会儿童的感受，尊重他的思考方式，并认真倾听他的心声，便能更多地了解儿童在各个阶段的发展状况。

4. 如何帮助儿童建立高品质的游戏行为？

在了解游戏对儿童成长价值的同时，父母应该如何帮助儿童建立高品质的游戏行为呢？儿童教育专家认为，游戏的时间、空间、器材及儿童本身的体验，会影响他们的游戏质量。

● **提供足够时间**：在家里，父母每天需要给孩子提供一定的游戏时间。还可请较熟悉、年龄相仿的小伙伴一起玩耍，并仔细观察他们的游戏行为，给予引导。研究表明，彼此了解、生活经验相似的儿童一起游戏时，情节讨论更为顺畅。

● **提供游戏空间**：在家里，可挪出一个角落设计为游戏区，能提高其游戏质量。如儿童喜欢在较隐密处进行戏剧性游戏，父母则需要在情景布置上帮些忙，这能产生极好的游戏效果。

● **选择游戏器材**：游戏器材不但影响儿童的思考方式还可影响其解决问题的能力，如大、中、小型积木，木板，泥沙等，可增进儿童的建构能力；家中的镜子、披肩、帽子、锅碗、食物等也是好玩具，能帮助儿童玩戏剧性游戏；图书、故事磁带能帮助儿童进入象征性游戏的情景。

● **丰富体验的游戏**：儿童的游戏体验可影响其是否将游戏进行下去，如角色游戏，儿童熟悉的角色，应与他生活密切相关的人为基础；父母可以用讲故事的方式，来介绍社会上各种行业的特点；或带儿童到商店、公园走走，让他们从实际生活中丰富经验，这都能促使儿童游戏进行得更顺利、更丰富。由此可见，儿童游戏是儿童获得各种生活知识、技能技巧、各种个性品格、行为习惯、意志情操的一种特殊的学习方式，是儿童探索周围环境，接受德智体美劳教育的一种主要活动方式。

● 儿童游戏需要成人的适当参与、指导和引导，不能放任自流,完全让孩子自己去玩。完全放任的游戏不能充分发挥游戏的教育作用。例如,给2~3岁儿童玩“套桶”,如果没有成人的引导帮助,他们可能很快就会扔下不玩了;如果在成人的指导下,小小套桶可以玩“变魔术”,一层一层剥开来,剥开一个,里面还有一个,再剥一个,里面还有一个;大的套小的,小的放在大的里面;可以用套桶来辨认颜色、大小、里外、高矮、半个、一个;把套桶一个一个从大到小或从小到大排序;再把套桶全部拆开分散,在一大堆半个中找对子拼成一个;可以比赛,看谁找得快,套得快……3~4岁的孩子在成人的参与和引导下,能用一件小小的玩具玩得兴高采烈。在不停重复的套上套下中,找出新的玩法,学到许多东西,孩子的动作、认知、社会化就由此得到更好的促进和发展。

5. 游戏中“玩具”起什么重要的作用?

玩具是由于各种游戏活动的需要而被创造出来的。但是幼小的儿童常常是看到玩具才想起游戏。玩具的特点是具有一定的形状、颜色、声音;制作玩具的材料则具有不同的软硬、轻重、光滑或粗糙等特点。在使用玩具做游戏时,玩具能促使儿童看、听、触摸、抓握、摆弄,刺激他们的各种感官,发展他们的各种感知觉,同时也发展着他们的注意、记忆、想象和思维。有人说,只要有人类存在,玩具将永恒存在。也有人说,玩具对于每个人都不生疏,可以说从小到老,人们都离不开玩具,玩具常常反映一个社会的科学进步、社会变革、风俗习惯以及价值观念。因此玩具经常被用来向孩子们传播文化,重现成人世界。玩具符合儿童直觉感知行动和具体形象地认识事物的需要,是教育儿童认识现实世界的极好工具。

例如儿童的颜色视觉,通过玩具能得到很好的发展。儿童识别颜色,发展色觉的最好途径是通过五颜六色的玩具。儿童感知事物时分化能力较差,在众多事物中认出所需要的对象是有困难的,玩具可以把物体的各个部分或各种物体,根据儿童发展的需要，以不同色彩表现出来，使儿童在辨认色彩的同时，辨认不同事物。因此，儿童的玩具要求色彩鲜艳明快，能引起儿童愉快的情绪，从而积极辨认色彩和事物。儿童颜色视觉发展是有个过程的。2、3岁儿童能区分红、黄、绿等原色；3、4岁的孩子除这几种原色外，还能辨认如橙色、紫色等一些混合色；4岁开始，儿童逐渐能区别一些饱和度不同的颜色，如大红和浅红、深绿和浅绿等。

玩具在形状和声音等方面也具有促使儿童积极认知，引起儿童愉快情绪的特殊功能。许多玩具，如各种卡通、动画、娃娃和动物玩具，常常在典型特征上加以概括、提炼，突出或夸张，使某些部分的造型具有诙谐、滑稽、和善、幽默的情趣，促使儿童发展积极良好情绪，丰富儿童想象，激发儿童开展游戏的积极愿望。因此，玩具在启发儿童的游戏兴趣方面起着非常重要的作用。游戏和玩具在儿童的活动中常常是联系在一起的。好的玩具不仅激发儿童动手动脑的兴趣，还帮助他们加深对周围人物的认识和理解，帮助他们去模仿和探索、想象和尝试，帮助他们获得多方面的技能技巧。

在游戏中，玩具取代实物，成为人们之间一定关系的承担者，好的玩具在儿童的各个年龄发展阶段都起着某种好的作用。我国著名儿童心理学家和教育家陈鹤琴先生早在1939年就说过：“玩固然重要，玩具更为重要。”“必须有许多玩的东西来帮助，才能玩得起来，才能满足玩的欲望。”近年更有人提出，玩具是人生第一本教科书，总之，玩具对于儿童的游戏确实是不可缺少的，是非常重要的。

6. 玩具有安全卫生标准吗?

国际上对儿童玩具的安全卫生标准要求愈来愈严格，尤其是对3岁以下儿童。国际玩具安全标准包括九个方面：①毒物质如铅、铝、汞等的含量标准；②规定玩具材料的阻燃性能标准，如长毛绒玩具面料，各种塑料玩具，其燃点须在一定范围，以免引起燃烧伤人；③规定玩具的各小元件、小部件的大小标准，以免其被儿童吸入，或咽入，或塞入耳、鼻内；④防止机械伤害，如玩具不能一咬就碎，或一摔就断，或两人争夺玩具时断裂、破损、分离而造成危害；⑤防止结构损伤，如因结构或材料方面不安全造成夹头、夹指或夹肢等伤害；⑥防止材料造成的窒息，如儿童把塑料包装袋套在头上，掀不下来而造成窒息；⑦防止噪声伤害；⑧防止电流伤害；⑨防止辐射伤害。

1987年10月，我国政府有关部门正式发布公告，等同采用“玩具安全”国际标准。我国市场上各种玩具不安全因素很多。为了我们的孩子，全社会都应当动员起来，坚决制止不合格的玩具进入市场，进入各家各户儿童的手中。

第六节　赏识教育与儿童情、智商潜力开发

有些父母在遇到孩子不按自己的规则办事或者出了这样那样的问题时，常常会这样说：你怎么这么笨；你怎么总是这样；你为什么从来不……；你应该知道……；我告诉你多少次了；你为什么总是这样孩子气；你能不能……这时的父母忘记了自己也曾经是个孩子。他们对孩子的要求是，要像成人一样思考、理解和行动。这种不现实的希望往往会伤害孩子的自信心，打击孩子的积极性，使孩子不知所措，还可能引起孩子的敌对情绪和反抗。正在成长中的孩子，他们对很多事情的态度都是在父母的影响下形成的。因此，爱孩子的父母，应该把孩子经受的每一个挫折都看成是对孩子“承受能力”培养的好机会！尊重孩子，对孩子正确的理解和信任，是孩子心理成长的重要基石。

1. 什么是赏识教育？

我们提倡的赏识教育就是承认孩子间的差异，肯定孩子点点滴滴的进步和长处，即用“赏识”的目光凝视自己孩子身上的每一处闪光点！梁实秋先生曾经说：“幼小时聪明，大时未必了

了；小时愚拙，大时未必尽了了。”由此可见作为父母应立足于营建一个有利于孩子成长的和谐环境，以培养孩子对人生自信和坚韧不拔的意志。

我们的孩子在不断成长的道路上，会遇到这样那样的问题。作为父母要多给他们一些扶持，多给他一点耐心、宽容和鼓励，让孩子在激烈竞争的社会浪潮中去搏击、去畅游。也许，有的孩子天赋稍微差一点，天赋开发得稍微晚一点，在学东西时也可能反应迟钝些，有些父母就给孩子贴上“笨蛋”的标签；甚至用“你怎么这么笨啊”来宣泄自己的心头之气。殊不知，这随口一说，对一个心理还很脆弱的孩子是一种多么大的伤害！实际上，这就是一种“抱怨教育”即不承认孩子间的差异，不允许孩子失败，使孩子非常害怕失败，让差异扩大化。所以，对于正在成长中的孩子，遇到问题以及他们解决问题的“笨拙”，我们不能用成人的心态和眼光去看待，孩子的内心世界和能力还有待成熟。

2. 赏识教育基于什么理念?

不是每个孩子都是天才，他们在成长的社会进程中，会遇到很多失败和挫折，这时父母对他们的态度非常重要。不顾一切地追求分数、奖品、奖章、名次只会对孩子自信心的培养不利。因为孩子无法每一次都表现最佳、无法每一次都得第一、无法每一次都获得奖励、无法每一次都上荣誉榜；在孩子失意时，父母就更应该帮助孩子分析失意的具体原因，肯定孩子尽了力，肯定孩子哪怕一点点值得肯定的地方，就会让他们觉得自己还不错，至少在妈妈眼里是这样，与此同时可以培养孩子努力探究各种各样的教训，使孩子从中吸取经验。如果父母处理得当，就可以将错误变成一次学习的机会，教给孩子正确的处理方法，重要的是孩子从错误中学到了东西。有些家长在孩子犯错误时大加指责，目的是想让孩子以后不再犯相同错误，这种想法是好的，但是往往会起到相反的作用。孩子可能会因为害怕责骂而不敢冒风险，失去学习的热情和勇气，或者产生逆反心理，反其道而行之。一句话："孩子得意时，应语重心长地指出其不足；孩子沮丧时，应肩并肩地和他一起往前走"！

有些父母不是不爱自己的孩子，是由于期望值过高，赏识起自己的孩子似乎很困难。这些父母他们是带着"高期望值的眼镜"看孩子，结果是放大了孩子的缺点，看不到孩子的闪光点，越看越不满意。还有的家长，总爱拿别人孩子的优点比自己孩子的缺点，结果孩子被比得一无是处。其实，这些父母的用心是想通过"比"来促进孩子奋起直追；殊不知欣赏孩子的一个优点，要比批评孩子的一个缺点更有激励效果。南京聋哑学校副校长周弘曾经在南京红花镇8所中小学推行赏识成功教育，并举办了12次家长赏识教育沙龙。其中有个叫钟晨的9岁女孩，母亲因自己文化不高，对她寄予厚望，期望她将来出人头地。为此，她辞去了工作，一心一意督促孩子学习，钟晨的心理负担很重，为此成绩反而下降。母亲急时，不是打就是骂；孩子挨打后，怕同院子的人笑话，就忍着不哭。母亲说："好啊，你倔，我非要打得你哭。"孩子被打急了，就用仇视的眼光盯着她："你现在怎么打我，将来我就怎么打你！"这位母亲听了周弘的赏识教育演讲后，像换了一个人。一天，她让钟晨做5道应用题，孩子花较长时间做对了1道。她下意识地伸出巴掌，这时，耳边突然响起周弘"抱怨使孩子越变越坏"的声音。这声音使她失控的情绪慢慢稳定下来，便鼓励道："孩子不简单，5道题，第一次就做对了一道。"孩子却说："妈妈，我再做一遍给你看。"结果，5道题做对了4道。母亲这时说："刚才只对一道，现却只错了一道，有进步。"这时，孩子满怀信心地说："妈妈，我再做一遍吧。"第三遍结果全对了。如今，钟晨变了，数学、语文在班上名列前茅，还爱劳动，有礼貌，整天蹦蹦跳跳，笑声、歌声不断。还有个叫苏文的初一女生，原来考试在班上总是中下等，爸爸妈妈提到她就摇头，说她笨。她也觉得所有的人都在用鄙视的眼光看她，整天抬不起头来。一次苏文在赏识成功培训班上，学习快速记忆法，速度很快。周弘夸奖她:“你比周婷婷的速度还快!”苏文的眼睛一亮,她想自己原来不笨。回家后,她要爸爸写20张卡片,她用40多秒,从头看到尾,然后编成故事,一字不差地背出。父亲不信,给她一段文言文,她用20分钟就有声有色地背出来了。父亲笑了,夸她是个聪明的孩子。现在的苏文完全恢复了自信和上进心,在班上当了英语课代表,她信心十足地说,将来要当个出色的律师呢。

赏识成功教育塑造了孩子的健康自信!赏识成功教育发现和发挥了孩子的长处和潜能,使其最终走向成功。赏识的成功教育摸索出了一整套简单可靠、激励孩子进步的方法,也为父母对孩子科学教育提供了一个可效仿的好模式。美国心理学家曾对四千名七岁儿童进行调查,结果表明:和睦家庭中的孩子远比气氛紧张家庭的孩子智商高。我国心理学家也做过专门的研究,发现紧张的环境对儿童智商产生的消极影响是非常大的。因此,家庭环境是孩子成长的重要影响因素。

在:鼓励中成长的孩子学会自信;
支持中成长的孩子学会信任;
公平中成长的孩子学会正义;
赞同中成长的孩子学会自爱;
羞辱中成长的孩子学会自卑;
争吵中成长的孩子学会诡辩;
埋怨中成长的孩子学会责备;
偏爱中成长的孩子学会嫉妒。

3. 赏识教育的“秘诀”是什么?

父母对孩子怎样才叫爱?这种爱应该用什么方式来承载?每个家庭的教育理念、方式、方法不同,答案也会不尽相同!但是,应该相同的是多给孩子一点宽容和忍耐,多给孩子一点爱心和理解,也就是要学会欣赏自己的孩子,学会对孩子进行“赏识教育”。要成为一个称职的父母,这需要爱心、知识、努力和时间。你不首先改变自己的行为，那你也别指望孩子会改变他的行为。在孩子成长的过程中，用鼓励促使他们自信是非常重要的。孩子的自信心就像一棵小小的树苗，稚嫩柔弱，需要父母的细心呵护，不断浇水、施肥，才能健康、茁壮成长。

● **秘诀一：**家应该是充满爱和宽容的地方，孩子需要爱抚。因此，作为父母应该努力尊重我们的孩子，营造友好的气氛，在谈话中更加富有同情心。父母对孩子抱有较高的期望，可以！但是不可以脱离孩子本身的条件与基本素质来做过高的要求，那样只会使孩子成为自己梦想的工具。过高的期望使孩子经常过度紧张，做起事来总是感到有压力，害怕不能满足父母的期望，害怕有错，一旦失误便会全线崩溃。日后就会退避三舍，自甘落后，毫无进取。做父母不容易，做个好父母更加不容易，关键是既要因势利导又要顺其自然。一般来说，不敢冒险的孩子自信心总是比较低的，虽然表面上看起来两者毫不相干，但是，当我们听到孩子说：这件事我做不了；我这方面很差；这件事我不敢做之类的话语时，都表明了孩子害怕尝试新事物和害怕失败的心理。这时候的父母，应该及时地鼓励孩子，并提醒他们：做错了没关系，失败是正常的；别怕，有爸爸妈妈在身边！不要忘记，孩子还很稚嫩，对孩子过高的期望不仅仅损伤孩子的自信心，也是对孩子的不尊重表现。孩子在小的时候父母多肯定他们，不断鼓励他们扩充自己的生活和尝试新鲜事物，并且经常告诉他在父母的眼里，他是多么的了不起。这样，孩子长大以后，心中充满自信，做事就会富有闯劲，而不会是畏畏缩缩。

● **秘诀二：**父母的鼓励、关注、微笑、拥抱、拍肩以及表扬对孩子本人以及加强其行为都是非常重要的。奖励良好的行为是重要的，避免奖励不良行为同样重要。当你的孩子做出你不希望再发生的行为时，可以用下面的方法：①“故意忽视”：即把注意力从孩子的不良行为上移开，这种方法对于减少孩子发脾气特别有效！怎样故意忽视呢？首先转移对孩子所有的注意；继而拒绝和孩子争辩、责备和交谈；并将自己的头转开并避免和孩子目光接触；不要显出生气的样子；与此同时假装专注于其他事情或者离开房间。但一定不要对孩子的不良行为妥协，如为了达到妥协给予物质奖励或者活动奖励。②“共鸣效应”：父母在要求孩子做某件事时，首先要让孩子从心里明白为什么要做这件事。开始你可以用很和蔼的口气与孩子沟通；然后讲述自己小时候经历类似事情的情况，使孩子与你产生共鸣（感觉父母能站在自己的位置上，分享自己的感觉，使孩子达到感情上的沟通）；最后，帮助孩子想一些解决问题的办法，如我们能不能这样？我们能不能那样……在孩子感受到你的同情心时，一定会开诚布公地和你一起交谈！

● **秘诀三：**当你对你的孩子所做的事情感到特别生气时，通过提问的方式可以缓解当时尴尬的局面，如先做一个深呼吸，然后对孩子说：××，你说妈妈为什么生气？还可以召开家庭会议，共同和孩子约定应该遵守的规则，并鼓励孩子参与规则的制定和修改。规则一旦制定，就应该要求孩子遵守，一定要让孩子明确哪些是父母喜欢的，哪些是不能接受的，必要时，让孩子重复。

● **秘诀四：**讽刺挖苦孩子常常会刺疼孩子的自尊心，也许我们并不能够绝对地避免我们对孩子的呵斥和挖苦。但是，每一次不友好的谈话都会使父母在孩子面前失去权威性。你可以试一试这个控制方法：制作一个表格，将每次不友好的谈话在左边打一个“钩”，然后过一段时间，列出不友好谈话的次数；再将每次友好的谈话在右边打一个“钩”，过一段时间，也列出友好谈话的次数，总结一下，提醒自己。

第七节 情绪管理与儿童情、智商潜力开发

情绪在人的心理生活中，无时无处不在起作用。它是检测生命过程、苦乐安危最敏锐的心理标尺。任何年龄阶段的人在任何特定活动领域中的经历和变化，都会产生适应或不适应的

情绪反应,这就需要予以强化或调整。在人们心理的生活中,建立乐观、进取的情绪体验,营造避免或减轻痛苦的心理环境,情绪则是美好个人生活和健康社会的重要标志。

父母是孩子性格的塑造家!心理分析学家认为,性格形成的中心是冲突。一直受到周围人肯定的、积极评价的孩子往往会产生一种满意感、自信感;而经常受到否定的、消极评价的孩子容易产生一种自卑、孤独感。性格虽有一定的可塑性,但是,一旦形成就相对稳定。

1. 儿童情绪管理的手段来自哪?

● **父母直接教导:**母亲对婴幼儿、儿童主要的是用她们自己的正性情绪反应去强化儿童做出的正性情绪行为。以无言的模仿、对角色的认同、对期望的交流等方式,作为情绪的引发源,儿童能直接、自发地受到无意的暗示而表达自己的情绪。例如,社区邻里间一般的礼貌交往行为,影响幼儿自发的模仿,淡化幼儿对陌生人的疏离感而习惯于对陌生人的认同。

● **父母间接教导:**在引发源与其后发生的体验之间经常有某些情境因素介入,尤其是父母的有意教导和干预起着重要的作用。如模仿、认同、社会参照均被利用为间接教导的媒介。例如,在两可的情境中,儿童观察他人的情绪表情、听取他人的语言指导去理解事件所蕴含的恰当的情绪意义。在成人中,社会参照策略也是被采用的,它更多地用于模仿中。例如,在某种社交场合,当处于两可的情境下,作为交际的手段,成人也可能去模仿、附和他人的表情。但这时不一定发生相应的体验;然而在儿童,模仿却可能引发真实的感情。也就是说,在儿童的模仿中可能发生真正的移情,而在成人,模仿对产生移情虽然也会有一定的效果,但由于社会情境的现实,结果会更加复杂。

● **期望交流:**是他人在一定场合的交流信念和期望对儿童的影响。例如,对儿童提出一个期望发生某种情绪的建议,被要求的儿童很可能根据建议扫描自己的情绪体验,企图与这个建议相匹配。如果匹配得到一致,它将作为被要求儿童的期望去使用或表达这种情绪。例如,对青少年教以在公共交际场合的期望礼仪,如表现文雅、姿态友好等。当他接受这种建议并对期望的礼貌举止产生一定的情绪体验,以后就会在同样的场合去体验这种情感并支配他的礼貌行为。

2. 儿童情绪发展有哪几种类型?

儿童在成长中逐步获得对情绪体验的心理调节能力,哈利思早在20世纪90年代初,就提出了儿童情绪在社会化的进程中,逐渐会形成三种不同的类型(表3-7)。

表3-7 儿童情绪发展的类型

类型	表现形式
惟我型	这类儿童是按照自己的心理状态去认同自己的情绪反应,婴儿和幼儿较多见。随着社会化进程的发展,儿童逐渐接受更多的社会影响,各类型的分化也逐渐明现,他们更注重按照自己的情绪体验去行事。
行为型	这类儿童会通过观察他人的情绪,对事件做出情绪反应。这类儿童更注重体验与行为之间的关系,可能更倾向于对人的行为反应而不是对情境性质发生情绪反应
社交中心型	这类儿童更善于从他们的语言共同体中,把自身的情绪体验引导到更加思维化的方向上。他们的情绪反应是以语言为媒介,参与更多的认知分析。如让学龄前儿童加入情绪体验的交谈中,使他们进行语言的和非语言的情绪交流,儿童可以从交流中默默地学到许多规则。这些规则使儿童把自己的情绪体验、引发情绪的情境与相应的社会规则联系起来,从而影响他们的行为举止

3. 对不同年龄阶段孩子情绪的管理有何建议?

所有的孩子都有一个共同的特点:情绪化。如果父母不对孩子进行情绪辅导,孩子长大成人后,遇到不顺心的事情,很容易情绪失控。在孩子情绪管理的问题上，父母“自身”对于情绪的掌控能力，是孩子“无意识、潜移默化的参考模本”（表 3-8）。

表 3-8 不同年龄阶段孩子情绪管理的建议

3 岁之前	及时回应孩子的情绪反应；父母要将自身“消化焦虑”的能力借给孩子使用，在孩子的内心种下“焦虑是可以处理的”基本信念
3~5 岁	借助语言交流；对孩子进行一般意义上的“情绪管理”教育；增进对各种情绪的“体验”和“知识”的双重理解，让他们领悟到情绪是我们对应外界刺激的一种自然反应
5 岁 ~ 上学之前	让孩子尝试管理自己的情绪，理解他人的情绪；父母要帮助孩子知晓：对同一种情绪，可以采取不同的行为反应
● 任何一种情绪本身都不应该受到惩罚，需要让孩子懂得的是：要努力去控制在放纵情绪时，所做出的错误行为（攻击性行为、破坏性行为）	

4. 帮助孩子学习管理情绪的要点有哪些？

情绪辅导是一门艺术，它需要一套观察、聆听和解决问题的行为。父母作为孩子情绪的辅导者，首先要以身作则，用建设性的方式向孩子表达自己的喜、怒、哀、乐。父母辅导孩子情绪管理的要领如下：

（1）在日常生活中，要经常观察孩子的情绪：一般来说，父母很容易和孩子产生情感的共鸣。但是，当孩子间接表达情绪时，如不安的情绪可让孩子表现为过量进食、胃口差、噩梦、头疼、胃痛或者尿床等心身性疾病。这会令父母感到迷惑。所以，当你真正体验到孩子的感受时，你的内心已经具备了同理心，这时才是真正具备辅导孩子情绪的基础啦。

例子：①孩子摔坏了玩具，你表示关心，孩子知道你同情他，以后发生大事时，孩子就会让你和他一起去面对；②当孩子愤怒、恐惧或者悲伤时，“施用同情心”，这是进行情绪辅导非常重要的一步！即双耳倾听，双眼观察孩子的身体，并用语言给予安抚。重要的是与孩子情绪一致，你需要专注于孩子的肢体语言、脸部表情和手势，甚至你可以用深锁双眉、咬紧牙关、紧握双拳，表达你对孩子情绪的回应及你留意孩子情绪的程度；记住，孩子是能洞察你肢体语言的力量的；你的专注可以使孩子能更好地理解你是在很认真地对待他的事情，很深情地在感受他的体会，这样孩子的内心会紧紧地和你结合在一起。

（2）希望能与孩子共度你产生情绪的那一刻：有些父母不愿意将自己的负面情绪（愤怒时、恐惧时、悲伤时）暴露在孩子面前，害怕让孩子模仿自己宣泄情绪的方式，而变得情绪失控。殊不知，对孩子隐藏自己情绪的父母，既放弃了与孩子共度情绪的时刻，也使孩子少了一个教导自己面对难熬情绪的榜样。

例子：如果孩子做了一件令你十分生气的事情，你首先要告诉自己：①我虽然气炸了，但是还能理性地与孩子谈话，那么你就告诉孩子你现在的想法，等待孩子的回应，然后继续交谈；假如，你发现自己在盛怒中，无法冷静下来，你就深吸一口气，暂时停下来，待你平静下来再讨论。②当你到要殴打或者侮辱孩子的边缘时，这时必须退让。与其殴打孩子或者说一些伤害的话，还不如稍作休息，待情绪稳定后，再回来和孩子讨论。③在允许自己和孩子偶尔闹情绪的家庭里，孩子会和母亲共同拥有相同的感觉，无论多大的孩子都渴望来自父母的亲近和温暖。所以，与孩子共度自己产生情绪的那一刻，并公开原谅孩子，这种情形最能发挥宽恕和谅解的功能。

（3）帮助孩子描述他的情绪问题：当孩子情绪受到刺激时，父母应该帮助他去“描述这些情绪”。有研究显示，情绪描述的行为有利于神经系统的安抚，能帮助孩子从不安的事件里较快地恢复过来，即在体验情绪的同时进行讨论，促使大脑左叶的语言和逻辑中枢的活动，帮助孩子专心并平静下来。

例子：帮助孩子描述情绪，并不是仅仅告诉他应该有的感觉，而是帮助他找一些表达自己情绪的语汇。孩子愈能精确地用言辞来表达他自己的感受就愈好，如当他生气时，他感到受到了伤害，说：我愤怒、我失意、我妒忌……当她难过时，她可能感到被伤害，说：我沮丧、我空虚、我妒忌……所以，教导孩子自我慰藉对他缓解他的情绪，作用是非常大的。

（4）帮助孩子选择解决情绪问题的具体方案，并加以实施：孩子情绪发生了，在你倾听他述说的同时，在了解、帮助他描述之后，就应该找“解决问题”的办法

● **立规矩**：在孩子还没有学会调整自己的负面情绪时，需要父母立一定的规矩，以便于管理孩子的情绪。比如，孩子对于忧伤、害怕、愤怒的情绪，不会因为父母说“不要哭了或者没有什么好害怕的”而停止；在这种情况下，可以告诉孩子，你可以有这些感觉，来，我们找找有什么好的方法来解决一下，孩子顿时会感到你是一个能和他一起寻找解决问题的好父母。

那么，父母对孩子应该立什么样的规矩呢：①合适的行为，父母应该支持他去做；②被认为不端的行为，但在特殊的情况，如一个 4 岁的孩子感冒时闹别扭，你虽然不支持这种行为，但是你可以告诉孩子：不是因为你的行为正确，而是由于特殊情况，我才这样，但仅仅只是一次。

对不当的行为立规矩，应该让孩子明白服从和违反的后果：良好的行为会得到赞扬、关切、奖赏；不良的行为是不予以关切、没有奖赏、特权也将会丧失等。**切记**：规矩一旦立了，一定要不折不扣的执行。这样，前后一致，公平的，而且和不良行为相关的，孩子的反应效果一定会很好，犯错误的几率也就会逐渐减少。另外，孩子一旦学会调整自己的负面情绪后，既不需要父母的规范，又会把父母视为公平、可靠的盟友，遇到棘手的情绪问题就能够与父母共同讨论、帮助自己解决问题了。

● **锁定解决问题的靶子**：首先要问孩子：对于这个问题，你想要得到什么？如，什么事情让你如此伤心？孩子可能回答是：小朋友把我心爱的玩具摔坏了、我喜欢的猫死了、幼儿园老师今天没有给我带小红花……通常答案很简单，你的孩子目的只是单纯地想接受现状或寻找慰藉。

● **和孩子一起讨论，选择解决情绪问题的最佳方法：**对于10岁以内的儿童来说，还不善于抽象思维，他们通常会感到“没办法”、无奈。聪明的父母应该鼓励孩子动脑筋思考，去和他一起孕育自己（即使是非常幼稚的）的想法，去体验这种解决问题的过程。孩子的想法可能会很多，一定不要随便拍熄孩子的热情，不妨一个个地去试一试，孩子会很愿意从尝试中选择最有效的方法。对于较大的儿童，父母可以采用“绞尽脑汁想办法”，在这个过程中，可以不断提醒孩子将想到的表述出来；然后鼓励他进行尝试，并预测自己是否成功，这可以让孩子享受拥有过往思考和未来胜利的复杂而幸福的体验。

● **父母要扮演好当参谋的角色：**如一个情绪发生了，可以说：这个解答可以吗？这样解答公平吗？这样你有多少把握？我感觉怎样？其他人会有什么样的感觉呢……孩子一旦作出了选择，就要帮助他完成具体的计划。鼓励孩子思索的同时，鼓励他尝试！告诉孩子父母年轻的时候遇到类似的事情是如何处理的、犯了什么错误、从中获得了什么经验；在帮助孩子解决困难的同时向他们灌输你的价值观，比单纯讲解与日常生活无关的抽象概念更有效。

当孩子选择了一个行不通的解答，千万不要横加指责，要帮助他分析原因，然后再讨论一个新的解决办法。这样，孩子既能感到你支持的力量，又可以体验自己的努力过程，从而意识到每一次调整都会更接近成功。

5. 当情绪辅导的方法发挥不了作用时，还有哪些小妙招？

当情绪辅导的方法发挥不了作用时，最好改变策略，尝试延迟实施情绪辅导：

● **不要用轻蔑的语气和孩子说话，以免使孩子难堪：**有研究显示负面、损伤孩子人格的情绪辅导方式对亲子之间的沟通及孩子的自尊具有破坏性。如“看你哭的难看样”、“看你那熊样”、嘲弄孩子的忧伤像个小婴儿……

● **称赞孩子不要太笼统，要针对特定的环节给予肯定**：如，一个进行着的游戏，父亲在一个关键的时刻说："好孩子，你的按钮正好按对了时间"；这样有针对性的夸奖比广泛性的称赞（好！孩子你真棒）更有鼓励的效果。这种辅导的关键在于，父母利用每一次小小的成功，来增进孩子的信心，帮助他努力胜任下一个阶段。

● **在特殊的环境，可以暂时忽略与孩子一贯的计划，但是要给予解释**：每个孩子都有不同的气质，在处理具体问题时，要避免给孩子贴负面情绪的标签，即不要对孩子的气质做全面的否定、持续的批评；应该就事论事。

● **要让孩子在自己的脑海里构建各种情绪地图**：如毛毛是他的好朋友，见到毛毛他就很高兴；明明是他的"死对头"，见到他就讨厌；周教练很有趣，他很喜欢；唐老师很严肃，他很怕他……这是孩子脑海里的情绪世界。当然，这些资料，需要父母细心了解孩子在家中、在幼儿园及学习的活动情况，还需要与孩子亲切地交谈才能获得。所以，你一旦获得孩子这张脑海里的情绪地图，你就会发现你的孩子有一股非常积极的力量。他正在寻求安全感、爱、知识与理解，或者他正在想成长为一个亲切、有爱心的人。

● **在孩子发生冲突，避免高调支持冲突的另一方**：如一个胖孩子被同伴羞辱，如果你说：是啊，如果你不那么胖，他们怎么会捉弄你呢？你应该减肥呀！这会让孩子感到没有心理支持，非常沮丧，继而产生自卑的心理。

● **拿出时间和耐心尊重孩子的选择和愿望**：正在成长的孩子，经常会感到很"无助"。有研究发现，学龄前儿童平均1分钟有3次请求，如妈妈我看……好不好？妈妈我吃……好不好？妈妈我玩……好不好？对孩子的请求，如果你倾听或者实施这些愿望，孩子会觉得：妈妈非常重视我的感受，这种想法能逐渐让孩子变得有主见。

● **用几分钟分享孩子的愿望、幻想、好情绪**：

孩子：妈妈，我想买一辆可以开的小汽车！

妈妈：对呀，你可以载着小朋友，喔，还有我一起……

你还可以说：你可以开的小汽车，就你一个人可以坐下，那我们都坐不进去，怎么办？从而引发孩子的讨论，也可以从中了解他的想法，加以疏导。这种同理心可以让孩子知道，你已经听取了他的诉求，而你也肯定了他和他的愿望，这会拉近你和他的亲子关系，孩子会进一步信任你。

● **对孩子情绪辅导要耐心**：要使你的情绪辅导产生效应，必须给孩子一定表达感情的时间，不要不耐烦。假如孩子愤怒了，他可以跺脚；假如孩子伤心了，就让她哭；孩子妒忌了，你就让他捶捶枕头。无论如何，请父母记住：情绪辅导的目的是探究、了解孩子的情绪，而不是压抑情绪。孩子会随着你的理解和同理心会慢慢学会调整自己的情绪。另外，情绪的沟通和辅导还可以用无声的语言，如你和孩子分享忧伤或害怕的情绪时，拥抱或者抚摸背部比说话更加深刻。

● **避免不符合情绪辅导的时刻**：情绪辅导需要耐心、创意，需要心情相当平静，才能处理得好。所以，并不是所有的负面情绪问题都能运用情绪辅导解决的。下面的一些情况不适宜做情绪辅导：①当你太烦太累时：如果你觉得自己在发怒的孩子面前没办法聚集足够的耐心和意愿去实施同理心和倾听时，就不要勉强进行情绪辅导；②当你要赶时间：情绪辅导需要一段过程，你可以和孩子拟定一个时间，让你在没有任何压力和干扰的情况下与孩子交谈；③当你有听众：情绪辅导要一对一的实施，这样可以比较自由、真诚地交流。面对其他家庭成员或者朋友、陌生人，孩子会感到尴尬，很容易使交谈陷入困境。

情绪辅导有助于拉近你和孩子间的距离。它是你和孩子解决问题、维系合作关系的基石。然而，情绪辅导的真正意义在于：它的效果将会一直持续到你的孩子进入少年期。到那时，孩子会将你的价值观融为他自己价值观的一部分，也会因为你的情绪辅导而受益；如他们会知道如何去集中注意力，如何与同辈相处，如何处理自己激烈的情绪……他们拥有了这些情绪辅导小技巧，可以使他们尽可能地避开其他儿童容易陷入的危险误区。

第八节　心理素质与儿童情、智商潜力开发

随着社会的发展，现代环境充满了很多不稳定的因素。我们天真无邪的孩子，如果不及早培养他们具备良好的心理素质，他是很难适应这个社会的。为什么要教育孩子？其目的，就是要为他打开一扇智慧的天窗，使他能敏锐地观察社会发展的规律和次序；学会一套适用于自己的生存方式。

● **培养孩子良好的心理素质，为他打开智慧的天窗**

目前，独生子已经步入父母及老师的队伍。这批人大多数上无哥姐，下无弟妹，从小就娇生惯养的他们，很容易养成任性、自私、孤僻、嫉妒等不良性格。所以，身为独生子女的父母及老师，对下一代孩子性格的塑造至关重要。心理分析学家认为，性格形成的中心是冲突。一直受到周围人肯定的、积极评价的孩子往往会产生一种满意感、自信感；而经常受到否定的、消极评价的孩子容易产生一种自卑、孤独感。性格虽有一定的可塑性，但是，一旦形成就相对稳定。养育者的教育方法对孩子性格的形成有很大影响，如父母采用“权威”的教育方法，可使孩子缺乏自信心、自尊心、固执等；而“民主”的教育可以培养孩子独立、大胆、机灵，善于同别人交往、协作，有分析思考的能力。因此，良好的家庭教育、温馨的生活环境，使孩子能不断地懂得人与人之间的互相友爱、尊重、理解和支持等社会道德，这也能为他们步入社会奠定良好的基础。

1. 孩子独立自主的能力怎么培养？

家长培养孩子都有一个共同的目标，就是“有一天孩子离开了我们，能自己独当一面”。那么，如何帮助孩子成为一个独

立的人呢？首先，我们看看独立、自主的人应该具有哪些特征：

人独立、自主应该包括：①建立自己的情感世界，即在任何情况下，在情感与精神上都能自立；②行为上的独立，即能够照顾自己，继而照顾他人。

有很多父母“十分疼爱”孩子，都4岁多了，还需要喂饭，给他穿鞋，自己不会扣扣子……有人劝慰这样的母亲，应该让孩子学自己穿衣戴帽了，可母亲却说：我爱我的儿子，他是我的一切，我愿意为他做出更多的“牺牲”！然而，这样的父母并不知道，她这种过分的爱，引起的负效应是非常多的：他在间接地告诉孩子：你是不行的、你是没用的、你是无能为力的……这样的孩子将来走向社会，面临一个陌生的世界，毫无准备，又在父母的溺爱中，失去了很多实践和锻炼的机会，他们会茫然，会不知所措！

但是，也有些父母意识到：在激烈竞争的社会，孩子需要有自主的独立生活能力，他们有自己的生活规律，什么时候写作业、看多长时间电视、什么时候睡觉，不需要大人催；在学习上不让家长陪，写完作业还要检查一遍，这样的独立自主是逐渐形成的。那么，孩子独立自主的习惯是怎样培养出来的呢？

首先要清楚地知道，我们的孩子正在社会化的进程中成长，他们没有成熟的经验，很多事情需要父母告诉他怎么做？但是一定要让孩子明白：任何事情都要靠自己，而不是父母！

培养独立自主习惯的小贴士

- 让孩子自己做选择
- 尊重孩子的努力
- 不要问太多的问题
- 鼓励孩子善用外部资源
- 别毁掉孩子的希望

孩子在成长的过程中,在情感和物质上都对父母有很大的依赖性,这是他成长的一个必然过程。因此,有意识地帮助孩子认识独立的需要,鼓励他们努力构建自己的情感世界是非常必要的。孩子是一个幸福人的基本标准应该是:有一个完整的个性。完整个性最重要的特征就是能够有一个相对独立的情感世界。但是,很多父母养育观念的误区是“用自己的努力”在“剥夺”孩子的成长机会,孩子被困在他们用爱编织的网络中。

那怎样才能将孩子的依赖性降到最低呢?如孩子一出生就应该单独睡在摇篮里,而不是睡在母亲的怀抱里;再如婴儿常常用哭泣来寻求父母亲切的目光和爱抚,很多父母很难无动于衷,然而让孩子逐渐学会照顾自己,就应该“狠”下心来,在哭泣时不抱他;这样孩子才会慢慢懂得,幸福是不能光靠别人的关注得到,从而使他逐渐产生于自立的活动中(平时可以愉快地接触,即不哭时给予爱抚,如抱抱、亲亲等)。在德国古代,贵族往往会让自己的孩子离家到另外一个城市,在其他贵族那里去学习怎样做一个真正的骑士。他们认为这是孩子独立成长的一个过程,这样做可以使他们具备一个骑士所应有的素质和知识。可见,对孩子独立意识的重视,对于一个民族和国家的发展是何等的重要。

2. 通过什么途径来培养孩子自信和勇气呢?

例数古今中外事业有成的人,都有一条成功的秘诀:自信。这些人虽然出身、经历、思路、性格和兴趣各有不同,但是他们都有一个共同的特点,就是对自己的才智、事业和追求充满必胜的信心。自信的意识,自信的力量使他们能够以坚强的毅力面对人生,并以艰苦卓绝的意志掌控自己的命运,最后实现了自己的人生价值。

人一般都有两个最大的愿望:一是独立于他人的需求;二就是被接受、被喜欢、被爱,即被认同。一般来说,自信的孩子认为：既然别人能做，我就能做；可自卑的孩子却说：不行，我做不好。所以，孩子的积极自我意识是至关重要的，这种意识甚至能决定他的一生。

自信和勇气具有一定的气质特征，但更重要的是生后的培养和锻炼。回想自己，每个父母在小时候都曾经犯过幼稚的错误。因此，对我们的孩子要耐心帮助，让他们能正确地面对自己所犯的错误、用爱心坚定他们纠正和改正错误的信心和勇气；要避免用任何语言或者行为有意无意地向孩子传递他是个“失败者”的信号。而是要用爱心让孩子在一次次的尝试中体验父母给予的支持和力量，从而体现自己存在的意义和价值；也让孩子从一次次摔跤中走过来，并通过一次次小小的成功，去体验这成功来之不易，去体验自己不断努力和奋斗的过程与结果。这样才能让自信伴随孩子一起成长。

让孩子展开自信和勇气的小贴士

● 不要让孩子对父母产生过度的依赖：替孩子处理事情的搭救型父母应该思考：孩子总是在你的搭救中生活，那有一天你再没有能力搭救他，怎么办呢？

● 要让孩子自己做选择：吃饭了，可以问问孩子：“你是要一个馒头还是半个？”“需要完成的作业，你现在做，还是玩一会儿再做？”这些选择给孩子提供了作决定的机会。

● 尊重孩子的努力：“看，现在系鞋带的手指灵活多了！”“你洗的手帕很干净呢！”当孩子的努力得到了父母的认可和尊重后，他就会很认真地去解决问题。

● 鼓励孩子思考：孩子遇到问题时，父母应该积极回应，并根据孩子的年龄特点进行适当的解答或者与孩子共同查找相关的书籍；要让孩子知道书是可以帮助自己解决很多问题的工具。

● 鼓励孩子巧用外部资源来实现自己的意愿：如果有数学题不懂，可以告诉孩子明天问问同学或者老师；告诉孩子遇到自己实在解决不了的问题，可以求助于其他人。这就是在保护孩子的希望、梦想和实现梦想所付出的努力。

3. 怎样才能使孩子的意志力不断增强？

自信和毅力是孩子高飞的翅膀。我国唐代文学家苏轼曾经说：“古之成大事者，不惟有超世之才，亦有坚忍不拔之志。”大发明家爱迪生只上了 3 个月的小学，就被勒令退学。因为他被认为是“低能儿”。可是他并没有丧失信心，刻苦钻研，以顽强的意志致力于创造发明。他说：“伟大人物最明显的标志，就是他有坚强的意志。”“自信的意识、自信的力量”，使他能以坚强的毅力面对人生，并以艰苦卓绝的意志掌控着自己的命运，最后实现了自己的人生价值，仅仅是电灯丝的耐热材料他就研究了 1600 多种。

一个人的成功，除了智商的因素外，还有较大程度取决于他的情商。孩子的个性与情商密切相关。因此，父母从小就应该注意孩子良好意志品质的培养，如克服做事浮躁、缺乏耐心、恒心等。在培养的过程中，可以根据孩子的性格特点、自己的家庭环境，循序渐进地对孩子采取成功教育：激励孩子追求成功，激励孩子不怕失败。在激励孩子成功的同时，告诉孩子做好失败的准备。因为创新是一种尝试，不可能次次成功；失败并不可怕，可怕的是对自己失去信心或者逃避失败，因为逃避失败就意味着放弃成功的可能。

失败是成功之母，信心和毅力是成功之父。成功与失败往往仅一步之遥！在日常生活中，可以通过具体的事件培养孩子不怕失败的品质，如设定一些困难情境或者任务（注意难度适当，以经过几次反复后，最终以能够成功为宜），让孩子去体验，经过若干次失败后，最终能感受到取得成功的艰辛与喜悦。与此同时，要提倡孩子敢于“探索、冒险”（当然不是盲目追求没有把握的冒失行为），多参加多尝试！在尝试的过程中要允许孩子出错，并及时给予鼓励和指导，使我们的孩子在不断的鼓励声中，敢于探索、敢于拼搏，从一个成功走向另一个成功。

4. 面对失败、怎样才能增强孩子的承受力？

当今社会，存在残酷的竞争，而我们就生活在这种环境之中。因此，社会里的每一个人都能够体验到两件事：成功和失败。经历过竞争的父母一定能清楚地意识到：你对孩子的期望值有多高，孩子的压力就有多大。为数不少的父母，给孩子设的标准和要求过高，当孩子达不到时，他们感受到的不是来自父母的鼓励，而是不断的批评、责怪，孩子的自信心则受到很大的伤害，致使他们的承受力不断下降，以致一个失败接着另一个失败。有一个成功人士对他年仅6岁的孩子小明经常提出要求和批评。日后，小明在爸爸一讲到他哪些事做得不好，怎样做才行时，他就会抱怨自己：怎么这么笨、怎么这么蠢……你看，他低着头，沮丧极了！这种情况发生了很多次，爸爸也很想让小明能够面对失败，也曾“安慰”他说：“小明，其实你是个好孩子，爸爸妈妈都很喜欢你，你不笨，也不蠢。”但是，这些不痛不痒的安慰话却显得非常“糟糕”！事实上，当孩子觉得自己笨、蠢时，希望得到的是来自父母的“鼓励”！**切记**：在孩子失去自信时，父母帮助他的唯一办法是鼓励而不是安慰。在培养自信心和承受力时，父母可以设置一些可以逐步完成的小目标让孩子去做；当孩子成功了，不要泛泛地、一股脑地给予一大堆表扬；应该明智地对孩子说：“你这样做就对了，你是不是感觉到，多做一些努力，还是很有效果的呀！”这样表达，对学龄前儿童，甚至是中小学生都有很大的鼓舞作用。

如果孩子做的事情失败，一定要把事情本身和孩子分开！

不要一遇到孩子失败,就对孩子说:你怎么搞的?你怎么把事情弄得这么糟糕?你都忘了我告诉你应该怎么做的嘛?失败,仅仅是孩子社会化进程的一个阶段,也是孩子从学习到成功的一个个过程。我们应该让孩子能够从容面对不完善的结果,敢于犯错误,重要的是从错误中获得失败的经验和教训,从而走向成功。

失败、挫折、失望往往会伴随我们一生的不同阶段,而不同的事,不同的人,会得出不同的结果。英国已故的首相丘吉尔在一个充满激励的家庭环境中长大。他从来不认为错误是可怕的东西,如果他做错了事,他会仔细地把问题想一遍,目的是为了使今后做得更好。有人采访他时,曾经问过他:丘吉尔先生,您的家庭是如何把你培养成为一个将英国从黑暗引向光明的人?你在学校学习的时候,哪一件事对你日后的成长最有成效?丘吉尔想了想说:是在高中我留级的那两年!留级两年,你看是不是失败了?我认为,没有,它使我发现了“殊途同归”的原则!那时,英国所需要的并不是聪明和智慧,而是在最困难的时期,能够坚持下来的勇气。丘吉尔的这段话意味深长,当我们鼓励孩子努力去探索世界,探索各种各样可能性的东西时,培养的就是他所说的“从失败中学习”的正确态度!

第九节 行为习惯与儿童情、智商潜力开发

习惯养成绝非一日之功:良好习惯是大智慧,培养的主要原则是:低起点,严要求,小步子,快节奏,多活动,求变化,快反馈,勤矫正。但其养成绝非一日之功,关键在头3天,决定在1个月。父母要充分尊重孩子的权利,让孩子在习惯养成中发挥主人的作用。习惯决定人的一生!良好习惯的确立将有助于儿童健康的成长。但是,在形成习惯的孩提时代,孩子为什么会产生一些不良行为和习惯呢?

1. “阶段性道德”是 0~6 岁儿童特有的习性特征吗?

0~6 岁的儿童正处于“以自我为中心”的推理阶段。这个阶段孩子的推理特点是:只能想到他自己,即“我想要的,它就是我的!”这就是这个时期儿童的逻辑标准和思维模式。他们这种逻辑标准和思维模式属于“天性”,也就是说,在这个阶段他们没有办法去理解别人的观点。所以,孩子的行为并不是在有意地忽视其他人。但是,以自我为中心的特点,仅仅是 0~6 岁孩子的一个暂时发展阶段,它是不会永远持久不变的! 因此,一定要用发展的眼光看待这个阶段孩子的一些“麻烦”,并正确地理解,麻烦是他们“正常发展的产物”。

那么,如何帮助你理解、处理这个阶段孩子的道德推理呢:①顺应孩子的道德阶段:即将我们的推理方式降低到他们的推理水平,去适应孩子;可以通过孩子语言发育的阶段进行语言交流,根据他们考虑问题的方式去适应孩子看世界的模式,以取得与他们的合作。②尝试挑战:鼓励孩子去超越,让他们用一种新的眼光看世界,鼓励他们不断地向前延伸并向更广的范围拓展。

顺应和挑战是帮助 0~6 岁儿童向尊重权威阶段发展的基本方法。当你顺其自然时,你就是在用既有的推理方式接受孩子当前所处的阶段;当你鼓励孩子超越时,你就是在帮助他们发展更好的推理方式,并朝下一个道德阶段进发。对于孩子的成长来讲,顺应和挑战都是必需的。如果我们单纯地顺应孩子的既有水平,他们就没办法发展;如果一味地鼓励超越,那父母和孩子都会被累得精疲力竭。

2. 0~6 岁儿童阶段性道德的培养技巧有哪些?

● **首先,要用发展的眼光看待孩子出现的问题!**“以自我为中心”是这个阶段孩子自我意识发展特点的呈现。他们非常专注自己想要做的事,所以具有强烈的自我操作愿望。因此,可以通过某件事情、某个问题让孩子懂得什么是“社会所能接受”的行为？为什么要这样做才能被社会所接受？

如，3岁的孩子“该睡觉了，你是自己睡，还是让妈妈讲一段故事后再自己睡？”（让他学会自己作决定）

“请帮助我，拿一下包，谢谢”！（让他学会帮助别人）

“把你的玩具和玲玲换着玩，好吗？”（让他学会分享）

“你看，小明哭了，给他擦擦眼泪……”（慢慢加强他的同理心）

如果在这个界限之内，你让孩子自己作决定，非常好。因为你的做法是在与他以自我为中心的独立精神相适应。所以，父母要用发展的眼光看待孩子，并通过提供适当的选择来积极配合、以顺应他们的发展进程。

● **将“鼓励”融合在和孩子的嬉戏中**：个人的利益至上，0~6岁儿童会表现得淋漓尽致。如果你设置的事项，孩子的利益也在其中，这个层次的儿童会很愿意服从规则和配合你的要求。这一点当然也适合于其他层次的人群，但是0~6岁儿童表现得更为突出。因此，花点时间和孩子一起，他会感到快乐，感知到你给他带来的美好感受；与此同时，可以通过积极的鼓励来让他们遵守规则，如：“你把玩具收拾好啦，就可以到外面去玩啦。”“这顿饭你吃得很快，饭后你可以吃甜点。”“晚上，如果你在8点前刷好牙，妈妈就在睡前给你讲个故事。”

0~6岁儿童阶段性道德培养技巧小贴士

● 自然奖励：即自然而然地为孩子提供他喜欢做的事情，如，讲一个他喜欢听的故事；安排一次他喜欢的外出活动。这种奖励远比给钱，买玩具、糖果更显得自然平和，而且更有意义。

● 切忌使用“权威性语言”：你不许……；你不能……；

你不要……。权威性语言仅靠权威，待孩子进入“自发产生道德理解的学龄期，就可能造成孩子仅仅因为“害怕惩罚”而不去做不应该做的事情；不能让孩子在理解道德约束力的基础上，制约自己的不良行为。

● 尝试用生动、能激发孩子想象力的手法与孩子讲道理：0~6 岁这个时期的孩子，思维逻辑就是“我想要的，它就应该是我的”。所以，看见别人的东西，他很喜欢，就想抢到自己手中。你可以利用公平的理念和他玩这个游戏：假装抢他喜欢的玩具，当他发脾气时，你可以问孩子：“当妈妈抢你喜欢的东西时，你不愿意，可你抢别人的东西呢？这样公不公平呀？”孩子可以通过一次次的道德体验，增强同理心、分享等意识。

3. 0~6 岁儿童的阶段道德是如何在升华?

● 随着社会化进程的推进，儿童的思维模式也逐渐由“我想要的，它就是我的”向下一个“分享、同理心等”更高阶段发展，并在生活中不断运用这些道理来约束自己的行为。

比如，当你和孩子在交谈时，他可能很快就能说出更高层次的道理（不要抢小朋友的东西）；但是，一到具体生活环境，可能就不是那么回事啦。这是因为学龄前儿童还不能靠更高阶段的道理来支配自己的行为，而原阶段的那些道理（我喜欢的东西，就是我的）还会在他们的脑海中不断缠绕，从而影响他们的行为（有时看见其他小朋友的好东西，自己喜欢，又要抢了）。

但随着时间的推移，社会经验的不断丰富，孩子会慢慢听懂更高的道理，而且会逐渐按照父母的要求支配自己的行为。这时对孩子价值观的教育就可以开始了，如给孩子讲讲关于如何分享、同理心啊，除了告诉孩子应该拥有分享和同理心外，还要告诉孩子为什么要有分享、同理心(它是连接自己和小朋友一起玩耍的重要手段)!你还可以通过讲故事或者自己营造一些情景来让孩子明白这些道理。告诉孩子:当你喜欢其他小朋友的玩具时,你可以和小朋友商量:“我很喜欢你的这个玩具,借给我玩一会儿,好吗?”“把我的玩具和你的玩具,交换着玩,好吗?”通过这种方式可以帮助孩子逐渐学会与人沟通及相处的技巧。

● 儿童在成长的过程中,有时会发生一些捣乱、打架、撒谎等不适宜的行为。这可能是由于他的愿望或者要求没有得到满足或者遭到拒绝,便产生了妒忌、怨恨或者生气时表达出一种宣泄自己情绪的行为,也就是想用这种坏行为引起父母注意——希望你关注我!在这种情况下,父母一定不能用简单、粗暴、无情的惩罚来制服孩子。这时的倾听就显得非常重要了。你可以静下心来,通过和孩子交谈了解事情的缘由。这种尊重与信任使孩子感受到父母在维护自己的感受和尊严。周而复始,孩子便会慢慢理解“约束道德”的基本准则。拥有这种理念后,他们的道德观就会不断升华,并会用这种道德观指导、支配自己的行为,这样形成的道德习惯将会使孩子受益终生。

4. 怎样才能让孩子成为一个具有责任感的人?

中国有句俗话“穷人的孩子早当家!”孩子经过艰苦的环境磨炼,能够体验到自己的行为给他人带来的影响,与此同时体验生活的不容易。这既可以锻炼他们的意志,又可以让孩子感受为别人分忧去烦的自豪感。这是孩子未来责任心萌发的基础。随着年龄的增长,在社会化的进程中,这种自豪感和责任心便不仅仅局限于自己的小家庭,会慢慢随之时间的推移拓宽拓深,辐射到对社会对人类的责任感和使命感。

所以,让孩子在家庭或者学校扮演一些能够让自己的行为对集体产生“重要性”的角色,对培养孩子的责任心和荣誉感非常重要。如在家里分派与孩子年龄相当的家务,打扫卫生、给花浇水;与孩子平等地交流,让孩子分担自己的喜怒哀乐;再大一点,可以让孩子参与家里的财政和建设安排,使孩子在感受中体验自己的责任。在幼儿园的孩子都非常愿意参与集体活动,他们为自己不断增长的能力而感到自豪,可以通过帮助老师组织各种活动、轮流值日,担当老师的小助手等,来锻炼孩子的能力和责任心。但是,培养孩子理性的品质,并不是一蹴而就的事情,就像种树一样,需要在适宜的土壤中悉心栽培,浇水、施肥、剪枝,甚至有时还需要绑束以实行限制。值得一提的是,在塑造孩子有觉悟、讲道德、负责任的过程中,父母一定要身体力行地树立榜样。

另外,学习、做事一定要在专心致志的基础上,养成精益求精的好习惯。孩子无论对于学习还是爱好,都讲究一个"精"字,这既是一种责任心的体现,又在为成功奠定基础。要让我们的孩子明白这样一个道理:任何东西只要给人以"精"的感觉,它就一定有价值。很多人之所以成为我们国家的"大国工匠",就是他们苦心专研、精益求精的美德在不断呈现的结果。

5. 怎样才能让孩子成为一个拥有爱心的人?

爱父母、爱他人、爱集体、爱祖国是社会人应该具备的基本品质!

● 拥有朋友、拥有友谊是现代儿童心理健康的一个重要标志,友谊为孩子今后的人际交往奠定了重要的基础。

在上学前就要培养孩子在良好的家庭氛围中与人交往:在交往的过程中,学会了解自己与父母、与他人的关系,如早晚向父母问好;请别人帮助时语气应和蔼;接受大人礼物时应表示礼貌;做错了事敢于认错等。

当然,父母的表率作用也是绝对不可少的,如父母做错了事、伤害了孩子的感情,要向孩子认错,给孩子作出榜样。孩子可从中了解、学习人际交往的基本准则,并逐渐使自己的语言、情感和行为符合社会的要求，促使其人格健康发展。

● 通过人际交往，孩子逐渐学会做人，学会生活，并从中获得爱抚、理解和支持。这是我们重要的育人目标！就拿“过生日”为例，有学者在日本大学生中做过一次调查：被调查的日本大学生，人人都记得自己父母的生日，而在那里学习的中国大学生却大多数记不清。随着社会经济的发展以及家庭模式的改变，在我国尊重、爱戴父母的传统美德也有所削弱，反而给孩子过百天、周岁、十岁生日却备受家长重视。本来给孩子过生日是为了促进他更好地成长，应该利用这个机会给孩子讲生命的意义、让孩子领悟父母的养育之恩。让孩子知道，“每当自己过一个生日，就长大一岁，自己生命的年轮，应该是给予父母对我辛勤培育的回报！现在，很多年轻父母在给孩子过生日的问题上陷入了误区，花很多钱给孩子买这买那，讲排场摆阔气，无形中引导孩子对礼物、吃喝、排场的追求和攀比，这样会使孩子以自我为中心的不良人格滋长，使物欲和虚荣心也随之膨胀。给孩子过生日不是不可以，关键是要通过过生日，使孩子懂得：“生日是父忧母难之日”。让孩子知道从他/她脱离母体来到人世间那一刻起，父母就在为他/她的生存、幸福和成长在辛勤地劳动、无私地奉献着。使孩子知道他/她从一个毫无生存能力的婴儿，到长大成人，每一步成长和进步，都凝结着父母的辛劳和心血。在日本，孩子把自己的生日称为“母难日”，自己过生日请母亲吃饭，向母亲鞠躬。我国古代史书把生日称为“父忧母难之日也”。所以，首先让孩子学会爱父母，他才有可能爱他人、爱集体、爱祖国。

● 爱祖国的培养离不开家庭和社会，父母如果经常给孩子讲中国的悠久历史、闻名世界的古代四大发明、遍及世界的孔子传统礼仪……在潜移默化的体会中，孩子就能感受到这种爱国情感。学校、传媒、社会都有责任来加强这一意识，有责任挖掘我们国家的独特文化传统，如展示现在的强盛、震撼的军威；现代的丝绸之路等，让孩子从小就感受到作为一个中国人的自豪，他们的爱国之心便会随着我们民族的凝聚力而油然升起。

第十节 社会能力与儿童情、智商潜力开发

随着年龄的不断增长，儿童的内抑制能力也不断加强，情绪反应渐趋稳定。在与成人和同伴的交往过程中，自我意识有所发展，其社会行为也不断成熟。他们不仅在外部行动上能与成人或同伴交往，还能渐渐通过内心的体验与成人或同伴交往，从而初步意识到自己在社会关系中的地位和角色。

1. 什么是社会能力？

社会能力（又称社会行为）是指人适应外界环境赖以生存的能力，即个体对其周围自然环境和生活需要的应付和适应的能力。社会能力的评定包括：①个人独立的程度；②满足个人和生活义务及要求的程度。

孩子的社会能力是他们各个年龄阶段相应的神经心理发展的综合表现。因此，孩子智能的判断很多也基于社会行为的成熟状况。如果孩子既没有器质性疾病，又没有社会心理的损害，其智能的发育主要是以适应功能的发育来判断。所以，孩子的社会能力，既反映他的社会适应行为，又反映孩子的智能。孩子的社会能力与家庭的经济状况、父母文化水平、父母育儿方式以及儿童性格、性别、年龄息息相关。如出生不久的新生儿通过看、听对成人的声音、触摸引起反应，表现出安静、愉快等；2~3个月时的儿童会用笑、停止啼哭、伸手等行为方式以及眼神、发音表示认识父母，并出现最初社会性的微笑；3~4个月的婴儿开始出现社会性的大笑，这就是儿童早期社会能力的表现。此期的儿童发现了自己的手、指、脚，并玩之；7~8个月儿童的社会行为表现为"认生"：避开陌生人的眼光、紧紧依偎着母亲、不让陌生人抱等，他对玩具发出笑、尖笑、模仿的声音，

能寻找落下或当面被遮藏的东西；9~12 个月时儿童是认生的高峰，此期要经常抱抱儿童，抚摸他的头、面部，使他感受爱抚的温暖，以建立安全感；18 个月儿童逐渐有了自我控制能力，如成人在附近时可独玩很久；2 岁时儿童不再认生，易与父母分开，喜欢扮演父母角色的游戏；3 岁后的学龄前儿童开始萌发同伴意识，愿意与小朋友一起做游戏，并能遵守一定的游戏规则。

2. 目前，我国孩子的社会能力的现状如何？

儿童社会能力的培养应该根据孩子的年龄特点、发育的顺序，从孩子的生活实践入手以锻炼其社会能力。父母对待孩子社会能力的培养有三种情况：①事事管、时时管，做了很多事，效果却不好；②什么都不管，什么都不做，放任自流，不闻不问，结果更不好；③管但不全管，做得不多，但都切中要害，孩子成长一帆风顺。“什么都做”和“什么都不做”都过于极端，不可取。

一个民族的教育理念，往往影响和造就千千万万个孩子的成长道路。20 世纪 90 年代，我国大多数家庭都只有一个孩子，在这样的大环境下，这些孩子在 4~6 个大人的包围下长大；由于每个做父母的育儿观念与方式不同，孩子的独立生活能力也不尽相同。有的家庭“特别疼爱”孩子，大事小事全由父母包办代替，过多为孩子服务的同时也剥夺了他们从小学习自理的机会，养成衣来伸手饭来张口的习惯。这样的孩子根本没有做事的理念，更不可能体验别人的需要。一旦遇事，离开大人即感束手无策；进入社会后，仍然以自我为中心，不容易处理好周围的人际关系。这直接影响着我们下一代的整体素质。

多年前曾经看见一篇报道：由日本福冈民间团体组织 77 名日本孩子来到内蒙古与 30 名中国孩子一起举办了一个草原探险夏令营。短短的一次夏令营暴露出中国孩子的许多弱点，就举个小小的例子：日本孩子的背包里装满了食品和野营用具；中国孩子只背点吃的，路才走一半，中国孩子便把水喝光，干粮吃尽，后来只有靠别人支援。每个民族都在培养下一代，日本人重视生存状态和环境意识，培养孩子的忧患意识和社会能力及公德的父母很普遍；中国很多家长只是望子成龙，对孩子生存教育的意识却很差，他们的爱心表现在“避免让孩子受苦”，殊不知，过多的呵护，只能使孩子丧失成长的能力。由于和发达国家养育观念的不同，我们在对待孩子的养育方式上也存在明显的差异。但是，站在战略的高度，看看我们传统家庭教养的利弊，中国的父母或多或少应该从中得到一些启发，并明智地认识和对待自己的家庭教养问题。

● 要保证未来世纪中国在国际上的竞争力，最关键的问题是提高人才培养的质量。家庭教育是整个学校教育（包括学前教育）和社会教育的基础，所以素质教育必须从家庭开始，因为它是学校教育（包括学前教育）和社会教育无法替代的。在教育改革和发展的今天，必须改变原有的家庭教育观念，走出家庭的“小圈子”，使孩子成为一个有责任感的社会人，乃至适应国际大环境的世界人！所以，要有意识地培养孩子：①独立的劳动意识；②自立意识；③吃苦精神；④节俭意识；⑤合作意识；⑥关心他人的精神。

● 思考家庭教养：中国与发达国家家庭教养模式的取舍（表3-9）。

表3-9　中国与发达国家家庭的教养模式

项目	养育理念和养育方式	
	中国	日本
对孩子教育的目标	希望孩子一帆风顺，尽可能地避开逆境	从小经历艰辛，以便从中锻炼出顽强的性格
喂养	孩子没有牙，不能吃硬东西，6、7个月喂糊状食品	硬东西有利于牙齿的萌出和咀嚼功能，半岁后，就开始喂成人的饭菜

续表

项目	养育理念和养育方式	
	中国	日本
护理	小孩娇嫩,御寒能力差,所以要比成人穿得多	小孩要比成人穿得少:因为孩子活动量大;衣服穿得适当少点,可以增强皮肤对温度的调节能力,从而达到提高御寒防病能力
体格锻炼	良好的照顾就是吃好穿好;身体锻炼可有可无	对孩子的身体锻炼非常重视,提出的口号是:培养不生病的孩子
生存能力	不具备成人的能力,要加倍保护	儿童要健康的成长,就要尽快具备健康的体魄和个性,所以,要加倍地锻炼
理念的结果	消极被动:创造条件,让环境适应孩子,使孩子习惯于依赖外界的力量;抑制了孩子自身的发展,甚至使一些人类本能的生存能力都逐渐退化了	积极主动:能使孩子在发展自身能力的过程中,领先自己的力量走向成熟
幸福的理念	生活得平顺安逸就是两代人的幸福;顽强的性格并不重要,从小到大不要吃任何苦头	注重培养孩子顽强的意志,并通过让孩子亲身体验逆境的方式来达到目的
对待风险的理念	父母也教育孩子要不畏艰辛、勇敢坚强,但是这种教育仅仅停留在口头上的多;实际上不忍心,也不敢于将孩子置于艰辛之中,所以这种象征性的说教不可能产生真正的效果	父母认为,坚忍不拔的性格仅仅靠说教是培养不出来的,只能通过具体的养育方式和过程将其逐渐注入孩子的"血脉"和"骨髓"里才能起到刻骨铭心的作用

● **中西方家庭教育孩子成人的目的是完全相同的!但是,由于父母的养育理念反差很大,所以得出的结果也有很大的距离:了解、吸取西方教育的经验对我国培养孩子具有重要的现实意义**

续表

项目	养育理念和养育方式	
	中国	西方
教育观念	社交过度保护;孩子生活得好,能给多少给多少;父母再苦再累也值得	宁苦不娇;有很强的自立能力
	生活包办代替	家富不奢;具有市场经济头脑
	经济放任	严教不袒护;很好适应社会环境
孩子成才问题	以智能为中心,望子成龙、望女成凤	注重孩子天性的自由发展和健康人格的塑造
养育方面	包办代替,照顾得无微不至,自理能力差	注重孩子自理能力的训练
	重生理、轻心理	重视孩子的心理健康
独立生活方面	家长过度扶持,孩子面对复杂的社会不知所措	鼓励和教育孩子自食其力,子女以不靠父母生活为荣,成年仍然依赖父母会被人看不起
家长与子女关系	崇尚“服从”	讲究“平等”
教育的着眼点	有出息,希望孩子一生都能在顺境中度过	培养孩子成为具有适应各种环境和独立的社会人;完全放手,但不放任

● 两种不同的养育观念和不同的教育方法,产生了两种截然不同的教育结果!孰优孰劣?它给予我们展示了很多值得思考的问题;与此同时也给予我们很多值得借鉴的指南

我们也有很多父母倾向于鼓励孩子寻找自我、自行解决问题,并从中学会自我约束以适应环境。这样的孩子有自信,容易自立。所以,应该让孩子从小就开始做自己力所能及的事,培养他们的基本自理能力,如早晨洗脸、刷牙、饭前洗手、脱换衣服、剪指甲、揩鼻涕、洗澡等,都应该教孩子自己做。在学习的过程中既要严格要求,又要量力而行;应循序渐进,对孩子有耐心、恒心,要具体示范、指导;还要正确对待孩子在学习自理过程中的失误。不要一遇到孩子不尽大人意的时候就责骂;每当孩子完成一件事时,大人就应该给予有针对性的赞许"哪点真棒""哪里真乖",孩子可以从表扬中感到自己的能力,从而对自己的学习充满信心,干劲越来越足。

3~6岁在幼儿园的集体生活对他们培养良好生活习惯、卫生习惯、道德情操、集体主义精神特别有好处。每个孩子都在集体的环境中得到锻炼,如各种值日活动、搬玩具、整理桌椅等,可以通过这些活动的评定,使孩子意识到自己和集体之间的关系,不断增强孩子的社会意识和能力。

3. 怎么着手培养儿童的社会能力?

好的亲子关系胜过许多教育,建立良好的亲子关系,对孩子社会能力的培养至关重要,关键在于"定位"。作为父母你应该选择"有所为有所不为"!

不当"法官",学做"律师":有些父母看到孩子出了问题,便迫不及待地当起了"法官",在不了解其内心世界的时候就进行评判,这是很不妥当的。父母要成为孩子信赖和尊敬的朋友,就要像"律师"对待自己的当事人一样,了解其内心需求,并始终以维护其合法权益为唯一宗旨。

不当"裁判",学做"拉拉队":在人生竞技场上,父母无法替代孩子。因此,不能自作主张去当"裁判";给予孩子的应该是"保持良好竞技状态的力量"。父母做孩子的"拉拉队",既要善于发现和赞美孩子,还要引导孩子面对失败,在挫折面前做孩子的战友,帮助孩子建立自信心,这是家庭教育的核心任务。

不当"驯兽师",学做"镜子":人只有认识自己才能战胜自己，孩子也一样。由于他们没有什么社会阅历，所以只能依据他人的反馈来认识自己，这时父母"镜子式的反馈"作用就很重要了。不做"驯兽师"，学做"镜子"，才能帮助孩子提高自我意识，才能让孩子不害怕父母的"权威"，转而和父母沟通。教育是三分教，七分等。停下来，等一等，给孩子倾诉的机会，和孩子有效地沟通，就能解决问题。

（1）婴幼儿（0~3岁）社会能力的培养：长久以来，人们把心智活动与身体活动看做是两回事，认为只有安安静静地坐在教室里学习才是心智活动，而身体的活动则不是。但是，对于孩子来说，3岁前是靠心灵探索世界；而3岁后则是借助于双手来探索世界的。3岁的孩子已经能够连续玩耍很长时间，如果双手不停地忙碌，他会觉得如鱼得水般的快乐，这就是成人称之为最幸福的玩耍时期。形象地说，3岁的孩子，心里已经有了一位老师，一直在准确无误地引导着他。自由的孩子就被他内心这个老师的强大力量所引导，受心灵引导的孩子可以把事情做得很彻底，例如大人让孩子擦桌子面，孩子会全神贯注地工作，把桌子腿、四周边缘甚至桌子缝都擦到。所以，在孩子社会化的进程中，让其自由做事，不予太多的干涉，孩子一定会全神贯注地把自己的工作完成好。年幼儿童的独立生活能力包括进食、脱穿衣服、料理大小便、个人与集体清洁卫生状况等。

● **吃饭的自理**：生后6个月可以训练孩子自己拿勺（抓握率可达到80%）；8个月左右可在大人拿的杯中喝水；1岁左右可以学会，将盛上的食物送到口中；1.5~2岁能自己用勺吃饭，当孩子能够用勺子吃饭时就可以改用筷子了，刚刚开始他只能扒饭入口，渐渐就能学会用手操纵两根筷子夹菜，用筷子可以促进手指精巧运动的发展；到4岁时就会自己挑鱼刺了。

● **穿脱衣服的自理**：孩子生后2~3个月，就会伸手入袖，伸腿入裤，这时大人就不要帮助塞入；刚过1岁的孩子会抓住帽子放在头上；1.5岁前后能脱掉帽子和鞋，再过1个月会脱掉裤子；2.5岁可以先让孩子学穿背心裤衩，过2~3个月就会穿无扣的衣服,此时要抓紧学习解、结扣子,使孩子在上儿童园前能学会穿有扣的衣裤;穿鞋子的训练可在 2 岁左右开始,大多数孩子在 2.5 岁都会穿鞋;一般要求孩子 4 岁时,学会自己穿好衣裤鞋袜;5 岁前后学会结活扣;6 岁时会解开结死了的鞋带。

● **大小便的自理:**“把尿”可以使大人与婴儿的关系密切,增加语言和非语言的姿势沟通,在孩子生后 30 天左右就可以开始训练;孩子能坐稳后,即可以训练坐便盆;会走路后,应该要求他自己找便盆;一般会坐便盆的孩子在 1 岁 10 个月左右就能做到需要时自己找便盆。

● **个人卫生及帮助家务劳动:**在北京曾报道过一个 3 岁多的小男孩敢于过马路去附近的医院找医生为父亲看病。现在这个孩子已经大学毕业,工作很出色。后来有人问他怎样过马路时,他说他扯着要过马路大人的衣角,让他领着过去,可见我们的孩子有想象不到的力量和办法。孩子走稳后,他很喜欢帮助大人拿东西。因此,可以让 1.5 岁左右的孩子模仿大人扫地、擦桌子、用手巾擦净鼻涕、洗手等;2.5 岁时,懂得把脏东西收拢、帮助择菜、剥蒜、完全自己洗脸,乳牙出齐后就要学习早晚刷牙;3.5 岁左右可以摆桌子、分食物,通过分水果、糖果学学计算;4 岁前后可学习洗碗、洗手绢、洗袜子、取奶、取报纸等,还可以让孩子认识货币;5 岁时,可让孩子去买酱油、醋等一些小东西,在大人擦玻璃、自行车或皮鞋时,还可以让他当小助手。

在儿童早期,父母不仅仅是孩子的依赖、信任的对象,更应该是孩子心中的安全基地,有了这样的安全基地,孩子才敢于大胆地探索外部世界,才能极大地激发孩子的自信心、独立性,促进孩子想象力和探索能力的发展,这就是互动的亲子关系形成了健康依恋的结果。健康的依恋对孩子日后的情绪与处理人际关系能力的发展,都至关重要。与此同时,让孩子通过人际交往,了解、学习社会的基本规范及交往的一般规则,使孩子语言、情感和行为符合社会的要求,促进儿童健康人格的发展。另外,通过人际交往,孩子还可以从中得到理解、爱抚、支持,并获得安全和自尊，消除寂寞、孤独的心理，逐渐学会生活，学会做人。

（2）学龄前儿童（3~6岁）社会能力的培养：孩子不会永远生活在家中，他还要到学校、社会中去。培养他们的交际能力和团结精神对于孩子的社会化进程有很大的帮助。它能使孩子很快适应社会，并在其中充分发挥自己的作用和才能。

让孩子在与小伙伴的交往中养成宽容的好品质：当今的儿童是21世纪的建设人才，国家对人才的素质要求是综合型的，但公关能力、人际关系水平也是至关重要的。做父母的在你们重视自己孩子智育发展的同时，应全方位地关注孩子，如加强孩子的社会能力，引导他们进行正确的人际交往，为今后的人际交往能力奠定基础。许多父母认为，孩子在玩耍的过程中自然而然就会找到自己的朋友，也有的父母生怕孩子学习跟不上，干脆不让孩子跟别的孩子来往，一门心思关在家里学习。孩子在高耸的楼群、狭小的空间里会产生一种莫名其妙的孤独感。其实，孩子是非常渴望与同伴交往的，渴望在同龄群体中找到自我、找到民主。但是，孩子间的正确交往，是需要父母作为推动者的。父母应鼓励孩子多和小朋友交往，参与集体的游戏，千万不要再把孩子关在屋里与外界隔绝了。

孩子交往的方式与大人不一样，做父母的应通过各种各样的渠道为孩子提供帮助，例如，孩子在与小伙伴交往的过程中，遇到一点问题时，可能就求助于大人；在幼儿园经常遇到一点问题就会向老师告状。这说明学龄前儿童已经有了一定的判断能力，这是孩子处理问题的一种方式，也是一种进步。遇到这种情况家长和老师应该启发、引导孩子多从他人的角度考虑问题，从小事开始培育孩子的团结、利他精神，如让孩子思考一下，他人的行为是否有合理的一面；小朋友的错误是否是无心之过，小朋友撞到你，是不是因为他跑得太快，没有看到你？通过帮助孩子分析问题，让孩子慢慢养成宽容的良好品质。

4. 怎么培养孩子崇高而真挚的利他情感?

随着社会的变迁，人与人之间的关系也不断地在变化着。但是，人们对美好人际关系的追求与憧憬，却始终如一。对于儿童来说，他们之间的交往是纯洁、无污染的“人之初”。聆听这个故事：小红、小宝和小丫3个还没有上学的小朋友在外面一起玩耍。一会儿，小丫开始骑小宝刚刚骑来的自行车，小宝看见后嚷道：“你干嘛骑我的自行车呀?”说着就把小丫推倒，将自行车夺了过来，小丫大声哭了起来。这时小红对小宝说“你现在不是没骑吗？借给小丫骑骑吧！”小红边说边扶起摔倒的小丫，为小丫拍去身上的土，然后对小丫说：“要骑别人的车，应该先和别人打个招呼才对呀。”小红转过身又对小宝说“你借给他吧”，小宝什么也没说，同意了。虽然这是一件很普通的事情，但是在3个孩子当中，小丫看上去软弱了点；小宝是一个目前为数不少不懂同情心、不会体谅和关心别人的孩子；而小红是一个善良、富有利他精神、有主见的孩子。

那么，什么是利他精神呢？从大道理上来说，就是摆正个人和社会、个人和全体成员的关系，即坚持个人服从社会，先国家、集体，后个人的原则；从小的方面来说，利他就是用自己的榜样、力量和影响去关心、爱护别人，即从“我为人人，人人为我”出发，提倡和呼唤人人都献出一点爱！利他行为是相互理解，处理好人际关系必要的前提。要达到相互理解，不仅要知道别人的想法，还要了解他为什么有那种想法，敞开心扉，坦诚地交谈，有助于加深信任和体谅。人都是有感情的，人与人之间感情的融洽，能产生一种无形而又强烈的凝聚力。因此，弘扬利他精神在目前激烈竞争的社会显得尤为重要。

利他行为并不是生来就有的，而是在生后社会化的进程中，经历各种各样的生活事件培养和锻炼起来的。儿童在成长的过程中，他的行为举止时时受到周围人和事的影响，利他之心也不例外。孩子和大人一样也希望得到人们的了解、关心、积极的评价和尊重。学龄前儿童对周围人痛苦的体验已经有了最初的同情心，这就是“利他”的雏形，如小朋友摔倒哭了，他们会扶起来安慰；孩子还可以通过内心的体验与人交往，如可以表现出高兴、害臊、抱怨和难过等初步意识到人与人以及自己在社会中的地位和角色，但是童年期孩子的利他情感体验不深，心境变化也比较快，容易出现激情状态，如两人无论玩得多么好，可能为了一点点小矛盾就会向老师告状，互相争持不下，但是他们不记仇，一会儿又好了起来。

近些年来，由于家庭结构日益核心化，大多数孩子都受“四二一”大家庭成员的百般呵护，孩子得到的关爱实在太多，而引导他们去付出关心和爱的机会、措施又太少，所以他们不太懂得“利他”啦！有的父母“特别爱”自己的宝贝，好东西让孩子先吃、吃够，使孩子根本不懂得和别人“分享”；在家中许多父母乃至祖父母、外祖父母都要看孩子的“眼色行事”，孩子习惯为所欲为、有求必应的生活，从不知道父母为他们所付出的辛劳，很少想到别人的需要，他们认为这一切都是理所当然。久而久之使相当一部分孩子养成自私、懒惰、任性、独立生活能力差、缺乏责任感和不会关心他人的毛病。结果，孩子稍大一点，成了“混世魔王”的有之；旷课逃学的有之；参加流氓团伙的有之；甚至被收容劳教的也有之。由此可见，培养孩子的利他精神，使孩子具有热情、开朗的性格，从而成为一个乐于助人、深受大家欢迎的人是何等重要。

从幼儿开始就应该在平时点滴的小事情中培养孩子“爱他人”之心和“分享”的行为。小凌2岁时，妈妈拿饼干给她吃，妈妈掰了一小块给自己，另一大半给小凌。这时的小凌不肯拿那块大的，她全要！还坐地上边哭边说：“大人吃小孩的饼干……”妈妈讲应该分享，可还不能理解的小凌仍然不干，最后妈妈没有理她，将饼干拿过来自己全部吃了；小凌蹬着小腿又哭了好一会，无奈之时，妈妈走近她，并把她抱起来说：“饼干很甜很香，你喜欢吃我也喜欢啊！因为你是小孩我是大人，所以你吃大的我吃小的嘛！好吃的东西不能光自己吃，对吗？应该和非常爱你的爸爸妈妈一起分享，对不对？”这样的情况经历了两三次。日后，凡是“好吃的东西”小凌都会让爸爸妈妈尝尝……上学时小凌常常拿家里的小东西帮助她的小同伴，所以，她也常常受到老师的表扬，由此，她也经常享受着施爱的快乐。现在她研究生毕业当了大学老师，也为人母了。她常说“我的父母给了我自信、给了我做人的道理和准则，使我受益匪浅，我也要这样教育我的儿子”。年轻的父母们应该在孩子刚刚懂事时，以“行”和“理”兼并的形式，引导孩子养成“大家分享才快乐”的饮食和游戏习惯。让孩子慢慢体验爱别人的心情，也就是能站在别人的位置与角度，进行换位思考，从而养成能经常感受别人欢乐、痛苦、烦恼和失望的良好品质。

第十一节　孩子几种行为表现及处理建议

1. 孩子不好好吃饭怎么办？

孩子正处在生长发育的时期，必须不断地从外界摄取各种营养物质，来满足其生长发育和活动的需要。每一个做父母的都要想让孩子吃得好，都想让孩子把吃饭当做一件快乐的事。所以，学会给孩子做营养可口的饭菜也是一门很重要的学问。可是，有的孩子一坐到饭桌前就食欲大减，使得家长真是感到无奈，这是为什么呢？

● 原因

多数与家长有关，例如，家长本身有挑食习惯，影响孩子；家长不善于经常调整食谱，变换菜肴，使孩子产生厌食、挑食；家长无意中，对菜肴或食物好与坏的评论影响了孩子；对幼儿时期出现的违拗心理没有充分理解，过分强制地纠正偏食，增加孩子的反感情绪。

● **建议**

(1) 家长以身作则,自己不挑食,才能有力地说服孩子;对孩子的吃饭问题家庭成员要意见一致。

(2) 经常更换食谱,尽量注意色、香、味,促进食欲。那么,怎样才能使食物具有营养丰富、外形和色泽美观、香味扑鼻、味道可口儿童愿意吃呢?一般来说,所有的食物可以被分为四组:奶类、肉类、蔬菜水果类、面包和谷类。各种动物性食品如鱼、肉、蛋、乳及肝等内脏中,含有孩子生长发育所必需的优质蛋白及其它营养素,应成为孩子膳食的重要内容。有条件的家庭,还应每天供给孩子一定量的乳制品或豆制代乳粉,其中的优质蛋白、卵磷脂、钙、核黄素等,对孩子脑、神经系统、骨骼及牙齿的发育极为有益。幼儿应避免使用带刺激性及过于油腻的食品。食品要多样化,使彼此的营养素有互相取长补短的作用,在制作时要防止营养素的损失。烹调要做到使食物外形花样不断翻新,即使是同样的食物,改变一下外形,孩子就爱吃了。如豆类食品可做成焖黄豆、肉末黄豆、蘑菇豆腐、肉丝豆腐羹、炒三丝等。胡萝卜营养丰富,但有股特殊的味道,孩子往往不爱吃,若做成胡萝卜丝饼、胡萝卜馅的包子、饺子、春卷,孩子的食欲就会增加。在家庭烹调可能的条件下,使食物的色香味俱全,孩子一看见就喜欢吃。作为多种维生素及矿物质重要来源的蔬菜和水果,应适量加,以增强孩子抗病力和避免各种营养素缺乏病的发生。5~6岁的孩子,每天有下列食品或与之相应的食品,就基本可以满足需要:牛奶(或加料豆浆)1磅,谷类5~8两,绿叶蔬菜5~8两,鸡蛋1~2个,瘦肉及肝1~2两,水果1~2个,另有适量豆制品、食用油等。

(3) 孩子进食的全过程与他的饮食习惯密切相关。对于正在生长发育的儿童来讲,每个孩子生来就有足够的食欲,让他们自己选择平衡的膳食,以增加体重。因此,不应该硬要孩子去吃,而应设法用色香味美的食物去引起他们的食欲。与此同时,可以告诉孩子,喜欢吃的食物多吃点;不喜欢的食物少吃点；实在不喜欢的食物尝一尝，可能在尝的过程中，又喜欢吃了。因此，当孩子食欲不好时，不要硬让孩子吃。你可以把食物放在孩子面前，什么也别说；隔30分钟，不管他吃多少，就把食物拿走。在下一餐之前不给任何食物，当他产生饥饿感后，就会自动要求进食。如果家长抱着正确的态度，这个方法是可行的。

做父母的不要勉强孩子去吃他们不爱吃的食品，作为孩子，他的口味并不老是停留在某一食品上。如一段时间，他想吃肉，但到了下个月，他又不喜欢吃了。如果食品是有益健康的，而孩子又不爱吃怎么办？例如，孩子不吃蔬菜，而要吃肉，就干脆让他吃肉。如果你说“不吃蔬菜就不能吃肉”，就会使他们更不爱吃蔬菜或主菜，这样的结果与你的愿望相反。如果他们被迫去吃他们讨厌的东西，哪怕一点点，都会降低他们对所有食物的食欲。干脆让他吃肉，使进餐成为愉快的事。孩子不爱吃蔬菜，可以把蔬菜做成馅，包在饺子或包子里。对5、6岁的孩子可给他讲些道理或者介绍蔬菜的特点，使孩子懂得挑食的害处。再者，不要让孩子吃零食，同时要增加活动量，促进孩子进食。只要孩子不偏食、挑食，吃的是卫生、自然、未精制的多样食品就足够了。有进步要及时表扬，使孩子能坚持下去。只有坚持下去，挑食的习惯才可以逐渐得到纠正。挑食习惯养成容易，纠正则很费劲，一定要有耐心。

值得注意的是，有些母亲为孩子制作了许多可口的饭菜，让孩子吃得多多的，那只会使孩子变成肥胖儿。一般说来，孩子肥胖度提高后，不仅会导致运动功能低下，而且还会使学习成绩下降。所以，任何时候都应该争取使孩子的身体协调发育，因而孩子食谱的制订、饮食的调节以及挑选的食物都必须经常与发育相联系，使可口的饭菜成为孩子健康必要的前提。

2. 孩子不好好按时睡觉怎么办？

足够的睡眠是保证儿童健康成长的先决条件之一。适宜的睡眠环境、良好的睡眠质量比睡眠时间更为重要。一般来说，儿童每天需要的睡眠时间与年龄成反比，年龄愈小，睡眠的时间愈长，但个别差异颇大，不宜作硬性规定。

● **原因**

到了该睡觉的时间却不愿意睡觉，孩子可能都有过这样的经历。一般来说，这是没有养成良好生活习惯的表现。如果没有生活习惯问题，不愿意睡觉很可能是因为太兴奋或者焦虑、害怕，还可能是身体有什么不适。

● **建议**

（1）在婴儿出生后即可训练，日间除了喂奶、清洁卫生外均为睡眠时间，夜间则应让其熟睡，勿要因喂奶而影响睡眠；大部分婴儿满2个月后，晚上可以连续睡6小时左右，如果婴儿没有哭闹，不要叫醒他。

（2）创造安静宜人的睡眠环境，室温适宜、空气新鲜、被褥合适也很重要；要避免不良条件反射的形成，如用摇篮、抱着抖动，口含奶头，咬着被子、手绢等；睡前一定避免过度兴奋，可听催眠曲，让其自动入睡。较大幼儿睡前观看恶性刺激的电视，听紧张的故事，做剧烈的活动都可以使孩子不愿意睡觉。对睡眠不安（孩子翻来覆去）的儿童要了解原因，及时处理。

（3）熄灯睡眠有利于人体的生理功能协调，代谢平衡。若长时间处于人工光源的照射，“光压力”可干扰视网膜的生理调节，使眼球和睫状肌易疲劳，久而久之，影响视力。孩子如果怕黑，告诉他妈妈就在你旁边，或者旁边放一个小手电，让孩子放心，以驱逐怕黑的心理。

（4）对于经常不愿意按时睡觉的孩子，要给他一个“调适”的时间，即快到睡觉时间了，提前告诉他：“快到睡觉时间了，你再玩10分钟，我们就准备睡觉了！”这样孩子有个思想准备，有利于孩子接受。

3. 孩子说话口吃怎么办？

口吃（结巴）是儿童一种常见的言语发育障碍，多发生在3岁左右，绝大多数是暂时性的，很少持续至成年。

● **原因**

（1）大多数口吃是由于在儿童口语发展的关键期，父母对孩子说话的期望值过高，给孩子造成一定的压力，引起孩子的急躁和焦虑。如孩子在学说话时，给予太多的“矫正”；孩子一旦说错，就采取恐吓；孩子不愿意说的时候，采取威逼手段让孩子说……这样，孩子一要说话就紧张（害怕说错话），越紧张就越说不好，越说不好就越紧张，这样一来二往，形成了恶性循环。

（2）突然受到精神刺激，如被严厉呵斥、惩罚、环境突然改变、家庭突然发生变故等，也会引起儿童口吃。

（3）其他人有口吃，孩子觉得好玩，经常模仿，结果自己也变得口吃了。

● **建议**

首先要排除遗传、脑功能障碍，然后再分析口吃的原因。矫正孩子口吃一定要有爱心、耐心和恒心，坚信孩子的口吃在有效的矫治下，一定能够恢复正常。矫治口吃首先要给孩子轻松愉快的生活空间，让孩子减少紧张感。孩子说话时，应该要求他放慢说话速度，有节奏、均匀地表达。孩子说话，开始的第一个音节一定要慢，可以通过做腹式呼吸来减轻“速度压力”！

避免孩子发生口吃最好的途径是创造平和协调的家庭氛围，让孩子在轻松愉快的环境中，没有压力的情况下，表达自己的意愿。这是父母预防孩子发生口吃的最好办法。

4. 孩子爱缠着大人怎么办？

对于孩子来说，父母是最有力量的、最有办法的人。他们可以保护自己不受任何伤害，是自己的安全岛。所以，正常的依恋是幼小儿童建立自信和自卫能力的安全网。正常依恋也是让孩子有心理防护，成为一个独立社会人的必然阶段。但是，过分地爱缠着大人、依赖大人或者依赖程度与年龄不相称（学龄前、上小学还经常缠着大人），则为不正常的依赖行为。

● **原因**

造成孩子爱缠着大人的主要原因，常与所处的环境有关。家庭成员过多、过分的照顾是造成儿童产生依赖最主要的原因。与此相反，缺乏照顾对孩子的行为要求过早或过分苛求也是造成孩子产生依赖行为的重要因素。1岁末、2~3岁为小儿依赖发展的两个危机时期，如在此期缺乏父母的正常依靠，常可造成严重的依赖行为。因为缺乏照顾的小儿，由于得不到父母足够的支持和教养，致使儿童正常需要的依恋受到挫折，在其发展的过程中，不能形成有关独立成功的经验，从而形成过分的依赖行为。

另外，若父母开始粗暴拒绝儿童正常的依恋要求，而最终又屈从这一要求，则会造成儿童更为严重的依赖。

● **建议**

家长宜从小入手，帮助孩子调整所处的生活视野，如让孩子多与周围的小朋友接触，鼓励他与小朋友们一齐玩耍。在家可以让孩子做些能够增强自主性、较少让成人帮助的事情，如安排他玩喜欢的游戏、玩具，当其能够独立玩耍时，则给予鼓励。另外，对孩子的正当要求，一定不要过分粗暴和冷淡地拒绝，要耐心引导，使孩子在不知不觉中感受到新环境的锻炼。

不让孩子老缠着大人，重点在于教育及改善环境，凡与儿童有关的成人（包括父母、教师及与小儿亲近的人）都要用自己的亲热行为对待儿童，以取得小儿的信任，然后逐步引导，鼓励他们参加集体活动。

5. 孩子爱生气、发脾气怎么办？

生气、发脾气也就是愤怒。愤怒是人一种常见的负性情绪。生气、发脾气是在自己要求得不到满足或者在受到挫折后，表现出强烈的哭闹行为。

● **原因**

(1) 强烈的愿望被限制或阻止：一般来说，爱乱发脾气的孩子与家庭教育和自身的气质类型有关。如父母过度溺爱，有求必应，久而久之，一旦自己的要求得不到满足，就会发脾气；困难气质儿童在遇到不满意的事情时，也容易发脾气。

(2) 不良的人际关系：如受到侮辱或欺骗、挫折或干扰、被强迫做自己不愿意做的事情等。

(3) 宣泄自己不满的情绪：好发脾气的儿童一般很任性，常有不合理的要求。一旦要求得不到满足或者在受到挫折后，就大喊大叫、哭闹不止、就地打滚、撕扯衣服头发，甚至用头撞墙或以死来威胁父母。发脾气时，劝说无效，只有当要求得到满足后，或者不予理睬，经过很长时间才得以平息。

● **建议**

在一个家庭，父母和孩子发生冲突是难免的。在这种情况下，就要求父母不要过分地宠爱孩子，即在孩子提出无理要求或者做出危险举动时，必须学会说“不”。要让孩子从小就知道什么要求合理，可以满足；什么要求不合理，不能满足。然而，在现实生活中，很多父母不是过于宽容（如同放纵），就是过于严厉（容易产生冲突）。

小贴士

在什么情况下跟孩子说不：①当孩子的健康或者安全处于危险状态时；②当孩子即将违反规定时；③当孩子的态度蛮横或者粗暴时；④为了让孩子富有责任感，应该对他们说不。

怎么说，才比较恰当：①讲出说“不”的理由；②不要过度使用“不”这一字眼；③当你说出“不”字时，应该表示出你的遗憾和同情；④告诉孩子你现在说“不”是为了以后能说“是”；⑤让孩子自己作出一些决定；⑥重新看待问题；⑦提出规定；⑧采用幽默的手段，让孩子知道你对成熟与负责任行为的期望和等待。

父母一定要明白：拒绝孩子，学会“艺术地说不”，可以避免激起孩子的愤怒、反抗和抵制。从长远的观点来看，这种管教会使孩子生活得更幸福，让他们更有责任心。

值得注意的是，在处理孩子生气、发脾气的问题上，家庭成员的态度一定要一致，耐心说服解释，正确引导。如劝说无效时，采取冷处理，暂时不予理睬，任其哭闹，待其情绪慢慢稳定后，再通过举例，进行情、理相并的教育，经过若干次这样的处理后，这种行为便会自然减退，以致消失。

6. 孩子任性、不听话怎么办？

学龄前儿童（3~5岁）在社会化的进程中，自我体验已经从生理性体验（愉快和愤怒）逐渐向社会性体验（委屈、自尊、羞怯）发展，但很容易受成人的暗示。5岁左右时，成人对孩子的暗示作用逐渐减弱，儿童开始建立有意义的自尊感，高级的社会性体验也逐渐增强。所以，社会化是儿童学习规矩、标准及文化价值观的重要过程，也是人一生影响最深远、可塑性最强的时期。

● **原因**

（1）不听话、任性与这个时期孩子的阶段性特征有关：如以自己为中心，不顾一切地按照自己的想法去做事；喜欢把玩具占为己有，不受小朋友欢迎；常常不按照成人的意见办，使大人发火……。这是因为，他们正处在心理学家皮亚杰认为的“前道德期”，也就是这个阶段孩子的道德认知是无律的，他们的行为没有什么道德标准，道德价值观也十分混乱。但是，这样的孩子往往比较自信、自强；有勇气、进取。这说明孩子在好强、固执中贯彻着自己的意志，也是他们社会化进程的一段成长历程。

（2）在社会化的进程中，儿童不断地学习控制自己的行为，虽然忍耐、自制、坚持等积极意志品质在不断增强，但是，在等待的过程中，其耐心是很短暂的，很难超过15分钟；另外，孩子在成人的要求下，做自己不愿意做的事情的意愿很有限；当任务艰巨，所需时间较长时，自觉性不高、坚持性不足的时候“违拗性”就会表现出来，即产生不听话的行为。

（3）少数体质为兴奋型和弱型儿童容易任性，他对正常的管教或一般的合理要求有时会表现出抗拒。平时被娇惯宠爱的部分儿童，稍不如愿，即可表现出任性、不听话的行为。还有部分儿童是由于自己的好奇心未能得到满足，甚至受到不友好的对待（如厌烦、斥责、漠不关心等）产生反感情绪，而不听话。实际上，这是成人冷漠、暴躁而导致儿童心理违拗和反抗的结果。

● **建议**

（1）父母自己要“以身作则”。家庭教育方式为孩子习惯的形成提供了行为强化条件，而父母的修养则为孩子的某些习惯的塑造提供了模仿的范式和强化的可能性及方向性，如家长说的和做的不一致，社会所提倡的与家里发生的有分歧，儿童就会感到茫然，不知道哪个是应该遵守的，会出现“不被接受的行为”。

（2）不要经常讲大道理，使孩子认为你总是唠唠叨叨，要学会倾听孩子的问题。这样，孩子慢慢就能体会到父母的用心。父母可以和孩子一起建立孩子应该遵守的规则：如果孩子参与规则的建立，他对规则有所了解，他一定会乐意遵守；该规则一旦建立，就必须遵守（在执行的过程中，可能会出现问题，那可以和孩子一起进行修改，但是一定要执行）。在平时的教育中，既要关怀体贴，又要让他明白事理，即要让孩子体会到：爱他爱得深深，而怕又怕到当处！你将“不怒而威”。

（3）给孩子点面子：对于好强、任性的孩子不要当众训斥，以免挫伤孩子的自尊心；进行个别的交谈，让孩子知道自己错在什么地方。另外，当孩子有自己的意见和行为时，只要不是原则问题，不必坚持“父母之命，非听不可”。给孩子一点小自由，对培养孩子思想活跃和具有开拓精神有好处。

（4）平时不能任性，从小就应该要求。平时经常迁就，突然严格要求，孩子便不能适应。对于学龄前儿童要以讲道理为主，限制为辅；不能以“武力”代替说理。孩子做错事或者不听话时要讲清道理，使其认识错误，知道错在哪里，做到心服口服，能够接受。一时不能接受，也千万不能用武力压服，否则即使被压服，由于没有理解，下次会再犯；“武力”压服，还会增加孩子反抗的心情。讲明道理，仍不能接受，可暂时“搁置”不去理会，待事情过后再讲清道理。

（5）对于学龄前儿童，特别是那些难以管教的孩子，父母下达的指令要明确。对不良行为的沟通最好的方法就是“故意忽视它”，这种方法对减少学龄前儿童任性非常有效。忽视的方法：拒绝争辩、责备或交谈；不要显出生气的样子；转过身去，假装专注其他事情；可以离开房间（一定要确定孩子在安全地方）；当他不良行为终止后，再给予充分的关注。

（6）当我们给孩子发警告时，首先要问自己：这一警告是否能实现？我们是否会照所说的去做？如果我们根本不能实现自己的警告，那就不要对孩子这样讲，也就是说，“能做到的就说，做不到的就不说”。否则，孩子对你说话的信任程度就会降低，甚至完全丧失可信度。

● **家长，在你采取任何行动之前，首先要清楚地知道：**你的行动目的是什么？父母尊重孩子应该做到“十不要”及应该遵守的准则（表3-10）。

表 3-10　父母尊重孩子要做到"十不要"及应该遵守的准则

	尊重孩子父母要做"十不要"	父母应该遵守的准则
1	不要伤害孩子自尊心、对孩子大声吼叫	以身作则
2	不要渲染孩子的过失	多赞扬少批评
3	不要重复批评孩子	及时解决不拖延,尽快找到问题的原因
4	不要当别人面揭穿孩子的小"谎言"	冷处理不揭短
5	不要过多地向孩子下命令	借助榜样的力量
6	不要闻风而动	教导孩子正确的方式方法
7	不要对孩子说"不知道"	抓住重点,持之以恒
8	不要当众处罚孩子	约束孩子的纪律,必须清晰、一致、可靠
9	不要讽刺孩子	学会运用"暂停"
10	不要迷信自己的权威,只要你错了,就应该道歉	命令中应该包含着奖励

7. 孩子特别淘气怎么办?

● 原因

儿童淘气是好奇心与年幼无知两种心理状态相互交织的行为表现。例如,儿童对电动玩具汽车能走感到很奇怪,就想拆开看个究竟,这是孩子的好奇心。但是,孩子并不知道拆开会损坏玩具,这是无知。好奇心是孩子探索世界和创造精神的启蒙,通过对周围环境及事物的探索过程,可以获得很多各种各样的知识。

● 建议

(1) 孩子出现淘气行为时,千万不能先责骂后再讲理。因为,孩子的出发点是探索事物的"秘密",其精神应当给予鼓励;至于孩子的行为造成的破坏结果,应当给以适当的诱导式批评,即处理的方式要有利于激发孩子的积极探索精神。

(2) 没有小伙伴一起玩耍,或父母忙于家务或生活,很少与孩子接触、沟通交流，孩子感到孤独，故采取淘气的行为以引起家长对自己的关心。所以，父母平时应多与孩子进行交流、玩耍，使孩子减少孤独感。

（3）观察孩子的言行，以减少淘气的行为。平时父母要注意观察孩子想做什么和对什么有兴趣？孩子提出问题，要予以重视，耐心解答，如孩子对电动玩具汽车有兴趣，问及汽车为什么能动？为什么能发出声音？对此要耐心地回答，甚至可以将汽车拆卸开，向孩子讲解。孩子的好奇心得到满足后，并且明白了玩具汽车会动，会发声音的道理之后，就不会再出现拆汽车的行为了。

（4）有淘气行为的儿童，往往精力充沛、贪玩、好动，如果把精力引导到剪纸、搭七巧板、搭图形积木或搭金属建筑玩具、玩魔方、做飞机模型等方面，将孩子诱导到有意义的游戏或有创造性的活动上，使孩子的求知欲得到满足，孩子的淘气行为也会相应地减少。

8. 孩子爱打架、欺负小朋友怎么办？

孩子在一起玩耍吵架、有攻击性行为是不可避免的，父母不必对此大惊小怪！一般来说，孩子在一起玩耍时容易发生矛盾的情况有下面三种：

第一种情况：玩耍中出现矛盾，发生争吵、打架

● **原因**

（1）孩子在玩耍的过程中，在有一些矛盾不好解决时。

（2）学龄前儿童的自我控制能力还不成熟；解决问题的方法便是吵架、攻击性行为。但是，孩子是“不打不成交！”争吵、打完架后，双方很快又会和好如初。这便是有人说的“小人国外交”。从另外一个角度来讲，孩子之间争吵、打架也是学习约束自己行为举止的社会化过程。

（3）一般而言，孩子年龄差距越小，彼此之间就越容易产生摩擦。此期儿童的自我意识正在成长，凡事都想按自己的意识去做，当彼此之间无法调解时，便会发生争吵、打架。

(4) 孩子之间妒忌、竞争的心理也正在成长分化,也可因为此种因素而发生争吵、打架。

(5) 爱欺负别人的孩子,身上往往存在一种"霸气",蛮横无理,强迫别的孩子服从他的意志。这种孩子在家里:①经常是以自我为中心,家里人围着他转;②由于长辈溺爱,长期养尊处优;③孩子的"霸气"来自于父母的"榜样作用"。所以,家庭是孩子产生"霸气"的重要发源地。

● **建议**

孩子争吵、打架很正常:这是孩子情绪社会化实践的一种方式;吵架也可以获得维护自身利益和狡辩的技巧。

(1) 以冷静、理智的态度来看待孩子的打架和争吵。成人应该冷静、理智地让孩子站在对方的立场上找原因(对于孩子来说,他们自己说的理由都是正确的)。这样,孩子感觉你不偏袒任何一方,才能毫无保留地说出真心话。

讲清与同伴友好相处的道理:与其他小朋友和睦相处能带来很多愉快,如果你老是爱欺负人,别人不愿意和你在一起玩,你会丧失很多和大家一起玩的乐趣。

讲清与同伴相处的原则:孩子年龄有大小、个子有高矮、来自条件不同的家庭,但是大家应该都是平等的。不能因为自己条件优越就可以享有特权,也不能因为自己个子大,就可以随便欺负人。

进行"换位"思考:你愿不愿意被别人欺负,他很快会回答:不愿意!这时可以通过打比喻等方式,让孩子明白:别人也会有同样的感受。等双方都心平气和之后,再告诉他们消除冲突的方法。

(2) 不必充当孩子的保护伞:爱孩子是人之常情!有的父母即使觉察自己的孩子有爱欺负别人孩子的行为时,为了长大不受别人欺负,也舍不得严加管教,更容不得别人说长道短。这实际上是充当了孩子毛病的保护伞,也是孩子成长中的一种甜蜜"宠杀"。

(3) 在孩子争吵、打架这个问题上,国外一些成人的表现非常开明：他们在孩子没有动手打架之前一般是一个观众，不动声色地看孩子吵架；一旦看到孩子真的扭打起来，才会上前把孩子拉开。他们认为不让孩子吵架是一种徒劳，那只会减少孩子增长才干的机会。当然也不是鼓励孩子吵架，只是当吵架不可避免地发生时，成人应该正确对待，恰当处理。成人不要因"维护孩子"而闹翻脸。很多情况是，成人为孩子闹翻了脸！你看，孩子已经和好如初，玩得正开心。

小故事

一个孩子向来都非常顽皮，经常和同学打架，可怎么也请不到家长到学校里来解决问题。这个孩子又打架了，老师给他爸爸电话："孩子又打架了，请你来一趟！"可爸爸在电话那边漫不经心地说："这孩子什么都好，就是脾气暴！是别人打了他，还是他打了别人？"老师："他让别人打了……""天哪，我马上来！"这位家长到学校后，告诉老师，那天没来，是因为正打牌，输了钱，没翻过来，所以不敢走；妈妈忙着守铺面，请人要花钱……

另外的家长讲：那位父亲早年也是"街头小霸王"，所以，对孩子打架的事，根本不放在心上！因此，家庭教育方式为孩子习惯的形成提供了行为强化条件，而父母的修养则为孩子某些习惯的塑造提供了模仿和强化的可能性及方向性。所以，作为父母，正人，先正己。

第二种情况：平时喜欢作弄、嘲笑其他小朋友

● **原因**

爱作弄、嘲笑其他小朋友从表面上看来，只是孩子的一种恶作剧，实际上是我们的孩子在思想上缺乏"同情心"的表现。如果不及时疏导，孩子会从作弄、嘲笑其他小朋友的过程中感到"高兴"，发展到产生道德问题。

● **建议**

（1）家长应把这个问题提高到道德水平的基础上，教育孩子树立对社会上一切有困难人的“同情心理”。

（2）家长一定要以身作则，用自己对邻居、对朋友及素不相识的人，在困难时给予的友好态度和行动来影响和教育孩子；还可以把关心帮助有困难人的生动故事讲给孩子听，让孩子模仿榜样。

可以帮助孩子分析，在遇到困难或者一些尴尬局面时，得到帮助或者得到作弄、嘲笑的后果，使孩子从小就能逐渐养成“换位思考”的理念，以约束他爱作弄、嘲笑其他小朋友的行动。讲讲父母之所以不在人前数落孩子短处是因为尊重他、理解他。其他小朋友也是一样的，在被作弄、嘲笑的时候，一定会很难过。有必要时，让他与小朋友道个歉……

（3）如果发现孩子有爱作弄、嘲笑其他小朋友的行动，可以主动布置或者带领孩子关心邻居中或小朋友中有困难的人，让他们通过自己的切身体验来教育自己。

第三种情况：喜欢打人

攻击性行为是指故意的攻击，常常被认为是一种不良的行为。在年幼儿童（特别是男童）中，轻度或者间断的攻击性行为是常见的。婴儿的攻击性行为表现为咬、踢、哭、拉扯头发；儿童期的攻击性行为是经常抢小朋友的玩具；叫喊、打或猛击他人；在不适当的场合咒骂或使用不好的语言；当发怒或沮丧时，还会打自己或者伤害自己。如果儿童期没有得到很好的纠正，至青少年时期就可能发展为品行障碍和对立违抗性障碍。

● **原因**

（1）幼童进攻性行为可能是自己的要求没有得到满足、受到挫折、报复、寻找注意。

（2）进攻性行为还可源于家庭，例如孩子小时候咬、踢、哭、拉扯头发或者抢小朋友的玩具、打他人、使用不好的语言时，父母及家人忽视这一行为问题，没有及时正确引导和教育，久而久之攻击成为常态。

（3）家庭问题和不良的父母教育也被认为是这一行为问题的原因，如孩子表现好的时候，没人注意他，而当他有不良行为时，就立即受到责骂。因此，进攻性行为便容易产生，因为他想用不良行为引起他人的注意。

● **建议**

父母用打骂的方式企图纠正孩子的攻击性行为，只会让儿童更加对立违抗。

（1）孩子第一次发生进攻性行为时，要及时了解发生的原因，给予正确引导和教育。要告知父母避免体罚，学会正面教育的方法，如“暂时隔离”，这一技术对有轻度攻击性行为的幼儿很有效。暂时隔离技术：让发生攻击性行为的孩子，在房间的一个角落（仍然受到家人的关注），目的是让孩子反思自己的错误行为。

（2）在儿童遇事没有攻击性行为时要给予奖赏，使孩子明白遇到事情不发生攻击性行为的“甜头”！应该让父母多学习解决问题的技巧、与孩子商量的技术、奖赏所期望行为的方法等。

（3）有研究发现，家庭对儿童过分溺爱，对其行为放任不管，攻击性行为发生率也高。在这种家庭培育下儿童道德观念薄弱，是非暧昧，没有行为准则及规范，想干什么就干什么，为所欲为，克制力差，自我中心，这类儿童适应社会较困难。在群体中生活时，当事与愿违时容易造成挫折感，易产生对立、仇视、嫉恨，从而采取攻击性报复行为。这种需要的满足与心理的挫折在攻击性行为形成的过程中也有重要作用。

（4）儿童的模仿性是很强的。所以，父母本身应加强品德的修养。特别在处理人际关系上，应有自我检讨的作风，这样让儿童也懂得如何检讨自己的行为，增强儿童自我控制的能力。

另外，父母对儿童行为应有明确的是非标准及要求。从3岁起儿童已开始注意自己和他周围人的关系，以及自己在家庭中的位置。什么是对，什么是不对，要讲清道理。可利用讲故事的方法灌输行为的准则，并让儿童自己进行判断和评价，给儿童创造自我管理的机会，培养儿童认知能力，以增加儿童对行为的自我控制能力。在教育儿童是非标准上，父母及家人应采取协调一致的方式互相支持。如有不同意见时，父母应单独进行讨论，切忌在子女面前一个批评不对，另一个则当面替子女进行辩解。这样不仅使儿童不知如何适从，还可助长儿童的无理要求。

9. 孩子注意力不集中怎么办？

● **原因**

婴幼儿由于大脑发育不完善，神经系统的兴奋和抑制过程发展还很不平衡，自制能力差。因而，有意注意是极不稳定的，易被无意注意所分散或转移，年龄越小越是如此（表3-11）。

表3-11 不同年龄段儿童有意注意坚持的时间

年龄	有意注意坚持的时间	年龄	有意注意坚持的时间
1岁左右	不超过15秒钟	7~10岁	注意能相对集中20分钟
2~3岁	能集中10~12分钟	10~12岁	注意能集中25分钟
5~7岁	能聚精会神注意15分钟左右	12岁以上	注意力能达30分钟

● **建议**

一般来说，唤起孩子的注意并不难，难的是如何让孩子的有意注意稳定于整个的活动或教学的过程中。

（1）家长对注意要有一定的了解和认知：首先要知道你这个年龄段的孩子有意注意到底能坚持多少时间？

（2）“兴趣”是孩子学习的老师，有了兴趣才有动力。凡是新颖的、变化的、有趣的事物都能引起儿童的分心，但也可以吸引和集中儿童的注意。“兴趣”是增加孩子有意注意最有效的手段：一个人如果对一件事产生了兴趣，用不着别人督促，他自己就会全神贯注地去做。兴趣会使人对某一件事的钻研、探索达到废寝忘食的程度。因此，可以通过玩具、游戏和有趣味及适合年龄特点的活动促进其有意注意发展。在安排课程时间和进行教授知识时，要特别注意孩子的这种特点。作为父母要积极保护和启发孩子的“学习”兴趣。

小贴士——积极保护和启发孩子学习兴趣

不要替代孩子选择兴趣
父母要善于观察，发现孩子的兴趣、培养孩子的兴趣
不要以自己的“功利、实际”去藐视孩子的兴趣
不断将“兴趣”升华为“志趣”

（3）学龄前儿童的认知具有“情景性”：家长要设计出让孩子感兴趣的活动！如一位母亲教孩子“水果”这个概念的时候，带孩子到水果店去看、观察，然后让孩子描述香蕉、苹果、葡萄等水果的颜色、形状，比较它们之间的不同，根据孩子吃后感觉的味道……，既培养孩子的观察力，又培养孩子的注意力。

（4）经常和孩子玩“注意看”的游戏，既能让孩子产生极大的兴趣，也能激起孩子的好胜心以及对任何事情都不服输的决心。如给孩子一个有各种图案的小花瓶，让孩子观察一分钟，然后叫孩子背对花瓶说出上面有几朵花或有几条鱼的图案，经过长期的训练，孩子总能准确地说出来。有时可以把孩子带到一个房间中待一会儿，让他仔细观察房间中的东西，然后让他出来，之后把房间中的某件东西拿走，或者在房间中摆放本来没有的东西，再把孩子带到房间中，叫孩子说出房间中的变化。比如他会说少了一个水杯，多了一把扇子等等。玩这个游戏，一方面训练孩子的观察力，另一方面又可训练孩子的反应能力。有了很强的注意力和观察力，孩子的记忆力就能随之很快地发展。

10. 孩子胆小、爱害怕怎么办？

父母鼓励孩子勇敢、乐观固然重要，但在实际情况中，也要

考虑孩子的年龄与特点；硬性督促，一方面会使孩子为自己的胆小、恐惧而感到羞愧；另一方面可能造成孩子在经历更深刻的惊慌时，不敢向父母讲自己的感受。届时得不到应有的庇护，从而影响儿童正常的生活、学习和社交。

● **原因**

（1）天然性：胆小、害怕是人遇事的一种正常情绪反应，如幼儿害怕小动物、黑暗、鬼怪、登高等；较大儿童害怕身体损伤、自然事件（天灾）等；还有的孩子怕生人、怕人嘲笑；较大儿童害怕与人交往，一旦与人交往就会面红耳赤、害怕在公共场所成为众人注视的目标；孤独、儿童没有人陪伴都会产生恐惧。一般来说，恐惧具有先天预置的特性，而且贯穿在人的一生之中。

（2）遗传和习得性：产生过度害怕有一定的自身素质问题，如比较内向的孩子；还有些儿童是受遗传因素的影响，如害怕的内容和母亲相似；再就是看见家庭成员对外界刺激产生过度的恐惧和回避反应后，通过共鸣也可以产生同样的刺激恐惧。

（3）教养不当：对孩子进行恐吓（不听话、不睡觉等）。

（4）精神刺激：看恐怖电视、目睹惨剧、学校学习或交友受挫等。

● **建议**

（1）加强人与人之间的交往：有些害怕是某些内向胆小的孩子自身素质所决定的。但是，与人的交往能力并不是天生的，所以有意识地让孩子多接触一些人，让孩子在交往的过程中感到快乐。随着年龄的增长，社会经验的丰富，孩子的恐惧心理会与日俱减。因此，要给孩子更多的理解和时间，而不是经常用不满的眼光盯着他。

（2）顺其自然，不要太苛求：孩子需要父母帮助他们克服胆小、恐惧，但是帮助的方式不能仅仅对他们讲“这没有什么可怕的”；而是要表示对他们胆小、恐惧感受的理解。如在与人交流的时候，孩子看见生人就跑开，这时一定不要硬性地让孩子去叫他不认识或者不熟悉的人。你可以这样帮助孩子：“宝宝不熟悉这位阿姨吧，没关系，这次认识了，下次就熟悉了再向阿姨问好。”

（3）孩子对胆小或者恐惧的认识及克服的经历是因人而异的，如有的人生来就谨慎、不敢冒险，所以克服恐惧的时间就要长一些。这样的人，他会很细心地探索，直到他认为很有把握了，才会坦然地迈出这一步。

（4）不要让恐怖的情景刺激孩子，因为他需要时间和理解来度过这一“恐惧”阶段。

11. 孩子遇事没有勇气面对怎么办？

勇气来自于“自信”！阿基米德说：给我一个支点，我将移动地球。充满自信的豪言壮语，令人心潮澎湃。自信就是自己相信自己，自信意味着对自己的“信任”、欣赏和尊重。孩子一旦失去自信，就会自我评价低，否定自我的价值，从而产生心理上的自我鄙视、自我否定、自我挫败。因此，说自信是人生的关键。

● **原因**

孩子被过度保护：保护后代是动物的本能，也是人的本性；但是过度保护，就好像浓荫下的小草，经不起风雨！例如，有些家长在孩子摔倒时，会在远处叫孩子自己起来继续玩。但是，有的家长却在孩子玩耍时，时时刻刻都在盯着孩子，总是在不停地喊：“别跑，小心摔倒！别摸，那儿脏！别走远，危险……”。一旦孩子摔倒，赶紧上前去，又拍又哄，孩子本来没哭，这一弄反而哭了！因为怕孩子磕碰、出车祸、走失，给孩子设置了很多的禁区。各种锻炼如此缺失的孩子，他的勇气从哪里来呢？

● **建议**

（1）动物世界里，有些幼崽一出生，就得出洞去谋生；或到一定时候，母兽就会将自己的孩子“狠心”赶出去，让它们自己学习谋生，正是这种“爱崽”行为，才使它们的后代得以生存。所以，明智的父母应该从日常生活着手，让孩子做力所能及的事情,以增强其社会生活能力。

(2) 不要忽略孩子的能力:“你懂什么”常常挂在一些父母的嘴上,殊不知这是伤害孩子自尊心、自信心的一句恶语。在教育的过程中,孩子的自信特别柔软,需要父母精心的培养和呵护。比如和孩子下棋时,赢二输一,让孩子既能通过胜利体会到自信,又让孩子体验失败,继续努力;与此同时可以让孩子逐渐认识:游戏中有输赢,生活也会一样,只要树立信心,一定能赢!

(3) 解除对孩子的过度保护:①让孩子做自己喜欢做的事,父母需给孩子一些必要的指导和帮助;②让孩子吃点苦,可以逐渐培养一些吃苦耐劳的精神;③父母对危险不要过分渲染,以免使孩子还未做事,就开始害怕了。

(4) 孩子能够胜任的事情,一定要他自己做:日常生活中,对孩子的事,既不要太热心包办,又不能冷淡藐视。由于孩子认知能力有限和生活经验的缺乏,做起事来,常常有失败和失误,这是非常正常的现象。这时孩子最需要的是来自父母的鼓励,需要父母耐心地帮助找原因、鼓励他用自己的能力去寻找处理问题的办法。使他们的自信心得到充分的保护,并从父母的鼓励中获得力量的支持!

因此,父母永远要做拉拉队,“加油、加油、再加油!”

12. 孩子爱“撒谎”怎么办?

无论大人还是孩子,当陷入一个尴尬局面时,最圆滑的退路就是撒一个小小的谎。对于儿童“撒谎”,父母一定要根据孩子的年龄阶段特点,进行冷静分析,不能一听孩子撒谎就勃然大怒。

● 原因

(1) 学龄前儿童“说谎”往往是由于现实和想象分不开:如一个3、4岁的孩子捏造一个故事,“我爸爸是警察,昨天打死好多坏人;我有什么什么玩具,可以飞上天……”这绝不是他在说谎，而是由于他的想象力异常活跃，常常将想象和现实混淆在一起。再如，看见别的小朋友患病，他会和妈妈说："我发烧了！"有的孩子不愿意走路，想要妈妈抱，就说："妈妈，我腿疼，不能走了。"这是他凭想象说出来的话，根本不懂什么是真，什么是假。

（2）有的孩子撒谎是因为做错了事，怕挨骂挨打。有位心理学家说过："说谎是因为怕说真话而挨骂的避难所。"所以，孩子一方面被教导不要说谎，另一方面却因为说了实话而遭到责骂，这就使得孩子因为"要自卫而撒谎"。

（3）孩子撒谎，有时并不是真正的在说谎，而是一种掩饰、一种推卸、一种抗争、一种期盼。如小龄儿童在不开心、不满意的时候，就会用哭闹来表示；他们逐渐长大了，知道这一套行不通了。当他们不愉快、感到疑虑时，有的儿童会通过摔东西、发脾气表现出来，而有的往往会把这种感觉藏起来，父母常常就会发现孩子说话口不由心，这并不能表示孩子在说谎，而是他在找借口掩饰自己内心的烦恼。

（4）很多研究发现，孩子说谎是由于受到爱说谎、言而无信家长的不良影响而养成的不良品质。

● **建议**

避免孩子撒谎，关键的问题是父母要知道，在各个年龄阶段，孩子的思维模式，以区分说谎的原因，因势利导。

（1）虽然说谎在人成长的过程中是可以理解的。但是，孩子谎如果说得习惯了，那就成问题了。因此，孩子第一次说谎一定要认真的纠正。说谎是有一个形成过程的，若第一次说谎成功，就为这个坏习惯开了一扇门，这种坏习惯一旦形成，便很难矫正。对于初次说谎的孩子，一定不能生硬训斥、更不能打骂。在寻找问题的症结时，父母首先要反省自己，对孩子是不是有过度的期望和过多的干涉？与此同时，要以诚恳的态度认同孩子的感受，让孩子深刻地体会到：这件事，完全没有必要说谎。

（2）如果孩子撒谎是因为做错了事，怕挨骂挨打，那最佳的对策就是"不追究"，让孩子知道，对于这件事完全没有必要说谎。你可以对孩子说:你把实际情况告诉妈妈,我看问题出在哪?让我们一起研究研究用什么办法来解决。父母应该严肃地告诉孩子:说一次谎是可以原谅的,但是应该明白,如果继续说谎,你就会像故事中所讲的那个喊"狼来了"的男孩一样,失去人们对你的信任,最后让自己吃了大亏。

(3)如果孩子撒谎,是因为不开心、不满意找借口掩饰自己内心的烦恼。你首先可以向孩子表达自己对撒谎及不良行为的反感;然后心平气和地告诉孩子:你的话,我听懂了;但是你的话使我担心会影响你的情绪,使你不开心。另外,要用你的亲情使孩子信任你,让孩子深信父母是非常重视他的想法的,以后孩子有什么想法就会主动告诉你,而不是利用"撒谎"来掩饰自己了。

(4)行动比语言更有说服力:碰到孩子说谎,家长首先要扪心自问,自己是否时常撒谎?作为父母,倘若你不要孩子撒谎,千万要记住,给孩子做个好榜样,做一个诚实、守信的人。告诉孩子,诚实是人的一大美德。在和别人的交往中,一定要坦诚相待,不能靠说谎去蒙骗他人。因为,谎言一旦被别人识破,自己就很难再得到对方的信任。

尽管人人都可能会承认自己"说过谎",但是你意识到直接或者间接说谎对孩子会产生什么影响吗?美国德州品德教育研究所的马尔基教授说:欺骗是一种习得性行为,在课堂上撒谎的学生将来会对同事、上司或妻子、丈夫撒谎;如果一个国家不珍惜诚实,把品德看作无足轻重的小事,我们的社会将变得多么可怕!

13. 孩子没有耐心,不愿意等待怎么办?

● 原因

记得妈妈说我小时候,妈妈用烧火的灶台烤了一个土豆,贪吃的我不断地在旁边问"妈,好了没有?""再等一会。"等不及的我开始向妈妈发难:"好了,我现在就要吃……"。妈妈生气了，把土豆拿出来，丢在一旁。我一看，土豆还是生的……

这种情况，很多孩子在很多问题上都会发生，如几个小朋友轮流拿一件东西做游戏，可总有的“等不及”，还没有轮到自己，就抢着要去玩了。

所以，希望立刻得到自己“想要的”、希望立刻拿到自己喜欢的东西是每个人的愿望。而耐心地等待，并不是与生俱来的，它需要培养。

● **建议**

训练耐心，让孩子学会等待，作为父母自己首先要有耐心。

（1）当孩子不断用哭闹强迫父母满足他的要求时，父母要“沉得住气”，要不断地提醒自己：这是在对孩子进行训练，只有付出耐心，才能得到耐心地回报。

（2）从小开始训练，如小婴儿，当他饿了，让他哭一会儿再喂，训练一下他的耐心；孩子慢慢长大了，开始用语言表达自己的要求了，就应该有意识地训练他们的耐心、学会等待，懂得应该在适当的时刻做某件事情，懂得与别人协调行事。

重要的是让孩子懂得世界上每个人都有要求，不能什么事都会以自己为中心、自己的要求不能永远都是排在第一位的。所以，等待是必不可少的；失望也是必不可少的。

（3）但是，在训练的时候一定要注意以下要点：

避免用生硬的态度或者语言拒绝孩子的要求，如“不行，等着！”“怎么这么没有耐心”，这样会使孩子产生反感情绪；耐心告诉孩子，等待是有原因的，而生活中充满了等待。

训练一定要坚持，不能因为孩子不停地哭闹，就放弃自己的要求，如妈妈放弃自己的要求，马上去满足孩子，他就会得出这样的结论：只要我哭闹，妈妈就会满足我的要求，以后他就会得寸进尺。

在恰当的时候给予适当的表扬：当孩子按照你的要求，等待了，要给予适当的赞赏：“乖乖，真是长大了，妈妈尽快把手上的事情做完，谢谢”。孩子再大一点，应该让他养成“想干另一件事情前，一定要把现在手中的事情完成好”的习惯。上学以后，他就会懂得要克制自己的冲动，逐渐学会要求自己做完作业，再出去玩的好习惯。

当父母要求孩子一同去办一件事时，如果他正在干自己喜欢的事情，这时可以允许孩子说：“等一会”；“让我把这件事干完”。因为，每个人都有控制的欲望，当孩子说，等一下时，也在彰显自己的权利，家长也不妨等待一下，以展示比较宽容的态度，这对孩子学会与别人协调的能力增长有好处。

14. 怎么帮助孩子走进友谊，克服自我的心理呢？

随着孩子一天天的长大，他不仅仅生活在家庭里，还要到学校去，生活在社会中。所以，培养他们交际的能力和团结合作的精神，对于孩子将来参加工作，步入社会有很大的帮助。

小故事一：小明刚刚上幼儿园，午睡起了床，班上准备吃苹果；小明率先到盘子里拿了一个最大的吃起来，老师和孩子们都觉得好笑。老师问他，为什么这样？小明不慌不忙地说，“我在家里就是这样的啊”！

小故事二：4岁的小红由奶奶带大，很少和其他小朋友接近。一次妈妈带他到亲戚家，孩子们见她，非常高兴，可小红却一直牵着妈妈的衣角，不肯离开；妈妈动员着说，他们都是你的表哥表妹，不要怕，经过妈妈的几次说服，小红才肯带着自己的布娃娃和孩子们玩，孩子们看到她漂亮的布娃娃感到很新奇，都抢着玩，小红不肯给他们，这样抢来抢去，把布娃娃抢坏了。小红拿着坏了的布娃娃，哭着找妈妈，再也不愿意和小朋友玩了。

● **原因**

（1）学龄前儿童的阶段年龄特点就是：以自我为中心，我喜欢的，就是我的！由于这个年龄阶段孩子的“自我”认识不清，很容易把别人的东西也当作自己的东西，就像小明一样。这是这个年龄阶段孩子心理发展的自然现象。所以，父母不要指责孩子，但是，一定要正确引导。而小红的生活，由于长期“独处”，不接触其他孩子，因此脑子里没有他人的意识。所以，她既没有同他人交往的习惯，更没有与他人交往的技能。

（2）家庭环境影响的结果：孩子是父母的掌上明珠，对孩子的要求百依百顺，要什么给什么；不仅如此，一事当前，先替孩子打算，家中的物品先由孩子挑选，大人长者都在其后；孩子提出的要求，说一不二。久而久之，孩子在家里成了霸主，主宰家里的一切，到了外面，他自然而然地按照以往在家里的习惯，按照“独占”的意识行事。

● **建议**

父母教育孩子的目的，是让孩子走进友谊，克服自私独占的行为，为他们的心灵驱赶障碍，让他们的生命像鲜花一样绽放，在阳光的哺育下茁壮成长。

（1）做父母的应该将自己对孩子的爱升华为一种正确、有理智的爱：爱得有分寸、爱的有原则。另外，随着孩子年龄的增长，父母应该弱化家庭的保护作用，让孩子走进集体、走进友谊，学会独立面对生活，成为对社会有用之人。

（2）让孩子从小通过家庭和谐的爱，懂得分享，懂得同情他人，为孩子走进集体，步入社会与人友好相处奠定基础。一般来说，儿童的社会化发展贯穿在孩子整个成长过程。所以，孩子的交往能力、为他人着想等亲社会的能力是孩子健康成长很重要的良好品质。但是，孩子是要经过逐渐教育，通过事情的内心体验，才能真正获得这些能力的。如换位思考、相互体谅是处理好人际关系必要的前提，但是，要达到相互理解，不仅要知道别人的想法，还要了解他为什么有那种想法。也就是设身处地为他人着想，理解他人的感情并产生共鸣。

（3）孩子通过交友慢慢懂得分享，克服自私，是有一个过程的。随着孩子自我意识的发展，到了3岁左右，同伴意识便开始

萌出并逐渐发展,6岁左右开始意识到自己属于某一群体,使他有一种精神归属感。孩子开始学习交友可以分为相互重叠的4个阶段:

3~7岁的自我为中心阶段:开始把离得近,经常在一起玩的当作朋友;把对方有自己喜欢的玩具作为交友的“筹码”,但是由于他们正处于以自我为中心的阶段,当自己发现朋友不是那么回事时(玩具不给自己玩),便会烦躁不安。

4~9岁的满足需要阶段:这个时期仍然处于满足自我而交友的目的,如为了共享玩具或者得到一块饼干,他们会成朋友。由于交友主要为了满足眼前的需要,所以,无法交一个以上的朋友,如你可能会听到孩子和同伴说:“你不是我的朋友,小花才是”。

6~12岁的互惠阶段:这个时期的孩子交友,已经能够适当考虑双方的利益了。他们交友的特点是互惠平等。

9~12岁的亲密阶段:这一阶段是所有亲密友谊的基础。

走进友谊,结交朋友是孩子情感和社会技能发展的桥梁。儿时的友谊影响孩子走向社会后的交友习惯、自尊心等,其程度不亚于父母的抚爱。

值得父母注意的是:交友的技能就像孩子学步一样,在儿童时期相对较容易;如果儿童期过后,到了成年就比较难了。所以,确定与孩子年龄相适应的限制、灌输积极的人生价值观、鼓励孩子个人成长和人际关系的发展,也是值得家长研究的教养课题。

15. 父亲在孩子成长中的有怎样的重要作用?

在家庭教育中,父亲永远是母亲的合作伙伴,他为孩子提供了男人形象的基本模式。

父亲的类型:①传统的父亲:一家之长,在解决孩子的问题上有决定权。严厉、注重传统教育、要求孩子完成自己应尽的义务;关心孩子教育、特别注意教育儿子,但他们之间的关系不够亲密,孩子对父亲很拘谨,感到他不了解自己的感受。②只管吃穿的父亲:认为教育孩子是妻子的事,自己不能取代。经常忙于公务,即使空闲也不想管孩子;孩子也不太能认真听取他的意见。③现代父亲:他认为凡是与孩子有关的事情都是重要的!虽然时间不多,但晚上总要抽点时间同孩子一起玩玩,善于带婴儿,同孩子一起成长;孩子有问题,既找母亲,又找他。

父亲在孩子成长中的重要作用:在家庭教育中,父亲既是孩子性别角色正常发展的重要条件,又为孩子提供了男人形象的基本模式。

男孩:往往把父亲看作是自己将来发展男性特征最现实的"楷模"。如果家庭中没有一个固定的父亲形象,孩子会缺乏角色认同感和男性特征,变得软弱、缺乏独立性和自主性,形成男孩女性化倾向。导致对环境的应变能力差,不能适应男性的独立生活。如果家庭中,父亲尊重母亲,以体谅、爱护、诚实、合理、关怀和帮助的态度对待母亲。那么,这个男孩长大后,往往会以同样的态度对待异性。

女孩:在性别角色发展的过程中,也同样受父亲的影响。女孩成人后的婚姻关系,更多地会受到早期与父亲关系的影响。处于儿童和少年期的女孩子,从观察父亲如何对待母亲的过程中,了解到男人应该怎样对待女性,从而影响其对婚姻的态度和行为。

在儿童性别角色发展社会结构假说理论中,Johnson提出在男孩和女孩的性别角色发展过程中,父亲比母亲所起的作用更为重要!她提出女性化有两种主要成分:①母性角色:包括照顾、养育和表现因素。男孩和女孩在婴儿时期都体验到了来自母亲的母性角色,形成了对母性角色的最初认同;②父亲的异性行为:包括给孩子有关外面世界的规范和期待,父亲对男女孩的区别更有甚于母亲。父亲对女儿往往更温和,所以父亲影响着女儿对女性化异性部分的学习。

第四章

0~6 岁儿童发育和行为偏离及异常

本章在家长和教师了解“儿童在不同发育阶段中，正常行为范围和变异”的基础上，介绍儿童时期的发育和行为问题，让家长和教师应用发育和行为的知识，初步判断儿童的发育和行为状态是正常还是有了偏离，甚至异常。儿童发育和行为问题是生物、心理和社会诸因素共同作用的结果。儿童发育和行为偏离及异常发现越早，矫治效果越好。儿童时期发育和行为的一般问题和障碍见表 4-1。

表 4-1　儿童时期发育和行为的一般问题和障碍

发育和行为偏离（一般问题）	发育和行为异常（障碍）
小婴儿过度吵闹	饮食障碍（神经性厌食、贪食、异食癖）
依赖行为	排泄障碍（日间尿频、功能性遗尿症）
退缩行为	睡眠障碍（睡眠不安、夜间磨牙、梦魇）
吸吮手指	精神发育迟滞
咬指甲	情绪障碍（焦虑症、恐惧症、强迫症、抑郁症）
习惯性擦腿动作	感觉障碍（感觉统合失调）
屏气发作（癔症）	言语和语言发育障碍
拔毛癖	注意缺陷多动障碍
撞头	多动性抽动—秽语综合征
	广泛发育障碍（孤独症）
	社会能力发育及适应障碍
	儿童虐待和忽视

第一节　发育和行为偏离

儿童发育和行为偏离主要指与年龄不相符的动作和行为。如重复刻板性行为是其主要表现特征之一，并伴有相应的心理问题。重复刻板性行为是一种反复的、无目的、无意识的动作或行为，常见于发育正常的或异常的儿童，通常是良性、可以矫正的。这种行为问题若发生在发育、情绪或身体障碍儿童则容易引起儿童意外损伤、社交困难和适应困难，主观上可引起儿童的紧张和焦虑，应及时发现并进行矫治。

一、Colic（小婴儿过度哭吵）

1. 小婴儿哭吵，怎么才算过度？小婴儿过度哭吵有哪些表现？

Colic一词是指小婴儿过度哭吵，但生长发育良好，常见于出生不久的新生儿。过度哭吵的定义是：婴儿一天发作激惹或者哭吵的时间总计在3小时以上，每周发作3天以上，而且这种现象持续3周以上；但是婴儿一般情况良好，食欲好，也很健康。

小婴儿过度哭吵的特征是：哭吵强烈、一次持续数小时、经常发生在午后和近傍晚；喂奶后，婴儿仍然啼哭不止。

2. 导致小婴儿过度哭吵的原因有哪些？

小婴儿哭吵的行为，可能是婴儿（生理性的诱因）和环境（父母不适当的养育方式）相互作用的结果。生理性诱因主要考虑婴儿的气质或情绪反应，如较敏感、易激惹和紧张、适应性较差的婴儿因感觉的阈值低而容易哭吵。父母方面，如缺乏经验和存在焦虑情绪的父母对婴儿的应答缺乏敏感性；另外，不适当的应答，如在婴儿大哭大叫时抱起他，这一行为既是婴儿以后哭吵的原因，又是婴儿以后持续哭吵的一个反应。这些都说明父母还没有学会如何与婴儿和谐的相互作用。

3. 如何预防和干预小婴儿过度哭吵？

界定小婴儿过度哭吵一定是在排除婴儿喂养不当（不足或者过度）、急性疾病（中耳炎、肠道痉挛、嵌顿性疝等）、食物过敏（牛乳过敏、乳糖不耐受）等器质性病变的情况下，通过明确症状，了解婴儿的气质类型和父母在婴儿哭吵时的安慰方法，进行咨询，使父母相信自己有能力应对，而孩子过度的哭吵一定能够减少。

预防小婴儿过度哭吵，在母亲怀孕后，就要开始进行关于孩子健康的教育。告之父母有关婴儿啼哭的知识，如正常小婴儿每天一般累计啼哭 2 小时左右；婴儿疲倦想睡觉时易啼哭；对过度哭吵小婴儿不要轻易把他抱起来（轻易抱起来，给孩子一个暗示，哭吵就会有人来抱）。

Colic 约在婴儿出生后 3~4 小时出现，如在适当的干预后，可在数天内迅速减少。有的可能持续的时间长些，但在适当的干预下，过度哭吵均有所改善。

二、依赖行为

依赖行为指儿童缺乏独立性而过分依靠父母或养育者，表现在行为、情感和活动方面独立性不足的行为。正常情况下，婴儿首先与其最熟悉的成人双方在感情上相互感染和共鸣中形成感情情结，在情感上发生依恋关系，这种依恋对建立儿童早期的安全感颇为重要，是其情绪正常分化的前提条件，也是逐步适应社会环境所必需的进程。但依赖过分与年龄不相称时，则为不正常的行为。国内资料表明，过度依赖在儿童群体中占到 21% 左右，女孩多见，甚至可持续到成年期。

1. 为什么依赖不同于依恋？什么原因导致孩子产生依赖行为？

造成过分依赖的主要原因常与所处的环境有关。依赖是由于家庭成员过多、过分的照顾从而造成儿童产生依赖行为。依赖是儿童的生活起居，所有的活动和生活均由父母包办代替，使孩子养成“饭来张口，衣来伸手”的习惯，一旦离开父母便不知所措；过度关注和照料的父母本身可能存在养育焦虑，常常忐忑不安地关注着孩子，父母这种焦虑不安的情绪会潜移默化地影响孩子，使其变得敏感和依赖。另外，缺乏照顾，对小儿的行为要求过早或过分苛求也会造成小儿的依赖行为，这是由于情感或心理的忽略而导致儿童过度依赖。1~3岁是儿童产生过度依赖的高发年龄段，此期父母若对儿童的依赖过于冷漠、苛刻或忽略，则易形成所谓早期情感剥夺，继而使儿童产生过度依赖行为。当婴幼儿正常情感需求不能得到及时恰当满足，或父母养育情感投入不足（如无时间关照或母亲情感抑郁），或简单粗暴地拒绝儿童等，都能使儿童正常的依恋向独立发展受到影响，结果便使儿童产生过度寻求依赖的行为，或表现过分纠缠父母。也就是小儿的感情需求得不到父母足够的支持和教养，致使儿童正常需要的依恋受到挫折，在其发育过程中，不能形成有关的独立成功的经验，从而表现出过分的依赖行为。

2. 依赖行为有哪些表现？

儿童的依赖行为因年龄而异。年幼者常寻求与成人（特别是母亲）躯体的接触，如喜欢让母亲抱着或坐在母亲腿上。如站立时则紧抱母亲的腿不放，或紧紧地依偎其旁，不愿与其他小朋友玩耍。年龄稍大则表现为干什么事自己都不能作出决定。对他人的依赖胜过自己，什么事都要寻求他人的帮助和赞许。儿童依赖的对象也因年龄而不同。年幼者依赖父母，长大后依赖老师或其他成人，以后倾向于依赖自己的小伙伴。有人认为，依赖有两种不同的内容，一为人格（情绪）性依赖，另一为目的性依赖。前者是为寻求他人的友好反应以便在感情上得到支持，多见于年龄较小者，以女孩多见；后者是为达到某一目的而寻求帮助，如完成作业等，多见于年龄较大者，以男孩多见。年龄稍大也不能独立完成该做或自己能做的事情。有依赖行为的儿童在青春期后可能性格内向怯懦，行为拘谨而缺乏自信，做事不能够自己拿主意，相信他人胜过相信自己。

儿童依赖程度的轻重有性别差异，部分女孩可长期持续存在，至成年后仍有依赖心理。男孩较少有持续存在者，一般随着年龄的增长，社会经验的累积，其依赖行为逐渐克服，这可能与社会上对男性独立性的要求较高有关。

3. 如何预防孩子产生依赖行为呢？

对于本症的矫治，重点在于心理疗法和教育。可让小儿作些能够增强自主性、较少让成人帮助的一些事情。教育矫治方面，首先父母应端正养育态度，不应把儿童视为被动无能的个体，不应事事过度关注和过度干预，除满足儿童必要的情感需求外，还应给予他们充分探究周边事物的机会，并让儿童亲身体验成功的喜悦。可以让 2 岁以后的孩子尝试照料自己，父母主要是给予精神上的鼓励和技巧上的帮助。对过度依赖的孩子，先让他从简单易行的事情做起，一旦完成则及时给予言语、物质和精神上的鼓励与强化，逐渐消除其过度依赖行为。

对依赖行为的治疗必须坚持到底，任何成人不得有松懈或宽容的想法，更不得中断，直至依赖行为完全纠正为止。对待依赖性强的学生，幼儿园或学校老师亦可参考上述方法。

三、退缩行为

退缩行为指儿童到陌生环境或与陌生人接触，表现出胆小、害怕、孤独的一种行为。有些儿童到新的环境时，可有短暂的退缩行为，大多数儿童随着年龄的增长，社会环境经验的不断丰富，对新环境的适应能力逐渐增强，唯少数儿童仍不能适应而表现出退缩行为。

1. 为什么有的孩子遇事就退缩呢？

退缩行为的发生可能与素质、教育及环境有关。性格内向的小儿容易发生，与外界环境很少接触的儿童容易发生。过分娇宠、过分照顾、一切均予满足的小儿，由于缺乏生活自理经验及社会交往经验，一旦到集体环境中去，即感束手无策，也容易发生退缩行为。

2. 退缩行为有哪些表现？

退缩行为的主要表现是不愿接触陌生人，不愿随父母去亲朋好友家中做客，甚至不愿去公园、动物园、电影院等娱乐场所。从不主动地与其他儿童交往，平时表现孤独、退缩、胆小、害怕、沉默少言，喜一人独玩。但可在自己熟悉的环境中与自己熟悉的人一起玩耍。这类儿童在开始去幼儿园或上学时，常表现出紧张、害怕、不愿上幼儿园、拒绝上学等。但当他们对新环境逐渐熟悉后，退缩行为会逐渐减轻。退缩行为一般随年龄的增长而自行消失。

3. 如何预防孩子产生退缩行为呢？

对本症的防治重点在于教育及环境改善。为预防本症的发生，家长宜从小入手，使小儿多与周围的人接触，利用各种机会到有关新环境中去锻炼。鼓励与小朋友们一起玩耍，培养集体主义精神。对已有退缩行为者，凡与儿童有关的一切成人（包括父母、教师及与小儿亲近的人）都要以自己的亲热行为取得小儿的信任，然后逐步引导。鼓励他们参加集体活动，到新环境中去。引导时要耐心，不可粗暴，使小儿在不知不觉中感受到新环境的锻炼。行为疗法，如系统脱敏法，行为模拟法等有一定效果。

四、吸吮手指

吸吮手指是儿童自主或不自主反复吸吮拇指、示指的行为。0~4个月婴儿吸吮唇周碰到的物件，是正常生理反射，吸吮手指多始于3~4个月婴儿，7~8个月达高峰，而后随着年龄的增长而消退，如不消失则为一种不良的行为习性。

1. 在什么情况下孩子会吸吮手指?

吸吮是人类一种原始反射,处于性心理发育期的婴幼儿(0~1.5岁)约90%会将手指放到自己的口中吸吮,以满足口欲的需要。据弗洛伊德的心理发展理论,0~1岁的婴儿处于口唇期,吸吮手指可满足口欲,有利于性心理的发展。吸吮手指的婴儿易接近、情绪积极而且适应能力强,气质类型多属易于抚育型和中间近易于抚育型,婴儿吸吮手指也是调节自身情绪的一种方式。过度吸吮手指的行为常常是在不适当的环境或由不良的教育方法所造成,如喂养方法不当(饥饿)、父母离去、孤独、疲劳、沮丧、思睡时容易发生,这时婴儿以吸吮手指来自娱自乐或满足饥饿的状态。家长刻意或不恰当的制止有时会使儿童吸吮手指的行为得以强化。

2. 吸吮手指的孩子通常会有哪些表现呢?

有些粗心的父母常常会忽视孩子刚出现的吸吮手指行为,直至比较严重时才会注意,其实这样的孩子往往还伴随有咬衣服角、被子、玩具、橡皮奶头等表现,还有搓鼻子、咬指甲、扯头发、扭动身体等动作。由于吸吮手指经常被周围小朋友嘲笑,孩子会因为感到害羞而产生焦虑。吸吮手指时间长了还会造成出牙不齐、咬合不正,被吸吮的手指也可能出现角质增生、糜烂或畸形。如果4岁以后,孩子仍然有吸吮手指这个习惯,可造成牙齿排列异常(图4-1),有的甚至出现牙齿畸形最终影响咀嚼功能,还可导致言语缺陷,比如孩子将“t”和“d”发音混淆等。

图4-1 牙齿排列异常

3. 吸吮手指的不良行为如何预防?

一般而言,4岁前的吸吮手指属于儿童早期的正常行为,可自行消退,家长不必过分关注和干涉。预防的关键在于从小培养良好的生活及饮食习惯,注意正确的哺乳方法,如属喂养方法不当所致者,应改正喂养方法,克服不良的喂养习惯,要做到定时、定量和饥饱有度。对环境过分孤寂的儿童,要创造条件改善环境,给予充足的适于该年龄的玩具。应经常爱抚、及时满足儿童情感需求,还可通过分散注意力等方式来缓解儿童吮指行为,如发现孩子有吸吮手指的倾向时,可以让他(她)摇小拨浪鼓、小摇铃等,在孩子刚要把手伸到嘴里时,可不经意地把手指拿出来,并逗引他看垂挂的玩具、听妈妈唱歌,以转移孩子吸吮手指的注意力。当儿童不吸吮手指时,应及时表扬和鼓励。对较大儿童顽固性吮手指行为,可采用行为矫治,如该入园的孩子及时入园,在集体生活中孩子容易忘却吸指习惯。为防止脏物吸入口中,应把指甲剪短。在手指上涂苦药、手臂绑夹板等方法并不奏效,而且会增加小儿的焦躁不安情绪,一般不要采用。吸吮手指造成的牙齿咬合不正需及时请牙科医生进行矫治。

五、啃咬指甲

啃咬指甲是指儿童反复出现自主或不自主的啃咬手指甲的行为,也可是吮手指行为的继续。严重者可发展为咬脚趾甲。常见于5~18岁儿童青少年。大约50%的儿童在早期会出现这种行为,随着年龄的增长发生率下降,有些可持续到18岁以后。5~10岁期间的发生率无明显性别差异,年龄增大以后,男性咬指甲更为常见。啃咬指甲有家庭内多发倾向。

1. 啃咬指甲一般在什么情况下会发生?对孩子有什么危害吗?

儿童啃咬指甲的行为常常发生在情绪紧张、不安时,如家庭不和、心情矛盾、精神过度紧张；如果教养不当，可使此行为成为习惯。

咬指甲的程度轻重不一。大多数导致指甲顶端凹凸不平，不能覆盖指端，极少修剪指甲。严重者可将指甲或指甲周围的皮肤咬出血，可合并感染，如甲床炎、甲沟炎（图4-2），有的甚至引起整个指甲脱落或手指端变形。有的儿童尚伴其他不良行为问题，如多动、睡眠不安、抽动、吸吮手指、挖鼻孔等。

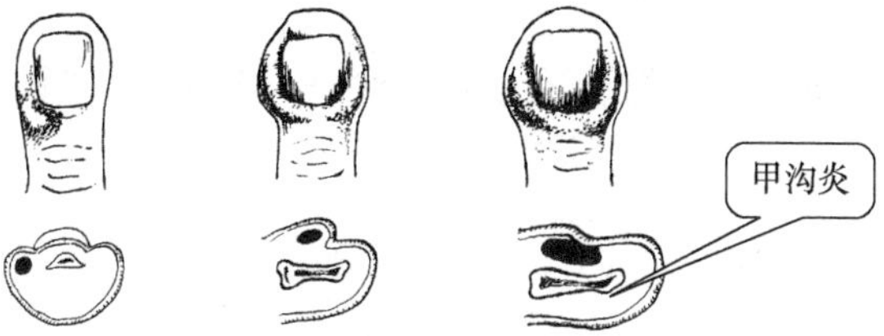

图4-2　甲沟炎

2. **如何应对啃咬指甲？**

关键要找出困扰儿童情绪焦虑的原因！从心理学的角度来讲，啃咬指甲是解脱心理压力的一种行为方式，强力的制止反而会强化孩子的行为；实施打骂等惩罚措施也可以让这种行为变本加厉。家长可以调整自己的心态，在孩子出现咬指甲行为的时候告诉孩子可以咬指甲，但是一定要把手洗干净了再咬，反而可以缓解孩子啃咬指甲的逆反心理。家长应该营造和谐的家庭氛围，及时了解，帮助孩子找出情绪困扰、焦虑的原因，帮助孩子面对困难，努力一起克服。当效果不明显时，可以故意忽视啃咬指甲，积极利用运动、旅行等方式分散孩子的注意力，建立良好的生活行为，帮助他的心身成长。当孩子因为啃咬指甲感到害羞或者愧疚时，父母要及时安慰孩子，告诉他这只是成长中的小问题，随着年龄的增长会自然地消失。还要教会孩子养成定期修剪指甲的良好习惯，对较严重的啃咬指甲儿童，要寻求专业心理医生的帮助。

六、习惯性交叉擦腿动作

2岁宝宝的妈妈丽丽焦急地来到门诊，她对医生说：最近孩子经常出现双腿交叉、互相紧贴、上下摩擦腿部的动作；有时睡觉前躺在床上还会把被单夹在两腿中间，两手握住被单、双腿摩擦被单，这样的动作持续几分钟甚至更长时间；过后孩子面色潮红、呼吸粗大，头额部和全身都微微出汗。丽丽妈妈感到羞愧，不知所措……

1. 习惯性交叉擦腿动作是一种什么现象？在什么情况下发生？

丽丽妈妈反映宝宝的这种现象在心理学称为“习惯性交叉擦腿动作”，是指儿童反复用手、腿或其他物件摩擦会阴部（外生殖器区域）的习惯动作，亦有“摩擦癖”之称。6个月的婴儿即可出现，但多发生在2岁以后，女孩较男孩多见。随着年龄的增大，这种习惯性动作会逐渐减少，最后消失。

习惯性交叉擦腿的初始原因可能是外阴局部刺激引起的瘙痒，如外阴部炎症、湿疹、包皮过长、包茎、蛲虫感染等，继而发展成习惯性动作。有的儿童因寂寞而玩弄外生殖器，或大人逗玩小儿生殖器，使儿童逐渐养成习惯性动作，这种情况多见于男孩。另外，不良的生活环境、儿童情绪紧张和焦虑等可引发或加剧这种行为，他们将此作为缓解焦虑和自慰的一种手段。

行为发作时，婴儿表现为在家长怀抱中两腿交叉内收进行擦腿动作。幼儿可将两腿骑跨于凳子边缘，或其他物体上进行反复摩擦外生殖器。小儿进行这些动作时，通常两颊泛红、表情紧张、两眼凝视、轻微出汗甚至气喘；过后，儿童困倦、思睡。当从床上抱起或改变体位时动作可停止。年幼儿做此动作不分地点时间，年长儿童则多在临睡前或清晨醒后出现，常被误诊为癫痫，但仔细观察动作的性质及神态，鉴别诊断不难。

2. 习惯性交叉擦腿动作发生后该怎么办？

受传统道德观念的影响，许多家长常将此行为视为不道德，易引起家长的恐慌和焦虑。所以，多以打骂、羞辱等方式粗暴制止，有的甚至恐吓儿童。这种情况咨询指导是十分必要的。家长首先应该知道，习惯性交叉擦腿动作并不是病态，不影响孩子的健康，不存在性的意识，也与社会道德毫无关联。对于偶然出现的交叉擦腿动作，家长应采取忽视态度，可装作若无其事的样子将小儿抱起，或以某种方式将其注意力引到孩子感兴趣的事物上。与此同时要积极寻找原因，如局部湿疹、炎症等应予以积极治疗。建议给儿童穿宽松的内裤，勿穿紧身内裤。晚上尽量使儿童上床后尽快入睡，或大人在旁边给予安抚，讲故事等引导入睡；早上醒来后让儿童尽快起床穿衣裤，减少儿童醒后独自待在床上的时间，养成上床即睡、睡醒即起的睡眠习惯。一旦发现幼儿双腿交叉时，可将其双腿轻轻分开，用玩具或其他方式转移其注意力。切勿训斥或吓唬，以免增加儿童的焦虑和恐惧心理。另外，恐吓儿童，可以使孩子错误地理解为，此行为可吸引父母的关注，从而得到不恰当的强化。当上述方法未能奏效时，可酌情用苯巴比妥治疗。

七、屏气发作

嘟嘟虽然只有两岁，可脾气挺大，只要发脾气，就大声哭闹，这时脸色会发紫、身体僵直，甚至会发生呼吸暂停、四肢抽动……1、2分钟后呼吸和脸色才渐渐恢复，最近一个月发生了好几次，妈妈焦急地带着嘟嘟来看医生。各种检查后，发现脑电图、心电图和其他一系列检查都正常。妈妈怀疑孩子是癫痫（俗称羊角风），来到心理专科咨询，才明白孩子发作的这些表现在医学上被称为“屏气发作”。其实屏气发作在婴幼儿时期并不少见，即有这些表现，却又不是癫痫，嘟嘟妈妈搞不明白……

1. 什么是“屏气发作”？哪些表现提示孩子可能是屏气发作呢？

屏气发作（breath holding spell）指儿童因发脾气或需求未得到满足而剧烈哭闹时，突然出现呼吸暂停的现象。屏气发作可能是语言表达不成熟的儿童，发泄愤怒的一种方式。“易感素质”，如难于抚育型气质的儿童容易出现这种现象。这类行为往往发生在儿童与环境或与父母产生出现明显矛盾冲突时，通常是初次发作后，受到父母不恰当的关注而强化持续下来。

屏气发作一般发生于6个月~3岁左右的婴幼儿。当需求不满、情绪受挫或暴怒时即发作。表现为突然情感爆发，剧烈哭叫后旋即呼吸暂停，伴有口唇发紫、全身强直、角弓反张，甚至意识短暂丧失和抽搐发作，而后肌肉弛缓、恢复原状，随后再哭出声来。一般持续时间30秒~1分钟，严重者可持续2~3分钟。3~4岁以后逐渐减少，屏气发作自然缓解，6岁以上很少出现。但有些持续发作可逐渐发展为儿童期暴怒发作（temper tantrum）行为。根据发作时的面色，屏气发作可分为发绀型和苍白型。发绀型较常见，被认为与呼吸调节异常造成长时间的呼气性呼吸暂停有关。而苍白型则被认为与迷走神经过度活跃引起心动过缓或心跳停止有关。贫血可能会增加屏气发作的频率。有些屏气发作儿童的父母易出现焦虑，对儿童表现过度呵护，甚至无原则地一味满足儿童要求，从而强化儿童的这种行为。此教养态度易使儿童发展为暴怒发作习性，表现为任性、经常提出不合理要求，需求不能满足时大发脾气、大喊大叫、哭闹不止、满地打滚、攻击、撕扯衣服、揪发、撞头，父母劝说乞求经常无效，儿童甚至扬言以死相胁。

2. 怎么区别屏气与癫痫发作？

根据症状一般即可诊断。屏气发作与癫痫发作的区别：①屏气发作前一般有情绪诱因存在；②以突然停止呼吸为起点，继之出现发绀、意识丧失，而癫痫的青紫往往在发作后出现;③经常出现角弓反张,而癫痫少见;④呼吸正常后意识即恢复正常,不像癫痫常在发作后昏睡;⑤脑电图一般正常。屏气发作必须与惊厥、心律失常、脑干肿瘤或畸形相鉴别。发作前常有诱因和在意识丧失之前有面色的改变,脑电图正常,有助于与惊厥相鉴别。如果是苍白型发作,则必须进行心电图检查以排除心律失常,如长 QT 间期综合征。

3. 孩子屏气发作时怎么处理?

矫治重点是为父母提供咨询,解决儿童与父母及环境间的冲突,消除父母的焦虑,告知屏气发作是一过性现象,预后良好。并指导他们对待儿童要镇静,避免溺爱,简单的惩罚与斥责只会促进该行为的发作。须强调,父母当孩子面时要保持一致的教养态度,避免当孩子面表现过分焦虑不安,后者亦可成为暗示诱因。一般不需要药物治疗,必要时可用苯巴比妥或苯妥英钠以减少发作,并预防脑缺氧而发生损害。对年龄稍大儿童的暴怒发作,可实施"冷处理",即劝说无效时,在注意安全的前提下,不予理睬。该行为预后较好,随着年龄增长可逐渐消失,但部分儿童的任性可持续存在,难以克服。

八、拔毛癖

9 岁的萌萌刚上小学三年级,学习压力突然加大,6 个月前妈妈发现萌萌后脑勺有一块的头发开始变得稀少,而且面积越来越大。最初萌萌妈妈以为孩子是常见的微量元素缺乏,于是不断给孩子补充营养,但是孩子掉头发的问题还是没有解决,房间里到处都是头发。头上很快出现了一块一块的无发斑点,妈妈带孩子到医院就诊,医生说是萌萌自己把头发拔掉的,这就是医学上说的"拔毛癖"。

1. 什么是拔毛癖?

拔毛癖是儿童强迫症的一种表现形式,多与紧张焦虑、过频的生活事件、学习压力导致的情绪障碍有关，拔毛行为往往是下意识缓解紧张的一种方式。拔毛癖可分为早期型和迟发型：早期型常发生在5岁以前，平均年龄在4岁，有长期的拔毛发史。这些儿童的拔毛行为常在紧张（如作业或考试）、无聊或就寝时发生，发作时还可伴有吸吮手指或捻头发；迟发型则发生在学龄期、青春期或成人早期，发生在青春期开始时，与不良的心理因素有关，如抑郁、焦虑和人格障碍等。

2. **拔毛癖有哪些表现？**

孩子反反复复、自己不能控制地将身体的毛发先转一转、捻一捻，再拔掉，最多见的是捻转和拔头发，其次是眉毛，也有的拔睫毛、鼻毛、胡须、腋毛、阴毛等，严重的时候毛发出现大片脱落（图4-3）。许多迷信的家长常常误认为是“鬼剃头”或是某种皮肤疾病，最先带孩子到皮肤科就诊。

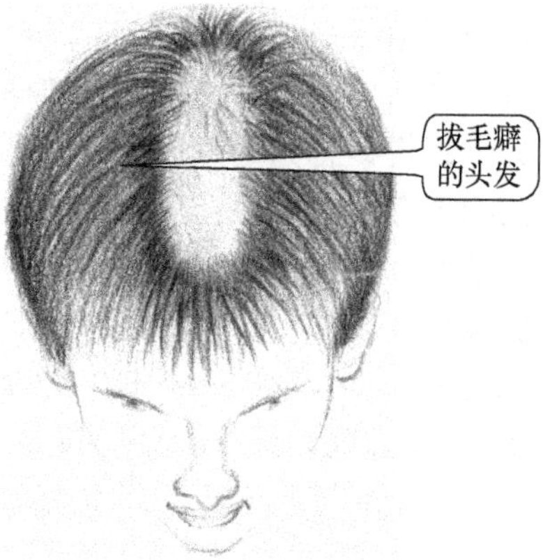

图4-3 毛发出现大片脱落

对许多孩子来说，拔毛是他们的小秘密，也有极少数孩子公开拔毛，当孩子情绪紧张时（如面临考试等）症状会加重，拔除毛发会可以缓解孩子的紧张，让他（她）感到放松。也有的孩子在睡觉前、读书或看电视的时候拔毛。更严重的会将拔出的毛发吞吃进去，导致孩子肠梗阻，最后要做外科手术取出。这种行为很容易反复发作，好转一段时间以后再发作时，还可伴有吸吮手指或捻头发。

3. **发现孩子有拔毛行为该怎么办？**

一旦发现孩子有拔毛行为，父母不要紧张，首先调节好自己的心态，接受孩子已经患有拔毛癖的现实，尽力克服自己内心的担忧与焦虑。跟孩子建立良好的亲子关系，经常跟孩子交流、沟通，尽量做到当天的压力当天疏导，比方说当天在学校受到批评或者同学之间发生了纠纷，如果父母能及时了解，让孩子倾诉出来，则有利于孩子的身心健康，同时更要避免过早给孩子超负荷的训练和教育。

对患儿则需让其了解拔毛癖的害处，教育塑造良好的行为习惯，适当减压减负，并鼓励其增强自我控制能力。对于顽固者可并用抗焦虑或抗抑郁药如地西泮、氯丙咪嗪治疗。

九、撞头

撞头是指儿童反复将头撞于硬物体上的行为。撞头常见于精神发育迟滞和孤独症的儿童。国外报道正常儿童中的发生率约 5%~15%。一般 8~9 个月开始出现，4 岁以后逐渐减少，男孩较女孩常见。撞头常发生在就寝时间或睡眠中醒来时，发作可持续少于 15 分钟 ~3 或 4 小时不等。国外报道约 20% 的患儿有同胞发作病史，同时多伴有其他行为异常，如吸吮手指或咬指甲等行为。

儿童可以各种各样方式和位置撞击头部，如向前摇动头部，撞击墙面或床栏。坐着的儿童则常常将头向后撞，以后枕骨撞击墙、车座或床栏。有些孩子入睡前用头反复撞击床垫或枕头，严重时这种行为常导致前额瘀伤或形成老茧。撞头的发生可能与高兴和紧张情绪的释放有关。

儿童的撞头行为通常会引起家长尤其是母亲的极度焦虑和恐慌。应向家长进行解释和咨询，除精神发育迟滞和孤独症儿童外，儿童的脑电图和神经学检查通常是正常的，以缓解父母的焦虑。有些儿童为引起父母关注也会出现撞头行为，或是获得需要的一种手段，父母的过度关注往往会强化儿童的这种行为。可以让儿童进行有节律的运动，如摇木马、荡秋千、敲打拍子等，可以减少撞头的发作。为防止意外，在儿童常撞头的地方装上防护软垫。对精神发育迟滞和孤独症的儿童,则需要辅以药物或其他针对性治疗,必要时可保护性地佩戴头盔。

第二节 儿童心理行为异常

精神活动方面异常的表现称为精神症状。它是大脑功能(认知、情感、意志和行为等)紊乱的表现。儿童心理发展正处于萌芽阶段,心理和行为障碍表现的症状并不充分或典型。因此,家长和教师了解一些儿童心理行为异常的表现,对于早期发现儿童精神障碍具有一定的意义。

一、饮食障碍

饮食障碍是一组由心理社会因素引起的、非器质性病变的心身疾病综合征。

(一)神经性厌食症

神经性厌食,也称神经性食欲缺乏,是由于不良的社会、心理因素等多种原因引起的长期厌食和主动拒绝进食。其特征为显著的体重减轻,如不及时治疗,可导致死亡。

1. 什么是神经性厌食?什么原因会导致神经性厌食?

神经性厌食可由急、慢性精神刺激引起,如受急性强烈惊吓后,精神萎靡,食欲大减,活动也受抑制,但只要去除刺激,厌食的状态便会逐渐消失,故持续时间一般不会太长;但是,经常接受慢性的精神刺激,如进入新的环境或离开亲人后,儿童常常拒食,有时还伴有饭后呕吐,以至长期厌食。有些不当的教育,如对儿童要求过高,限制其自由,或过分强迫喂食等,均可使儿童情绪低落,食欲减退,发生精神受到抑制,导致顽固厌食。另外,有些青少年女孩,追求瘦形体态,有意识地长期限制进食,表现出顽固厌食,消瘦无力,全身衰弱。

2. 怎样防止儿童发生神经性厌食呢?

首先要消除各种能使儿童精神不愉快的因素,改变不正确的教育和抚育方法。家长不应过分强迫儿童进食,以免引起不良的反作用;若儿童拒食,可暂停进食,饥饿后血糖下降,可有食欲感。用针刺治疗配用言语暗示,效果较好;也可配合捏脊疗法。

可试用精神心理疗法,如消除错误的审美观念和过度节食行为。一般的"开胃"药物是无效的。有抑郁症状者可用抗抑郁药物,以改善患者的情绪,增加食欲。

(二)神经性贪食症

神经性贪食症是一种无控制的多食、暴食病症。可反复发作,多见于女性儿童和少年。

1. 怎么判断孩子患有神经性贪食症?

贪食症发生的原因目前还不太明确,有文献指出,可能与神经性厌食相似,孩子对自己形体和体重产生错误的"超价值观念",自尊心下降、情绪不稳定,以致对食物缺乏控制能力。患儿表现发作性大量进食,短时间内摄入大量食物。进食时常避开别人,一个人偷偷地、迅速地吃;患儿发作时并无明显的饥饿感。贪食行为可以缓解因进食冲动所致的内心紧张,但是进食后,就会出现焦虑、紧张、害怕肥胖等羞愧感。

2. 如何预防儿童发生神经性贪食?

患儿无限制的多食、暴食,多数自知是病,但又无法控制。所以,应该关心、体贴他们。通过交流、语言指导与孩子建立良好的关系;共同分析病因,让患儿认识到什么是正常的饮食行为,纠正错误的"超价值观念",改善周围环境,消除应急因素,使患儿树立自信心,积极配合治疗。

加强患儿进食自控能力的锻炼,可采用正性强化法、生物反馈法、脱敏治疗法等。让患儿自己记录每日进食量，严格评分，实行奖惩措施，提高自我监控能力，具有良好的效果。严重者，可住院治疗。

（三）异食癖

异食癖是指儿童长期嗜食通常不作为食物的物质，如泥土、墙后灰、石头及纸片等。这些行为并不是由其他精神障碍所致。多见于1.5~5岁的儿童，男孩多于女孩。本症一般随年龄的增长而逐渐消失，很少持续至成人期。

1. 在什么情况下，孩子食用不作为食物的物质？

有学者认为患儿体内缺乏某种特殊的营养物质，如缺锌，以致企图从非营养物质中摄取，或由于患儿出现了强烈的连续或周期性地渴求某种物质，以取得或维持某种特殊的心理快感。

当儿童家庭破裂、父母分离，从父母那里得不到他所需要的东西，吞食异物，作为需求的补偿。这些儿童一般缺乏应有的关心爱护、缺乏教育，家庭经济状况较差，或因父母工作忙碌无暇对儿童进行很好的教养。

2. 异食癖的孩子喜欢食用哪些物质？食后会产生什么损害？

咬吃非食物性的物品是该症最典型的临床表现，如灰泥、墙皮、泥土、沙子、油漆、头发、粉笔、纸、衣服等，甚至吞食污物、动物的粪便、石头等。有的儿童仅以某种物品为食，有的则以多种异食为食。由于吞食的异物不同，其造成的危害也不尽相同。如吞食污物、粪便者可引起肠寄生虫病；吞服石头、破布、头发等可造成肠梗阻；大量吞食黏土可造成贫血及缺锌；食大量灰泥可发生铅中毒。有的可能导致肝肾功能的损害。

3. 孩子产生异食癖怎么办？

改善环境，对父母进行指导，如有某些特殊因素存在，应进行特殊治疗。对于患儿应该进行及时观察和监督，记录患儿异食的内容、次数、诱因和行为矫治方法的效果。父母对孩子要关心，必要时进行心理咨询，征求医生的意见。

有毒的物品，如含铅的涂料，应远离儿童，使其不易接触到这类物品。行为疗法可能有一定效果，主要采用阳性强化法、惩罚法或矫枉过正法等；对并发的躯体性疾病，必须进行相应的治疗，以免发生意外死亡。

二、排泄障碍

正常儿童控制大小便发育的年龄差异很大。一般1~2岁儿童不能自行控制大小便；约50%儿童在2~3岁时可以自行控制大小便，但对夜尿的控制能力还比较差；约80%儿童在4~5岁可以控制夜尿；4岁以后绝大多数儿童可以控制自己的大便；5岁以后的儿童基本都能控制夜尿。

（一）儿童日间尿频

某些5~6岁以下儿童出现日间尿频、尿急的现象，而尿常规和体格检查均未发现任何异常的征象，称这种现象为日间尿频。

1. 孩子在什么情况下容易产生日间尿频?

这种情况在某些应激性较差的孩子比较常见，由于儿童的神经系统发育还不完善，有些儿童会出现副交感神经功能亢进的现象，当膀胱有少量积存的尿液，就会刺激膀胱平滑肌引起排尿反射，导致日间尿频。孩子在受到惊吓或者在同伴的影响下，认为有尿必解，从而形成习惯性尿频。

患儿白天在意识清醒的情况下，频频感到有尿意，不时上厕所解尿。如果家长、老师对其进行批评或者施压，感到紧张时，这种症状加剧；但在愉快的气氛或者专注于兴趣的事情时，上述现象就不复存在。

2. 怎么防止儿童发生日间尿频?

正确向家长和老师解释本病症是没有器质性病变的，仅仅是暂时性的神经功能障碍。随着儿童生长发育完善后，会逐渐消失。为了消除病症，减少尿频次数，可以通过看图书、讲故事、玩玩具、画画等活动转移孩子的注意力，使其精力集中到自己感兴趣的事情上。个别严重的儿童，可试用阿托品类药物，减轻尿频现象。

(二)功能性遗尿症

功能性遗尿症是指儿童5岁以后仍不能自主控制排尿，因而尿湿了床铺，或白天尿在裤子上，而又无明显的器质性病因。本症在儿童中的患病率较高，据估计5岁儿童约10%有遗尿；10岁儿童有5%；18岁的少年约2%；在特定的成年人群中，如新入伍的士兵、大学生中，约0.5%~3.8%有遗尿。本症男孩多于女孩；预后较好，遗尿症的消失常常表现为逐渐减少遗尿的次数，最后才完全消失。

1. 什么是功能性遗尿症?

遗尿症可分为原发性遗尿及继发性遗尿两大类。原发性遗尿指从小到大一直尿床。继发性遗尿指5岁以前曾有一段时间已不尿床(至少6个月)，5岁以后又再次出现尿床。据调查，原发性遗尿占大多数，约75%~80%。夜间遗尿最常见，约占80%，以男孩多见；夜间遗尿者约有半数每晚尿床，甚至每晚遗尿2~3次。白天过度活动、兴奋、疲劳或躯体疾病后往往使遗尿次数增多，日夜间遗尿占15%；日间遗尿较少见，约占5%。随着年龄的增加，遗尿症逐渐减少，在12岁儿童仅仅有1%的每月有一次夜间遗尿。遗尿患儿常常伴有睡惊、睡行症、多动综合征或其他行为障碍。

● **诊断标准：**①年龄在5岁或5岁以上。②5岁儿童每月至少有 2 次遗尿,6 岁以上的儿童每月至少有一次遗尿。③必须排除各种躯体疾病,如泌尿系统感染或畸形,如尿路梗阻(包茎、尿道口狭窄)、膀胱功能失调和低膀胱容量;隐性脊柱裂;神经系统疾病,如脊髓炎症、外伤或肿瘤所致的脊髓横贯性损害,癫痫,糖尿病及其他严重的躯体疾病,重性精神病或重度精神发育迟滞等所造成的对排尿不能自控。因此对遗尿症儿童必须作详细的检查,包括尿常规、尿糖,泌尿系统及神经系统的检查。

2. **功能性遗尿症是怎么发生?**

功能性遗尿症的病因目前尚未明确,可能有以下原因:

● **遗传因素:**遗尿症有阳性家族史者在原发性遗尿和继发性遗尿中都很常见,且与父母的离异和母亲的精神症状有关。说明遗传因素起一定的作用,这可能与控制遗尿的神经机制成熟推迟有关。

● **睡眠障碍:**遗尿儿童的父母常常报告他们的子女有睡眠过深和难以唤醒的情况,但这些陈述仅仅基于主观判断;客观观察,如用喊名字、摇肩膀来唤醒儿童,未发现遗尿症组与对照组有明显差异。而且遗尿可以发生在睡眠中任何阶段,未见任何相关的特殊睡眠模式,睡眠质量似乎也正常。

● **强烈的应激因素:**婴幼儿时期强烈的刺激,即各种精神或躯体的严重问题,均可构成对儿童的严重打击。特别是 3~4 岁时的不良遭遇:如父母离异或死亡、与母亲突然分离 1 个月以上、入托儿所、搬迁、新添了小弟妹、住院手术及意外事故等均可使儿童正在学习控制排尿的关键时期受到破坏而造成遗尿。

● **心理障碍:**遗尿症患儿与无遗尿症者相比,常常有较多的行为和情绪问题。如情绪抑郁、多动症、抽动症、好发脾气、咬指甲或人格有问题。继发性遗尿较原发性遗尿者有较多的精神障碍和精神创伤。不少继发性遗尿儿童的第一次遗尿常常发生于明显的精神紧张之后,如刚刚上学,不习惯于新的学习环境,而又因某些问题受到老师或家长的惩罚,或突然受惊吓等。

3. **功能性遗尿症怎么防治呢?**

从小建立良好的作息制度和卫生习惯;掌握其夜间排尿的时间规律,定时唤醒或使用闹钟,使之逐渐形成时间条件反射,能及时醒来排尿。此外,控制晚餐后任何形式液体的摄入量,以减少晚间的尿量。当孩子出现遗尿后,家长应该正确对待,善于疏导,以缓解患儿的精神压力;充分了解病史,分析造成遗尿的原因,给以相应的治疗措施。

● **综合性行为疗法**:是目前治疗遗尿最有效的方法,且安全可靠,包括:①记录日程表:记录每次遗尿时间和诱因。②强化未发生的遗尿行为:在日程表上标记不遗尿,并加以表扬,遗尿时不理睬也不责难。③消除白日疲劳、睡前饮水过多等诱因。④建立条件反射:在经常尿床的时间提前0.5~1小时用闹钟喊醒,让患儿及时排尿。⑤膀胱功能训练:让患儿白天多喝水,并尽量延长两次排尿的时间间隔,鼓励患儿每次排尿过程中,中断排尿,数1~10下后再排尿。⑥使用报警器:让尿床的患儿睡在一个特制的床单上,这个床单内放着分别用纱布包好的两个电极,电极的另一端与电铃或蜂鸣器及电池连接,当床单干燥时,电路不通,电铃也不响,而当患儿开始遗尿时,少量的尿液会使纱布潮湿导电,因此,可使其中的电路接通,唤醒患儿或他的父母。若患儿未醒,父母应喊醒患儿入厕,并重新接好装置。多次应用后,如果膀胱充盈,患儿会自动起床入厕。治疗期间患儿应与父母同居一室,以便能经常唤醒患儿。因此,这类疗法必须得到家长及患儿的充分合作,且需治疗一段时间后才能显效,出现疗效后,每周给予巩固治疗1~2次,则疗效更能持续。

● **针灸及药物治疗**:据中医的经典理论认为遗尿与肾、膀胱有关,可采用针刺关元、气海、三阴交、大敦、膀胱俞、肾俞诸穴,每天针一次,取穴两对,对某些病例可有一定帮助。

药物治疗:睡前服用氯米伯明,7岁以下每次10mg,7岁以后每次25mg。

三、睡眠障碍

睡眠性障碍是指在睡眠过程中，出现的各种心理行为异常表现。睡眠障碍的存在无疑会直接影响儿童的睡眠结构、睡眠质量及睡眠后复原程度。

近年来，儿童的睡眠问题日益受到小儿神经、精神及心理等专业的重视，睡眠异常对儿童认知发育的影响以及在某些神经内分泌疾病发病过程中的作用日益受到关注。儿童睡眠障碍的发生率在国内各地区有较大差异。在上海地区曾经进行的1812名学龄前儿童睡眠状况的流行病学调查显示，学龄前儿童睡眠障碍的发生率为46.97%；北京6个区县进行的调查结果显示，2~6岁儿童睡眠障碍发生率为26.3%。而国外资料表明，儿童睡眠障碍的发生率为11%~30%，个别报道甚至达33%~46%；3~8岁为发病高峰，其主要问题是睡眠不足，表现为入睡困难和易惊醒。儿童睡眠障碍可分为3种：

- **睡眠失调**：各种因素导致睡眠的时间、质量和时序方面发生改变；表现为睡眠不安、睡眠减少和睡眠过多为特征。前者有入睡困难、频繁夜醒等表现，后者常见于阻塞性睡眠呼吸暂停综合征（OSA）、发作性睡病（NRL）和原发性日间嗜睡征等疾病。
- **异态睡眠**：指在睡眠中出现异常发作事件，如梦游、梦魇、梦呓、夜惊等。
- **病态睡眠**：指由躯体、精神疾病引发的睡眠障碍。

儿童期常见的睡眠障碍主要表现为入睡相关的障碍、昼夜节律紊乱和异相睡眠等。婴幼儿的睡眠问题与年长儿不尽相同，婴幼儿期常见昼夜节律紊乱、睡眠不宁、睡眠呼吸暂停和夜惊等，年长儿常见于失眠、梦游、梦呓、梦魇、磨牙症、睡眠瘫痪、发作性睡病等。

（一）睡眠不安

这是婴幼儿期常见的一种睡眠障碍，发生率约为13%~

30%。表现为入睡困难或睡眠启动困难，同时伴有睡眠维持困难、睡眠觉醒频繁，使睡眠“碎片化”。

1. 什么原因会使婴幼儿睡眠不安？

婴幼儿睡眠不安是父母较多关注的问题，其中对夜醒的担忧最为突出，是就诊的常见原因。在婴幼儿时期，睡眠呈“碎片化”将影响体格、精神发育，在癫痫患儿可成为发作的诱因。刚出生后的婴儿常存在入睡困难和睡眠不宁，但大多在3个月后消失。

入睡困难的婴幼儿常需要“安抚物”，例如洋娃娃、安抚奶嘴等或依赖习惯的条件，如床、枕头、被子以至父母的轻拍、摇晃等帮助入睡。觉醒后常需喂食才能继续入睡。

此外，躯体疾患如中耳炎、消化不良、佝偻病等也常导致入睡困难。中枢神经系统损害和发育异常，例如新生儿缺氧缺血性脑病可使婴幼儿出现不同程度睡眠不宁。

外在的因素，如噪声、过强的光照、暴露于吸烟环境、睡眠环境温度过高或过低、睡眠地点频繁改变也是常见的影响入睡的因素，都可造成睡眠不宁。这些睡眠问题一般会在睡眠环境改善后自行消除，是一过性的功能性睡眠障碍。睡眠中不合适的干扰，如频繁地喂食、摄入液体过多使夜尿次数增多，也可能引致睡眠不宁。

饮食因素中，牛奶过敏是最常见和最早期的原因，多发生于生后几周至几个月，婴儿会因频繁腹痛而致严重的睡眠不宁和昼夜节律的紊乱。某些药物如茶碱制剂、神经代谢药等神经兴奋类药物也会造成睡眠不宁。

睡眠不安表现在晚上该睡觉时，不愿上床睡觉、入睡困难、睡后易惊醒或在床上辗转不安，或手足、全身跳动，睡眠不深。有的睡中哭喊，夜间哭闹。由于夜间睡眠不足，孩子白天精神萎靡、饮食欠佳、易激惹，有的会导致昼夜颠倒（白天睡、夜间不愿睡）。

2. 什么方法可以让孩子安稳睡觉?

首先要了解引起孩子睡眠不安的原因,有躯体疾病者给予治疗。睡眠习惯不好者要协助父母予以纠正,父母要克服焦虑情绪,然后根据睡眠障碍形成的原因逐步克服,如避免白天过度兴奋,晚饭不要吃得过饱,要养成正常的睡眠节律等。对儿童的睡眠障碍,原则上不用安眠药,对个别睡眠太少、父母又极度焦虑者,可适当给予地西泮或氯氮草治疗数天,以建立新的睡眠规律。

(二)夜间磨牙症

夜间磨牙症指儿童夜间入睡后咀嚼肌仍较强有力、持续地、非功能性收缩,使上下牙列产生磨动,并发出磨牙声音的行为。夜间磨牙通常发生在眼球快速运动睡眠期(REM 睡眠)。3~17 岁儿童约有 15% 有此表现,男孩较女孩更多见,常有家庭内多发倾向。

1. 为什么孩子会夜间磨牙? 会产生什么后果?

夜间磨牙原因尚未明确。可能与儿童日间焦虑、各种心理压力、紧张恐惧等因素有关。另外,中耳炎、过敏性鼻炎、肛门瘙痒、蛲虫感染、慢性腹部疾患,神经系统疾病如脑膜炎或脑瘫以及口腔疾患如牙齿缺失、过长、不良修复、乳牙或恒牙不完全萌出等也会与磨牙有关。

夜间磨牙可引起日间咀嚼肌紧张、颞下颌关节痛、紧张性头痛、面部的疼痛和颈部僵硬。长期磨牙可引起牙和支持组织的损害和咀嚼肌疼痛。

2. 孩子出现夜间磨牙后该怎么办呢?

对于疾病引起的磨牙应以治疗原发病为主。对无明显器质性病变引起者,应仔细查明困扰儿童情绪的原因,并及时给予解除,这样可以缓解孩子的磨牙行为。顽固夜间磨牙可进行行为矫治和生物反馈治疗。

由于磨牙导致的牙齿排列不齐、咬合异常(图4-4)要进行早期矫正。

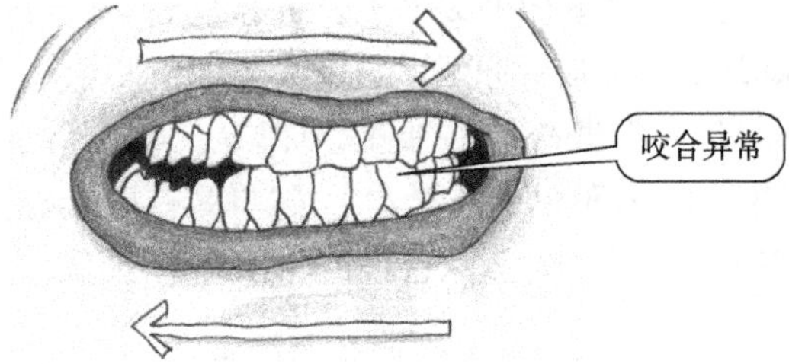

图4-4 磨牙导致的牙齿排列不齐、咬合异常

(三)梦魇

1. 梦魇是什么?

梦魇又称梦中焦虑发作,是指儿童从噩梦中惊醒,回忆恐怖的梦境而引起焦虑和恐惧发作。

一般来说,儿童都会偶尔有梦魇的体验。可能是由于看了内容恐怖的电视、电影,或者听了吓人的故事;有的家长用恐吓的方法哄儿童入睡也可以使孩子产生梦魇。睡觉时衣被过厚、胸前受压、晚餐吃得过饱、呼吸道不通畅等,都可以引起梦魇。

梦魇发生时,梦中的情景使儿童精神紧张、焦虑,面色苍白、呼吸心跳加快、出汗、全身肌肉松弛。梦魇容易被唤醒,醒后对梦中的情景能清楚地回忆。相似的恐怖梦魇会在儿童睡觉后反复出现。本症随着孩子年龄的增大会逐渐减少,以至消失。

2. 孩子出现梦魇该怎么办?

轻症无需治疗,即可自愈。若存在环境或者躯体因素,应该改善环境和消除不良因素。在梦魇发作时,可轻轻唤醒患儿,给予解释和安慰,待情绪好转后,再使之入睡。对于频繁发作者,可以看医生,给予短期药物治疗。

四、精神发育迟滞

精神发育迟滞又被称为智力低下，是指18岁以下儿童的智力明显低于同龄正常儿童水平，同时伴随有个人生活自理能力、基本劳动能力、社会交往能力等社会能力的缺乏。这是一组由生物、心理、社会等多种复杂因素引起，以智力发育明显落后于正常水平和适应能力缺陷为主要特征的发育障碍性疾病。

1. 什么原因会导致精神发育迟滞?

引起精神发育迟滞的病因很复杂，涉及的面也较广泛，包括遗传（染色体异常、遗传代谢性疾病等）和环境因素（感染、中毒、外伤、营养、代谢等）。较常见的病因列举如下：

（1）出生前：

● **遗传异常**：①常染色体遗传异常：常染色体显性遗传，如结节性硬化症、萎缩性肌强直症；染色体隐性遗传，如苯丙酮尿症、脂质沉积症、黏多糖病、蛋白质营养不良病等；②染色体异常：如21-三体综合征（Down综合征）、18-三体综合征；染色体缺失、易位、构造畸形；脆性X综合征、Turner综合征、Klinefelter综合征等。

● **母体妊娠期有害因素的影响**：①感染：妊娠7~15周时感染风疹、巨细胞包涵体病、弓形虫病、多种病毒等对胎儿脑发育危害很大；②放射线；③药物、毒物或化学毒素：如汞、乙醇、苯妥英钠、三甲双酮、氨喋呤等；④孕妇健康状况：严重营养不良、严重躯体疾病、内分泌异常、妊娠中毒症等；⑤先兆流产、多胎妊娠、胎盘功能不足等。

（2）出生时：早产、低出生体重儿，产程延长，宫内或出生时窒息、产伤、颅内出血等。

（3）出生后：①中枢神经系统感染：如肺炎、脑膜炎；②核黄疸；③颅脑外伤，颅内出血；④脑缺氧，代谢性或中毒性脑病；⑤甲状腺功能减退；⑥幼年时重度营养不良；⑦儿童早年缺乏教育机会;⑧重金属或化学品中毒。

2. 如何判断儿童发生精神发育迟滞?严重程度如何分?

精神发育迟滞的主要临床症状是智力低下(IQ 智商)和社会能力欠缺。程度可按其智力缺陷的严重程度进行判断:①边缘智力:IQ 70~85;②轻度智力低下:IQ 50~69;③中度智力低下:IQ 35~49;④重度智力低下:IQ 20~34;⑤极重度智力低下:IQ<20。

精神发育迟滞除 IQ 降低外,还有社会行为不正常,表现为适应环境能力、处理人际关系能力及适应能力欠缺以及精神行为不正常,如冲动行为、刻板动作、易激动、强迫行为等。

● **轻度(愚笨)**:早期不易被发现,在婴幼儿期可能有语言发育迟缓,表达较复杂语言的能力困难以及运动功能发育较迟。除复杂动作协调困难外,其躯体和神经系统发育无明显异常迹象,多在幼儿园或入学后发现有学习困难。在计算、读写、应用抽象思维等方面有困难。语言发育虽稍落后,但社交用语尚可,缺乏灵活性,个人生活尚能自理,成年后可从事简单的劳动和简单的操作技术。社会能力低于同龄一般儿童,对环境变化缺乏应付能力,缺乏主见,容易受别人的影响和支配。

● **中度(愚鲁)**:在婴幼儿期的语言和运动功能发育明显落后;在学龄前期学习能力低下,可学会说话,进行较简单的语言表达,不能表达复杂的内容。多与小于同龄的儿童玩耍。学习能力差,很少能升到3年级。生活自理困难,需别人的监护,部分伴有躯体发育缺陷和神经系统异常特征。反复训练可从事简单非技术性工作。

● **重度(痴愚)**:在生后3~6个月发现精神运动发育明显落后,可有躯体先天畸形和神经系统异常(脑瘫、癫痫等),运动和语言能力差。学习困难,理解能力差。成年后仅能学会说简单语句,生活不能自理,不能接受训练以学会简单的技能,无社会行为能力。

● **极重度(白痴)**:出生时即有明显的躯体畸形和神经系统

异常，完全无语言表达能力，不能识别亲人，一般不能学会走路和说话，生活完全不能自理，全部需要他人照料。

此外，精神发育迟滞中度、重度、极重度者还往往伴有躯体异常表现或体征，如生长发育迟缓，有伸舌样痴呆、先天愚型面容、毛发枯黄、皮肤白皙、咖啡色斑、皮肤脱色斑、小头畸形、耳廓畸形、唇腭裂、指趾和关节畸形以及视力及听力障碍等。

3. 精神发育迟滞有哪些心理行为特征？

性格内向孤僻倾向，心理上缺乏主动需要、追求和期待，缺乏兴趣；感知范围狭窄，感知速度缓慢，记忆范围狭窄而且容量小，记忆的内容不全，选择功能弱；思维肤浅和迟缓，思维固执和缺乏积极性，难以形成概念；大多中重度患儿有语言缺陷，如发音不清和障碍、词语贫乏、词不达意等；情绪、情感不稳定，情绪、情感发生晚、分化延迟，难以形成道德感、责任感。还常有歪嘴、咬手指、焦虑、恐惧、好攻击、异食癖等。

一张表让你迅速了解不同水平精神发育迟滞的特征。

美国精神缺陷学会拟定的精神发育迟滞各年龄阶段的发育特征，对判断临床表现具有参考价值，见表4-2。

表4-2 精神发育迟滞的发育特征

程度	学龄前（0~5岁） 发育与成熟阶段	学龄期（6~20岁） 训练及教育阶段	成年期（21岁以上） 社会及职业实践阶段
极重度	显著迟钝，感觉与运动功能极少，生活完全需要他人照料	具有一些运动功能，可接受极为有限的生活习惯和自我照顾的训练	有一些运动功能及少许语言功能，能作极为有限的自我照顾，终生需人照顾
重度	运动发育差，言语极少，自我表达能力少或无，一般不能接受训练，生活完全需要他人照顾	能说话，可学着表达自己的意思，可学会基本生活习惯	在全面监护下，可有部分自我照顾能力及防卫能力

续表

程度	学龄前(0~5岁) 发育与成熟阶段	学龄期(6~20岁) 训练及教育阶段	成年期(21岁以上) 社会及职业实践阶段
中度	能说出和表达自己的意思,不能进行社交活动,运动发育良好,经过训练可学会自我生活照顾,但仍需监护	经过训练可学会一些社交和职业技能,学习不会超过小学二年级水平,在熟悉的范围内可能外出	在照顾性条件下可做些非技术性或半技术性工作来自己谋生,稍遇社会及经济困难即需给予监护和指导
轻度	有社交能力及表达能力,感觉及运动功能发育稍迟,一般要到较大年龄才能发觉其异常	10岁以后能学会相当于小学6年级的学业,经指导能适应社会生活	具有维持较低生活水平所必需的社会及职业能力,遇到较大的社会或经济困难时需给予指导和帮助

4. 精神发育迟滞儿童外表与正常儿童有哪些不同呢?

轻度精神发育迟滞儿童往往与同龄正常儿童外表没有明显差别,中度、重度、极重度儿童与同龄儿童相比有明显瘦小,有伸舌样痴呆、眼距宽、鼻梁低平、眼角斜向上、低位耳、通贯手、毛发枯黄、皮肤白皙、咖啡色斑、皮肤脱色斑、小头畸形、耳廓畸形、唇腭裂、指趾和关节畸形,有的还有视力及听力障碍等。精神发育迟滞儿童常见的特征见图4-5。

5. 精神发育迟滞患儿家长应该怎么做?

家长不仅要关注孩子的身高体重,也要关注孩子的智力发育情况,发现孩子的发育比相同年龄的孩子要晚,比方说坐得比别的孩子迟,反应不太灵敏,说话比同龄孩子晚等情况,一定要及时到正规医院咨询,由专业的医生对孩子的现状进行评估;有部分家长即使发现孩子与其他儿童相比有异常,甚至老师或者周围的亲朋好友都发现了孩子的异常,家长仍然不愿意面对孩子可能会有精神发育迟滞的现实,迟迟不愿意承认,不愿意配合

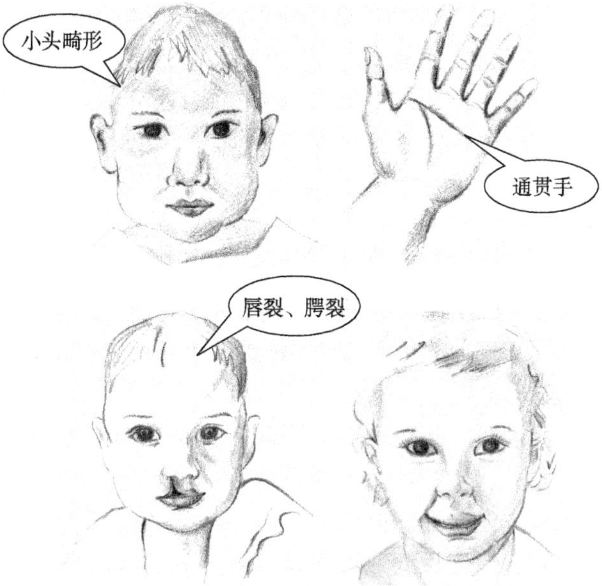

图 4-5　精神发育迟滞儿童常见的特征

就医、治疗，造成了孩子不能及时康复训练，延误了治疗时机。精神发育迟滞的发现在 3 个月之前属于超早期发现，6 个月之前属于早期发现，越早发现治疗效果越好。

6. 家有精神发育迟滞的孩子该怎么办？

家长们一定不能相信互联网络、电视、报纸等媒体宣传的任何可以治愈精神发育迟滞的药物和器械！对于有精神发育迟滞的儿童，最有效、最直接的方法就是教育康复和训练！一般是采用特殊教育方法，帮助儿童提高智力，培养和学习适应生活的能力，训练职业技能，以满足从事简单职业需要。一般儿童可在幼儿园和家庭中进行学前教育，重点放在运动、感觉技能以及吃、穿、大小便等日常生活能力的训练。学龄期的教育康复主要在特殊学校里实施。教育和训练要尽早开始，因人施教，制订特殊教育、训练和护理的个体化目标和计划。还应重视在社会生活能力的培养、训练和某些职业技能训练等。医生须配合社会、学校和家庭共同制订实施教育的康复和训练计划。

对症治疗：由于孩子常可伴有精神症状和行为异常，可用药物进行相应的对症处理，但不能长期使用。如伴有躁狂、抑郁等症状采用抗精神病治疗有效，但需注意这些药物的副作用。

7. 如何有效预防精神发育迟滞？

精神发育迟滞会对孩子家庭造成较重的经济负担和心理压力，因此从父母亲、孕期和儿童早期就要开展的三级预防措施是降低发病率的最重要方法。

一级预防：婚前医学检查是预防精神发育迟滞的重要方法，坚决禁止近亲教育，适当晚婚晚育，避免高龄妊娠。遗传咨询是预防精神发育迟滞的必要手段，有某些特殊疾病比如父母一方或两方有遗传疾病或者先天畸形的夫妇，曾生育过遗传疾病患儿的夫妇，不明原因智力低下患儿的父母，不明原因的反复流产或有死胎、死产等情况的父母，高龄产妇等孕前一定要进行遗传咨询。重视孕期保健，防止产前、产时、出生后各种有害因素的影响，避免X线照射、疾病及意外造成的脑损害，谨慎使用药物以免损害视、听神经或造成染色体畸变。

二级预防：对孩子进行早期症状前诊断，如新生儿遗传代谢性疾病筛查，可查出苯丙酮尿症、先天性甲状腺功能低下、半乳糖血症等，在孩子智力没受到损伤前进行预防和治疗。重视儿童保健，早期对婴幼儿及儿童进行语言和智力教育，重视儿童的入学学习。

三级预防：对已经患有精神发育迟滞的儿童伴发的情绪障碍，比如躁狂、抑郁等症状，以及癫痫等并发症及时防治，避免进一步加重精神发育迟滞的严重程度。

五、情绪障碍

大多数儿童情绪障碍是由于外界的压力和教育不当所引起

的。儿童情绪障碍是指发生在儿童青少年时期，以焦虑、恐怖、抑郁为主要临床表现的一组疾病。女孩多于男孩。儿童情绪障碍常见类型有分离性焦虑症、恐怖症、强迫症、癔症和抑郁症，但几种临床类型症状常常有重叠，有时不易区分。

目前儿童情绪障碍的病因和发病机制尚不够明确。一般来说，儿童在发育的过程中对各种有害因素的反应较为敏感，尤其是受遗传易感素质影响的个体，在不良的环境中容易诱发疾病。对儿童期来说关系最密切的环境就是家庭和学校。由于他们尚未成熟，未能独立，他们对环境尤其是对家庭环境的依赖性很强。他们对家庭的依赖不仅仅是物质，而且还有正常心理发育上的需要。需要父母的抚爱和支持，使他们在父母那得到安全感和信心去面对外面的环境和新的世界。对于儿童来说，他们要完成正常的心理发展，不能脱离社会，他们首先要面对托儿所、幼儿园、学校、伙伴和老师，所以儿童是处在一个环境经常变动的时期。例如从母乳喂养到人工喂养，从家庭内的抚养到托儿所、幼儿园主要抚养人的更替；面临入学、升学、转学，还有学习、生活环境的不断变动都客观地要求孩子迅速地重新适应。由于现代生活方式及日新月异的变革，必然引起日益激烈的竞争，这一切使儿童学习负担不断加重，对儿童的期望值过高，职业父母工作忙碌，家庭物质条件日益优裕而忽视儿童正常的心理需要，缺乏亲子间沟通和理解，教育方式不当，或是过分保护或是苛刻要求，严厉惩罚，造成亲子关系不良，前者的后果是使儿童造成适应社会的困难，而后者则使儿童怒不敢言，不能反抗，只有恐惧和回避、退缩、自卑不安和抑郁。

（一）焦虑症

焦虑症是一组以恐惧与不安为主的情绪体验，总是感到有不祥的事要发生，像有大祸临头一般而惶惶不可终日。焦虑是情绪障碍的主要症状之一，常与恐怖、强迫等症状同时出现。从婴儿期至青少年期均可发生。

1. 焦虑症发生的原因是什么？

儿童是发展的个体，对不利的环境因素反应较强烈、敏感、依赖性强。如前面讲的日益激烈的竞争时代，使儿童学习负担不断加重；再加上父母对儿童的期望值过高，父母忙于工作，家庭物质条件日益优裕，却忽视了儿童正常的心理需要，缺乏亲子间沟通和理解等。不少患儿在发病前有应激性生活事件，如与父母分离、不幸事故、住院手术、亲人死亡、学习受挫、迁居、竞争力强、学习要求高等。对儿童过度溺爱、过度保护、百依百顺，使儿童不会应付复杂的环境；对儿童学业要求过高、过分苛求，学习负担过重等，使儿童精神紧张。

当然也伴随着自身的因素，如部分患儿的焦虑有素质性因素，他们自幼对外界刺激反应敏感，易于紧张。平时温顺守纪、克制力强、自尊心强，遇事认真，要求自己过高、过分多虑。而他们的父母也有敏感、多虑、缺乏自信的性格特征，这样的“病源性父母”一方面对子女态度冷漠，苛刻；另一方面又让子女依附于他们，于是儿童处于“焦虑性依附”这种冲突矛盾的境地，如果一旦遭遇精神紧张就容易产生神经症。所以焦虑症是在遗传的易感素质上，不良环境影响作用的结果。

2. 焦虑症有什么临床表现？

● **焦虑体验**：焦虑是指并未面临不良处境，而表现出一种紧张、惶惶不安的心境。较大的儿童可以诉说自己烦躁、紧张、不高兴。而年幼的儿童难以用语言表达自己的不安、惶恐，常常用情绪来表达，如哭闹、不易安抚。他们对外界事物的反应过于敏感、多虑，如无故担心与母亲分离、担心学习成绩不好，被老师批评，被同学取笑，不想上学、尽管自己很好，还是对自己不放心等。

● **不安行为**：焦虑时常伴不安的行为。年长儿表现为坐立不安、来回走动、上课坐不住、烦躁、易发脾气，甚至拒绝上学。年幼儿常通过哭闹、打滚、攻击亲人或自己来发泄烦躁的情绪。

● **生理反应**:出现心身反应(紧张、尿频),常伴有出汗、心悸、手脚发冷、腹痛、恶心等自主神经症状;睡眠障碍表现为睡眠不宁、多梦(梦见与父母分离,哭闹惊醒,看见父母后入睡,醒后不知道)以及遗尿等。幼儿以胃肠道症状为多,年长儿以心悸等症状为多。

由于焦虑,可导致注意力不集中,成绩下降,甚至假性智能障碍。长期、慢性焦虑可使儿童人格受影响,如过分敏感(别人在一起讲话,便以为别人在说自己)、自卑、依赖、与环境接触不良等,因而常不受同学欢迎。焦虑时常伴有恐怖、强迫等症状。

3. 怎样才能让成长中的孩子减少焦虑?

预防儿童焦虑症,父母首先要克服自己的焦虑情绪,否则对儿童有不良的刺激;要求家长不要过分溺爱自己的孩子,溺爱是为孩子走向社会而设下的障碍;对孩子要因材施教,不要给孩子过重的压力,要培养孩子开朗的性格。

4. 什么是分离性焦虑症?

婴幼儿期或学龄前期儿童与其依恋对象离别时出现某种程度的焦虑是正常的,但是只有当这种对离别的恐惧构成焦虑的中心,持续时间超长,反应过度强烈,影响到患儿日常活动以及家庭生活,便构成了一种常见的婴儿期情绪障碍——分离焦虑症。它是儿童与依恋对象分离时出现的急性的、期待性的焦虑。

5. 评定分离焦虑症的标准有哪些?

儿童与其依恋对象分离时产生的过度焦虑情绪。按照CCMD-3的诊断标准,其症状具备下列8项症状中的3项,即可确诊。但同时必须是起病于6岁前,症状持续至少1个月,且有日常生活和社会功能受损。这8项症状是:①过分担心依恋对象可能遇到伤害,或害怕依恋对象一去不复返;②过分担心自己会走失、被绑架、被杀害或住院,以及与依恋对象离别;③因不愿离开依恋对象而不想上学或拒绝上学；④非常害怕一人独处，或没有依恋对象陪同绝不外出，宁愿待在家里；⑤没有依恋对象在身边时不愿意或拒绝上床就寝；⑥反复做噩梦，内容与离别有关，以致夜间多次惊醒；⑦与依恋对象分离前过分担心，分离时或分离后出现过度的情绪反应，如烦躁不安、哭喊、发脾气、痛苦、淡漠或退缩；⑧与依恋对象分离时反复出现头痛、恶心、呕吐等躯体症状，但无相应躯体疾病。在诊断本病时应排除广泛性发育障碍、精神分裂症、儿童恐惧症及具有焦虑症状的其他疾病。

6. 如何矫治分离性焦虑症?

首先需要父母共同参与。家长应该分析自己的个性特征、行为方式和情绪反应对患儿可能产生的影响程度，调整家庭教养方式，改善家庭气氛和环境。比如，是否存在对儿童的过度保护，是否有溺爱现象等，这些都会使孩子产生不正常的依恋，从而导致分离焦虑症。

对困难型和发动缓慢型儿童给予特别关照，按照其气质特点及其气质维度特点对婴儿的情绪予以管理，给予儿童适应的时间。

采取适当的行为治疗，如系统脱敏和认知行为治疗。系统脱敏是通过逐渐暴露来使儿童逐步能面对分离，认知行为治疗能帮助减少预见性焦虑。当上述方法均不能奏效的情况下，可以考虑使用某些抗焦虑药物进行帮助，也会有一定的效果。但是婴儿情绪问题应慎用药物。

（二）恐怖症

恐惧情绪是儿童期最常见的一种心理现象。有追踪研究表明 90% 的儿童在其发育的某一阶段会有相应的恐惧反应，如幼儿大多怕与亲人分离、怕陌生人和陌生环境、怕火、怕黑暗、怕有毛的小动物或昆虫；青春早期以后的儿童怕陌生的情境、怕对视、怕社交、对社会环境会有恐惧等。一般而言，儿童期恐惧十分短暂，有些恐惧持续的时间较久，但是这种情况是发育过程中出现的偏离，不影响功能，不经过任何处理，随着年龄的增长，恐惧会自然消失。恐怖症是指过分的恐惧，患儿所害怕的事物或情景事实上并不具有危险性或者虽然具有一定的危险性但其所表现的恐惧大大超过了客观存在的危险程度，即对某些客观事物或特殊情景表现出异常强烈的恐怖情绪，并由此而产生回避、退缩行为，严重影响患儿的正常生活、学习、社交等活动，而且任何劝慰解释均不能消除。

1. 什么情况会使孩子产生恐怖情绪?

恐怖情绪具有一定的遗传因素，即同一家庭中类似患者多，如儿童恐惧的内容与母亲恐怖、焦虑的症状相似，而且儿童的恐怖往往由于模仿母亲的焦虑而加强。或者是孩子直接或间接从家庭成员中习得，由于看见父母或家中的成员对某种外界刺激或情景表现过度恐惧和回避反应时，便可通过共鸣性的学习对同样的刺激也呈现恐惧。有的父母为了让孩子睡觉或者听话，对孩子进行恐吓、威胁，如天黑了小儿不睡觉或不听话时将其关在黑房子里等。孩子受到精神刺激，如观看了恐怖电视，目睹惨景，在学校或交友受挫等也可以产生恐怖情绪。

2. 恐怖症有什么临床表现?

遇到一些不具有危险性的事物害怕或虽有一定的危险性，但患儿表现出大大超过了客观存在的恐惧情绪，如一遇到此情境或想象此情境就出现惊叫、面色苍白、出汗、心悸等一系列自主神经反应。由于认识水平的不同，儿童不像成人能认识到自己害怕的不合理。

为避免所害怕的场景即采取回避，严重影响了患儿的正常学习、生活、社交等活动。

3. 恐怖症有哪些类型?

- **单纯恐怖**:以儿童多见,幼儿见动物恐怖,较大儿童常害怕身体损伤或自然事件(如黑暗、天灾)。
- **社交恐怖**:多见于青少年;怕人看;害怕与人交往,一旦与人交往就会面红耳赤;害怕在公共场所成为众人注意的目标等。
- **学校恐怖(有焦虑障碍)**:拒绝去上学,宁肯待在家里,勉强送去就出现焦虑反应及自主神经症状。

4. 采取什么方法让孩子减轻恐怖情绪?

家长、学校要和老师配合,消除诱因,让患儿改变引起恐怖的环境和生活方式;通过系统脱敏、示范法、松弛疗法等行为矫治有效,如通过逐渐想象或真正暴露来脱敏。

(三)强迫症

强迫症包括强迫观念和强迫行为,两者可单独出现也可以同时出现。有些正常儿童在发育的不同阶段,也可能出现类似的强迫行为,如走路数马路上的格子、数窗户,折叠整理自己的手绢、被褥时要角对角,反复多次要对得整齐,睡觉前一定要把鞋子摆在一定地方和摆成一定样子等,但是这些行为不造成患儿强烈的情绪反应,不影响他们正常的生活和学习,而且以上行为随着年龄的增大会慢慢消失。这不能视为病态。强迫症常见于少年期,以10~14岁多见,男孩多于女孩,约1/3~1/2的成人强迫症起病于儿童期。

1. 强迫症是怎样发生的?

强迫症儿童常有善于思考、智能稍高、拘谨、胆小、固执、呆板、自信心不足、犹豫不决等性格特征,其父母往往亦有类似性格,做事要求尽善尽美,适合做会计工作。

精神学家认为强迫性神经症起源于性心理发育的肛门期,

这一阶段正是对儿童进行大小便训练的时期。亲子之间,一方要求对方顺从,另一方则要求自主而不受约束,于是引起儿童的内心冲突,并导致儿童产生强烈的敌意,使得性心理的发育固结于或部分固结于这一阶段,以后当儿童遭受精神刺激时其性心理发育便退化到较早期的阶段,重新出现肛门期的冲突、行为与人格的特征。按照这种观点,强迫症是对威胁性冲动的外在表现,这类冲动是由于早年的内心冲突重新被激活的结果。过于严格、苛求、限制约束可导致儿童强迫自己的意念去反复做某件事。

2. 强迫症有什么表现?

强迫症包括强迫观念和强迫行为。强迫观念和强迫行为多为同时出现,儿童以强迫行为多见。

(1) 强迫观念:不由自主,反复出现的观念、思想、表象,并非自愿产生,患儿企图摆脱又无法摆脱。

● **强迫怀疑**:与强迫怀疑伴随的症状是强迫检查,对自己刚做过的事产生怀疑,如怕题目做错,反复检查核对而使做作业的速度大大减慢;在儿童中常见的强迫怀疑一般与不洁、患病有关,怕沾染上脏东西,如认为别人说话的唾液、鼻涕飞溅到自己身上或吃进去了而不放心,反复检查的同时也回避他人,双手不敢碰别人的东西,也不许别人碰自己和自己的东西,由此常常合并的就是强迫洗涤,包括洗手、洗脸、刷牙、洗衣服、抖衣服、吐唾沫等。

● **强迫回忆**:对经历过的事件,如听过的音乐、看过的场面或者别人说过的话反复回忆。有时患儿表现发呆,实际上是在想,如果这时被打断或自己感觉“想得不对”时,就得从头再想起,怕人打扰而出现烦躁、躲避人等退缩表现。

● **强迫性穷思竭虑**:考虑一些无实际意义的问题而不能摆脱。如想“为什么把桌子叫桌子而不叫椅子”或者“为什么把椅子叫椅子而不叫桌子”。

(2) 强迫行为:按某种规则或刻板程序做出重复的动作或

活动，常是用来减轻强迫观念所带来的焦虑心情。由于反复思考、做动作，以致使自己十分焦虑、苦恼，严重影响学习、生活，有时干扰他人，常见强迫行为有：

● **强迫洗涤：**是强迫症最常见的一种，如怕自己传染上了什么病而反复洗手，有些患者以致把手都洗破了还认为“没洗干净”，除了反复洗手外还反复洗澡、洗衣等。

● **强迫检查：**反复校对作业，生怕做错；怀疑门没锁好，而来回往返检查，以致上学迟到。

● **强迫仪式动作：**如起床的固定程序，先穿上衣、穿袜子，再穿裤子、穿鞋、系鞋带，如果哪一个环节颠倒，便一切重新来做等。

强迫症患儿智力水平正常或一般比较好，平时较安静，好思考，家庭要求较严厉，管束较多的儿童可能在某些突然事件下急性发病，有的在长期过分紧张疲劳下缓慢起病，病程相对较长，症状时轻时重。

3. 有什么方法让孩子摆脱强迫症？

● **行为治疗：**冲击、暴露疗法、系统脱敏、松弛疗法等。

● **药物治疗：**氯丙咪嗪为治疗强迫症的首选药物，剂量：3mg/(kg·d)，根据儿童年龄及治疗反应逐渐增加剂量。其主要副作用为对心脏的毒性及抗胆碱能的副作用，需密切观察。6岁以下儿童禁用。对症状较轻、年龄较小的患儿可选用氟西汀，抗焦虑药（如地西泮）等。

（四）抑郁症

抑郁症是一种以持久的情绪低落为主要临床表现的疾病，可伴有与情感协调的思维、知觉和行为障碍。在儿童少见，多见于10岁以后女孩，患病率，国外报告为0.14%~4.7%。

1. 孩子为什么会抑郁？

● **遗传因素：**通过双生子、寄养子研究及家系调查可看出遗传因素与抑郁症密切相关。遗传方式上具有异质性，即一种疾病的病理基因可以是多样的。

● **神经生化：**中枢去甲肾上腺素功能不足及5-羟色胺功能不足假说。

● **精神因素：**患儿病前精神应激因素较对照组多3倍。所以亲子关系对儿童的成长有密切关系，如早期分离、家庭不和、青少年期因学业问题、人际关系等问题均可引起儿童抑郁症的发生。

2. 抑郁症有什么临床表现？

● **持久的情绪低落：**患儿感到不高兴，无愉快感，爱哭，心情不好，整天愁眉不展，对玩耍不感兴趣，对未来感到没有希望。

● **自我评价低：**认为自己笨、愚蠢、丑陋、自卑、感到各方面都不如他人，自责，认为自己连累了家里的人。

● **行为障碍：**可表现为懒言少动，不愿见人，精力不足，不与小朋友玩耍。与成人不同的是有些儿童表现为脾气大、易激惹、多动、注意力不集中、不守纪律、冲动、逃学、打架，甚至出现违法行为。部分患儿有想死的念头甚至可出现自残、自杀行为。

● **躯体症状：**年龄愈小，躯体症状愈多，常见为食欲下降、睡眠障碍（失眠、早醒等），体重减轻、头昏、头痛、胃痛、疲乏、胸闷、遗尿等。

3. 怎样才能让孩子摆脱抑郁症？

● **心理治疗：**支持性心理治疗可解除儿童的心理负担，增强自信，调整家庭关系等。认知疗法以纠正不正确的认知（思维、信念等）、以达到改变患儿不良情绪和行为，适用于年龄大的儿童。

● **药物治疗：**以三环类抗抑郁剂治疗为首选，精神运动迟钝明显者，可选用丙咪嗪。激惹、烦躁、焦虑明显的，可选用阿米替林、多塞平。从小剂量开始，逐渐增加至有效剂量，有效治疗量为1.5~5mg/(kg·d)。治疗1.5~2个月后减至维持量服2~4个月。常见副作用为头昏、嗜睡、口干、视物模糊、心悸等。严重的副作用为对心血管的毒性,如心电图T波、ST段的改变、心律失常等,应定期作心电图检查。偶尔可出现激惹、多动及攻击行为。

5-羟色胺再摄取抑制剂:近年开始应用于儿童精神病临床,常用的药物有氟西汀(fluoxetine)。此药较为安全,副作用小,易为儿童耐受。常用治疗量为0.4~0.6mg/(kg·d),每天服一次。由小剂量开始(开始可每周3次,每次10毫克),逐渐增加。常见副作用为:多动不宁、易激惹、失眠、恶心、头痛等,一般较轻,能够耐受。近年来报告此药有诱发自杀意念者,需引起注意。

六、感觉障碍(感觉统合失调)

感觉统合是指人的大脑将从各种感觉器官传来的信息进行多次分析、综合处理后,作出的正确应答,并使个体在外界环境的刺激下和谐而有效地运作。感觉统合这一观点是由美国心理学博士Jean Ayres于1969年提出的。她认为感觉统合是人生来就具有的一种基本能力,也是高级智能活动的基础。感觉统合能促使感觉神经交通顺畅、有序,从而保证所有的学习和行为顺利地进行。所以,人一生的智能活动都离不开感觉统合。儿童的这种本能是在环境的作用、游戏和日常活动中逐渐发展起来的。6岁以前人的大脑对外界事物的感受来自感觉印象,这时他们对外界事物没有思想的概念,是感觉运动发展的重要阶段。一般来说,6岁前感觉运动组合良好的孩子,其智能发育、操作技巧的发展也比较好。

1. 什么是感觉统合失调?

感觉统合失调是指由于大脑对身体感觉器官所得到的信息不能进行正确地组织与分析,从而使整个身体不能和谐而有效运作的现象。儿童感觉统合失调与现代生活方式有关,也是儿童期的多发病,该症发病率较高,大约5%~10%的学龄儿童因为比较严重的感觉统合功能失调而造成学习困难、情绪障碍或行为异常。因此,感觉统合失调严重影响儿童的心身健康发展。

2. 感觉统合失调是怎么发生的?

目前,儿童感觉统合失调的病因机制尚不清楚。近几年国内外研究表明,感觉统合是遗传因素和环境因素共同交互作用的结果。都市化生活和小家庭制度是导致儿童感觉统合失调的主要原因;其他如围产期不良因素、养育方式不当也是导致感觉统合失调的重要原因。

● **都市化生活和小家庭氛围:**城市儿童生活都市化,现代家庭小型化、缺少玩伴等均产生负面影响。都市化生活节奏快,母亲在孕期参加紧张、忙碌的工作,母亲在工作或家务劳动时,长时间保持某一种姿势,会影响胎儿前庭感觉、本体感觉能力的学习和发展。都市化使人们住在高楼,孩子在成长过程中活动空间狭小,导致俯卧爬行少、平衡不佳、身体控制能力差。独生子女家庭缺乏兄弟姐妹,缺乏与伙伴交往的机会,群体生活不足,人际关系发展不佳。

● **母亲孕期、产期的不良因素:**孕母的不良生活习惯(抽烟、饮酒、喝浓咖啡等),可引起胎盘毛细血管萎缩,影响营养输入,造成胎儿大脑发育不良,导致出生后感觉发育不良;胎位不正可产生固有平衡失常;早产、剖宫产可造成触觉学习不良。

● **儿童自身因素:**婴幼儿时期患病、爬行不足、过早用学步车或过多依赖学步车等均对儿童感觉统合发育产生负面影响,造成前庭平衡失常以及支撑力不足。

● **养育方式及家庭环境:**家庭不和睦、管教不一致、过早进行认知教育、居住玩乐环境差等因素与感觉统合失调相关。另外,父母的冲突造成紧张气氛使得孩子处于不安当中,统合的过程不能顺利进行。有些祖父母在照顾孩子时,容易出现过度保护倾向,包办代替,使其缺乏足够的机会去探索周围,去发展统合功能。正常感觉统合过程见图4-6。

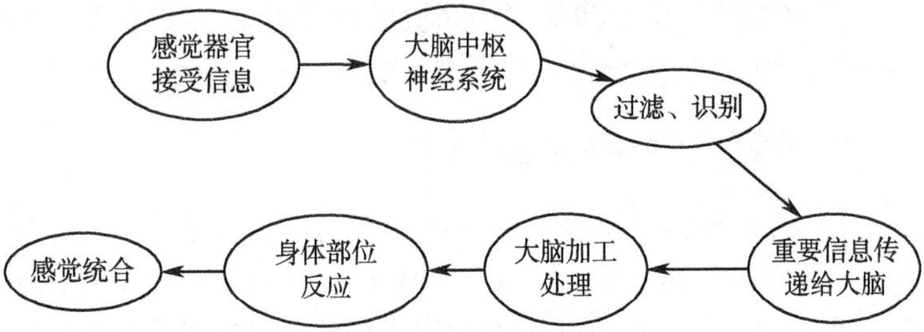

图4-6 正常感觉统合过程

3. 感觉统合失调有什么临床症状?

人的感觉统合系统一般分为视觉统合系统、听觉统合系统、触觉统合系统、平衡统合系统和本体统合系统。儿童感觉统合失调的表现多种多样,有时一个孩子常常伴有几种感觉统合失调的症状。

● **视觉感不良**:视觉统合失调的儿童,在学习时常常会出现阅读困难(漏字、串行、翻错页码),计算粗心(抄错题目、忘记进退位),写字时过重或过轻、字的大小不一、出圈出格等视觉上的错误,造成学习障碍。此外,这类儿童在生活上还经常会丢三落四,生活无规律。

● **听觉感不良**:听觉统合失调的儿童,则表现为上课注意力不集中、多动,平时有人喊他时,他也不在意,好像与他无关。这样的儿童记忆力差,学习和生活都会产生不良的效果。

● **触觉防御敏感或迟钝**:触觉统合失调,主要是因为触觉神经和外界环境协调不佳,从而影响大脑对外界的认知和应变能力,即触觉敏感(防御过当)或迟钝(防御过弱)。有触觉敏感的儿童,表现出对外界的新刺激适应性弱,所以喜欢呆在熟悉的环境和习惯动作中(喜欢保持原样和有重复语言、重复动作),对任何新的学习都会加以排斥,不喜欢他人触摸、成绩不佳、人际关系冷漠、常陷于孤独之中;触觉迟钝的儿童则反应慢(拖拉行为的生理基础)、动作不灵活、笨手笨脚、大脑的分辨能力弱、缺少自我意识、学习积极性低下，所以也表现出学习困难、人情冷漠等问题。

● **前庭失衡：**平衡统合失调的儿童，在学习和生活中常常观测距离不准、协调能力差。观测距离不准，会使孩子无法正确掌握方向；协调能力差，会让孩子手脚笨拙（常撞倒东西或跌倒）。表现为好动不安，注意力不集中，自控能力差，上课不专心，爱做小动作但动作不协调。

● **本体感失调：**本体统合失调，会让儿童在体育活动中动作不协调（不会跳绳、拍球等）；音乐活动中发音不准（走调、五音不全等）；甚至与人交谈、上课发言时会口吃等。

儿童感觉统合失调意味着儿童的大脑对身体感觉器官失去了控制和组合的能力，这将会在不同程度上削弱儿童的认知能力与适应能力，从而推迟他们的社会化进程。由于“感觉统合失调”，这些儿童的心理总处在一定的紊乱状态，他们的智力水平不能得到充分的发展，导致学习、运动和社会适应能力等方面发生障碍，使学习和生活质量不断下降。这种现象如不及早矫治，对孩子的生长发育势必造成影响。

4. 你的孩子有以下症状吗？

如果有，家长一定要警惕，孩子有可能是感觉统合失调啊！

不喜欢被人触摸或抚摩；常拒绝理发、洗头或洗脸；大热天也要穿长袖衣服。

不喜欢碰触某些粗糙的衣料或物品。

意外碰伤或流血时，自己常未察觉。

需要父母特别多的抚摩；过分喜欢碰触各种东西；有强迫性行为（一再地重复某个动作）。

害怕搭乘电梯；不喜欢玩秋千、跷跷板、旋转木马等。

特别喜欢玩旋转或摇动的游戏，不会感到头晕。

常有头晕或跌倒的感觉；怕上高处或跨越水沟；不喜欢被高举。

特别怕黑，在暗处经常不知所措而哭闹。

经常碰撞淤血或碰伤；拿东西时，容易失手掉落。

动作笨拙，活动中经常发生困难。

不会自己穿衣服、扣扣子、系鞋带、拿筷子、写字或绘画；虽然会做，但比同龄孩子慢很多。

分辨不出相似的图形或物品；不会玩拼图游戏。

左右常混淆。

常把数或字颠倒写，例如把9写成6，把79写成97，把“朋友”写成“友朋”。

经常迷路或迷失方向。

两三岁以后才会说话；有口吃或口齿不清的现象。

有重听或语音分辨不清的现象。

特别好动，容易分散注意力。

个性孤僻、不合群，在团体中很难交到朋友。

常觉得自己很笨，容易遭受挫折，甚至会自我伤害。

个性顽固，容易冲动与人争吵；攻击性强，经常欺负别人。

5. 感觉统合失调如何评定？

儿童的感觉统合功能可通过日常生活观察其行为，还可以通过标准化的感觉统合能力发展评定量表来评定。量表评定包括：前庭失衡（14条）、触觉功能不良（21条）、本体感失调（12条）、学习能力发展不足（8条）、大年龄儿童的问题（3条）。

附：儿童感觉统合能力发展评定量表

1. 特别喜欢玩旋转的凳椅或游乐设施，而不会晕。
2. 喜欢旋转或绕圈子跑，而不晕不累。
3. 虽然看到了但仍然常常碰撞桌椅、柱子、门、墙或他人。
4. 行动、吃饭、敲鼓、画画时双手协调不良，常常忘了另一边。
5. 手脚笨拙，容易摔倒，拉他时仍显得笨重。
6. 俯卧地板和床上，头、颈、胸无法抬高。
7. 爬上爬下，跑进跑出，不听劝阻。

8. 不安地乱动，东摸西扯，不听劝阻，处罚无效。

9. 喜欢惹人、捣蛋和恶作剧。

10. 经常自言自语，重复别人说的话，并且喜欢背诵广告用语。

11. 表面左撇子，其实左右手都用，并且无固定使用哪只手。

12. 分不清左右方向，鞋子、衣服常常穿反。

13. 对陌生地方的电梯或楼梯，不敢坐或动作缓慢。

14. 组织力不佳，经常弄乱东西，不喜欢整理自己的环境。

15. 对亲人特别暴躁，强词夺理，到陌生环境则害怕。

16. 害怕到新场合，常常待不久便要求离开。

17. 偏食、挑食，不吃青菜。

18. 害羞、不安，喜欢孤独，不爱和别人玩。

19. 容易依恋妈妈或固定某个人，不喜欢到陌生环境，喜欢被搂抱。

20. 看电视或听故事，容易太受感动，大叫或大笑，害怕恐怖镜头。

21. 严重怕黑，不喜欢到空屋，到处要人陪。

22. 早上赖床，晚上睡不着，上学前常常拒绝到学校，放学后不想回家。

23. 容易生小病，生病后便不想上学，经常无缘无故拒绝上学。

24. 常常吮吸手指或咬指甲，不喜欢别人帮忙剪指甲。

25. 换床睡不着，不能换被或睡衣，出外常常担心睡眠问题。

26. 独占性强，别人碰他的东西，常会无缘无故发脾气。

27. 不喜欢和别人聊天，不喜欢和别人玩碰触游戏，视洗澡和洗脸为痛苦。

28. 过分保护自己的东西，尤其讨厌别人由后面接近他。

29. 怕玩沙土、水，有洁癖现象。

30. 不喜欢直接视觉接触，常常必须用手来表达其需要。

31. 对危险或疼痛反应迟钝或过于强烈。

32. 听而不见，过分安静，表情冷漠又无故嬉笑。

33. 过分安静或坚持奇怪玩法。

34. 喜欢咬人，并且常咬固定的友伴，并无故碰坏东西。

35. 内向、软弱、爱哭，常常触摸生殖器。

36. 穿脱衣裤、扣纽扣、拉拉链、系鞋带动作缓慢、笨拙。

37. 顽固、偏执、不合群、孤僻。

38. 吃饭时常掉饭粒，口水控制不住。

39. 语言不清，发音不佳，语言能力发展缓慢。

40. 懒惰，行动慢，做事效率低。

41. 不喜欢翻跟头、打滚或爬高。

42. 上幼儿园仍不会洗手、擦脸、剪纸和自己擦屁股。

43. 上幼儿园(大、中班)仍无法用筷子，不会拿笔，不敢攀爬或荡秋千。

44. 对小伤特别敏感，过度依赖他人照料。

45. 不善于玩积木、组合东西、排队和投球。

46. 怕爬高，拒走平衡木。

47. 到新的陌生环境容易迷失方向。

48. 看来有正常智慧，但学习、阅读或做算术特别困难。

49. 阅读常跳字、抄写常漏字、漏行，写字笔画常颠倒。

50. 不专心、坐不住，上课常左右看。

51. 用蜡笔着色或用笔写字也写不好，写字慢且常常超出格子外。

52. 看书容易眼酸，特别害怕数学。

53. 认字能力虽好，但不知其意义，而且无法组成较长的语句。

54. 不容易看出或认出混淆背景中的特殊图形。

55. 对老师的要求及作业无法有效完成，常有严重挫折。

56. 使用工具能力差，对劳作或家务事均做不好。

57. 自己的桌子或周围无法保持干净，收拾上有困难。

58. 对事情反应过强，无法控制情绪，容易消极。

(此量表适用于6~11岁的学龄儿童。量表由58个问题组成。按“从不、很少、有时候、常常，总是如此”1~5五级评分。凡标准分≤40者说明存在感觉统合失调现象。一般来说，标准分在30~40之间为轻度；20~30分为中度；20分以下为重度。）

6. 用什么训练方法可以帮助孩子预防感觉统合失调？

儿童感觉统合训练是运用一定的器材，让儿童在游戏中体验以前没有或缺少的感受，从根本上解决学习困难、多动、注意力不集中等感觉统合失调的症状。

对感觉统合失调的儿童应及时进行训练，才能达到最佳效果！感觉统合训练适合于4~12岁儿童。在儿童感觉统合训练的实际操作中，首先应根据家长填写的感觉统合能力评定量表判断儿童有无感觉统合失调。如需训练，训练的项目应根据失调的类别而有所侧重，然后有针对性地制定课程，通过一些特殊研制的器具（如平衡台、平衡木、滑梯、独脚椅、跳绳、拍球、旋转圆桶和趴地推球等），以游戏、集体体能训练的方式让孩子参与，用图形识别、数字、记忆、空间知觉等脑力活动的训练强化体能训练。其宗旨是通过孩子手、脚、眼、脑等各个器官的协调性训练，使他在一定时间内集中注意力认真完成一件事情，从而改善大脑对外界信息的组合能力，提高孩子的动作协调能力、理解能力、记忆能力、逻辑推理能力和人际交往能力，并克服诸如好动、厌食等，从而达到左右半球协调的目的。每次训练时间约1.5小时，训练持续时间至少6个月，训练内容和方法如下：

（1）感觉统合失调治疗特点：①用游戏治疗，将一些输入不佳的感觉信息用游戏的方法加以有效组织；②养成儿童参与活动的兴趣；③让儿童感到轻松、快乐、摒弃一切指责和恐惧，重建自然情绪；④让儿童在一天中获得爬、趴、侧、仰、摇等多种感觉不同的重力体验，帮助他们控制身体感觉，健康发展。

（2）感觉统合失调治疗器具：①触觉刺激物，如跳床、软垫、泥沙等；②视觉运动与手眼协调物，如迷宫、拼插组装玩具；③大运动器械，如滑梯、滑板、平衡木、治疗球等；④吊悬器械，如秋千等。

(3) 感觉统合失调治疗的内容和方法:

● **心理护理**:感觉统合失调的儿童在接收外界信息方面存在着一定障碍,但他们的内心是十分敏感的,他们需要父母、老师和同学的理解及帮助。因此,首先要求父母、老师了解孩子的真实情况,不要把孩子学习技能障碍误以为是粗心大意,而对孩子满脸怨气,应当给孩子创造一个自由宽松的学习、生活环境。其次,家长、老师应了解感觉统合失调是功能性的,经过训练是可以纠正的,要有耐心帮助孩子,并学习有关儿童心理发展和感觉统合方面的知识,以协助专业人员巩固感觉统合训练的效果。

● 通过听力训练,提高孩子听知觉辨别能力、听知觉过滤能力及听觉记忆力。

● 以玩沙、玩土、涂色,木屑、纸片、米等的触摸、翻动和抓推来强化幼儿的辨识力。以抓痒、刷身、冰袋、梳头、吹风、球池和大笼球滚压等来完成敏感或不足。

● 以身体跷跷板、坐卧大龙球、倾斜垫上滚及滚筒和隧道来完成幼儿触觉敏感或迟钝、多动和身体协调不良的训练。

● 利用跳跳床的多种玩法,如跳床接物来完成幼儿平衡反应、运动企划、大肌肉运动、视觉运动和眼球运动的不足。

● 利用平衡台的多种玩法及吊缆的多种玩法,来完成前庭固有感觉不足及矫正重力平衡感。

● 以大小滑板的多种玩法来完成幼儿整体感觉统合运动功能。

● 以走平衡板、走线和走脚踏石及投、拍和爬的万象组合综合活动来完成手脚及身体协调不足。

7. 怎么预防孩子的感觉统合失调?

感觉统合失调是可以预防的,要及早进行,从婴幼儿抓起。

● 首先从孕期保健开始。孕妇要注意生活规律,避免长期心理紧张、狂欢等;不饮酒、吸烟、食用刺激性食物等,提高孕期生活质量。

● 其次重视围产期保健。剖宫产出生的儿童比顺产儿童出现感觉统合失调的比例高1倍。另外,出生时脐绕颈、窒息等现象也往往是诱发因素。有以上情况者应追踪观察,并进行早期干预,如出生后即开始给予视觉、听觉、触觉及运动刺激,并教会父母在家中进行大运动、精细运动、语言、适应性及社会交往方面的训练。

● 做好婴幼儿感觉功能的训练。婴幼儿是感觉统合发展的关键时期,要给予足够充分的感觉刺激和训练,才能使其感觉统合功能得到全面发展。因此,要训练婴幼儿的感觉器官,教幼儿做游戏,扩大其活动空间、引导儿童对外交流。

● 在婴幼儿时期,父母应尽量为儿童提供良好的家庭环境,采用科学的养育方式,多一些户外活动,让孩子尽可能地接受外界刺激。鼓励孩子多动手、动脑,使躯干、四肢及左右脑协调能力得到充分锻炼,这有助于大脑统合能力的发展和提高。

七、言语及语言发育障碍

言语是人类所特有的心理社会现象,是由语音、词汇和语法所构成的符号系统,是思想交流的工具。言语是指发出的声音和说的话,是多种神经活动的综合活动。语言是建立在条件反射的基础上的高级信号活动过程。人们的语言信号是通过眼、耳感知后输入大脑中枢,经过语言处理分析器处理分析、储存后,再经神经传出支配语言运动器官,如咽、喉、舌而进行语言的口头表达。若这3个环节中的任何一环发生功能失常,均会产生语言或言障碍。儿童言语和语言障碍(speech and language disorder)又称沟通障碍。言语障碍是指儿童在发音准确性和保持适当的言语流畅性及节律或者有效使用嗓音方面表现的缺陷及困难。语言障碍则是指儿童在理解或运用语言符号及其规律方面发生的问题,或儿童语言能力的发展明显落后于同龄正常儿童水平。

在学龄前儿童中沟通障碍是最为多见的发育问题，有7%~10%儿童言语和语言的发育低于正常标准，而3%~6%的儿童有语言感受或表达障碍，并影响日后阅读和书写。语言是儿童学习、社会交往和个性发展中的一个重要的能力。因此，早期发现、早期诊断和及时治疗言语和语言障碍至关重要。

1. 什么原因会导致儿童发生语言障碍？

● **遗传：**临床观察表明，约85%的语言延迟儿童为男孩。特殊性语言障碍有高发家族史倾向，说明遗传起着明显作用。双生子研究发现，单卵双生子共同发病的比例高于双卵双生子。前者同病率为33%~100%，后者为29%~52%之间，提示阅读障碍的发生至少1/2以上是遗传因素所致。

● **听力障碍：**听觉是语言感受的一个重要的通道，当儿童听力受损后，不管是传导性的，还是感觉神经性的，都不能正确地察觉声音传导，而产生程度不等的语言发育迟缓，其迟缓严重度与听力损害程度、发生年龄、矫治听力的年龄、矫治的合适性等相关。传导性听力障碍伴有反复和长期的中耳炎，这对早期言语和语言发育可产生不良的影响。长期中耳有渗出的儿童早期可引起语言表达延迟，在学龄初期出现语言问题。

● **智力发育迟缓：**智力低下是导致儿童语言发育迟缓的最常见原因。虽然其语言发育进程同于正常儿童，但其速度比正常儿童慢，当环境沟通需求增加时，导致语言障碍则更为明显。某些染色体和遗传性疾病伴有语言障碍，如唐氏综合征（21-三体综合征）的儿童有程度不等的语言障碍；脆性X综合征儿童的语言障碍为韵律和语言内容上有特别的形式。

● **孤独症：**这类儿童的典型特征之一即语言沟通障碍，并伴有社交困难和刻板的重复性动作。其语言障碍可表现为完全不理解，没有语言，或言语过于刻板、学究式的，并有夸张的韵律。语言应用也出现问题，出现回声样语言或非言语的交流，几乎没有眼神交往，面部表情和姿势也很有限。

● **神经系统的损伤：**脑瘫儿童因神经运动通路的阻断而影响说话，常出现构音障碍，他们对语言的感受能力比表达好。儿童左侧大脑的病变对语言、阅读、书写的影响较右侧大脑病变的影响大。大脑的损伤或肿瘤使儿童产生获得性失语症，即在儿童发展了说话成句的语言能力后，因为大脑的病灶致语言损害。临床上出现不同类型的失语症，如儿童听觉理解障碍但言语流利的，称为感觉性失语症；对目标物不能命名的称为命名性失语症；难以找到适当词语表达的称为传导性失语症；言语不流利且费力的称为运动性失语症。

● **行为障碍：**明显的情绪创伤或心理社会的不良因素可影响儿童语言发育或引起语言障碍。如选择性缄默症是一种较少见的语言障碍，通常在5岁发病，患儿在某些特定的情境中（如在陌生环境等）不说话。这些儿童一般语言正常，行为障碍可能因为交流障碍所致，常需数月的治疗。

● **环境剥夺：**不良环境或语言环境剥夺可影响儿童语言能力的正常发展。父母在与孩子交往中所使用的词汇量，在言语交流中如何重复和扩展词汇直接关系到儿童词汇量的增长和语言发展的速度。如果儿童生活在缺乏语言刺激的环境中则可造成语言发育迟缓，当给予这些儿童干预性治疗后，其语言功能会明显改善。

2. 言语及语言发育障碍有哪些特征？

● **构音异常：**说话不清晰。小儿发音的错误有的为个别，有的很多，以至于别人听不懂。如常常用舌根音代替舌前位的发音，将“耳朵”说成“耳郭”、“草莓”说成“考莓”；以舌前音d、t代替某些语音，将“乌龟”说成“乌堆”、“裤子”说成“兔子”；由于儿童的气流和语音协调有问题，将送气音用不送气音作替代，如将“婆婆”说成“跛跛”、“泡泡”说成“抱抱”；患儿常省略语音的某些部分，如将“飞机”的“机”省略辅音“J”后变成“飞一”等。

● **嗓音问题**:既有功能性的又有器质性的,表现为音调、响度、音质共鸣的异常。如声音嘶哑、鼻音过轻或过重等

● **流利性问题**:儿童常从2~4岁开始,表现为说话中有停顿、重复、延长和阻塞现象。小儿在学习语言的过程中有重复现象可为正常,但若1000个词语中有50次重复,应视为不正常,而要进行干预;当小儿说某一词语时拖长某一声音或伴随一些瞪眼、下颌抽动、伸舌、面部扭曲等动作均为说话不流利。

● **语言问题**:语言发育速度较正常儿童慢,但遵循正常顺序为语言迟缓;语言发育偏离了正常顺序,学习方式常有差异为障碍。语言迟缓和障碍均属语言问题,表现形式有三种类型:①表达型障碍:无生理性缺陷所致的发音困难,语言理解正常,但表达特别困难;②表达和感受混合性障碍:能听到声音,但不了解其意思,能理解手势或姿势,能学习阅读但不会表达;③语言信息处理问题:在语言的交流中,难以保持话题,只关注自己所选择的话题,说话流利,但很肤浅。

3. 怎么评估言语及语言发育障碍?

根据临床表现特征,儿童语言发育障碍不难诊断。

● **病史**:了解小儿既往史,包括出生史、发育史、发病史、家庭史;认知、社交和行为表现;目前说话的清晰度、发音情况、语言表达的流利性等。

● **一般检查**:患儿发音器官有无异常,如畸齿、腭裂、舌系带问题等,口腔运动功能的检查包括下颌的位置是否居中、嘴唇的运动、舌的位置和运动、口的轮替运动等,并应进行听力测试,后者常用声阻抗测听法、耳声发射、脑干诱发位电位等检查。

● **语言评估**:包括语言理解和语言表达的评估。儿童语言发育中,理解先于表达。评估儿童语言理解能力时,注意不能给予任何暗示,也应避免一些情景性的联系。评估要符合儿童整体的发育水平,较小的儿童可用实物或玩具测试,较大的儿童可看图片回答,了解其是否懂得主体、动作、定位、属性等词汇。年

幼儿童可通过游戏化的情境下诱导之，观察其表达能力，语言的流利性等，并记录下来。

临床心理测验包括：①图片词汇测试：它反映儿童的语言感受能力，多用于儿童语言迟缓或障碍的评估；②丹佛发育筛查测试：主要用以了解婴幼儿的发育水平，寻找与发育有关的语言发育迟缓，并为语言治疗提供适合发育年龄的可行方案；③学前、学龄期韦氏智力测验：了解年长儿童的认知水平，认知中的语言状况，根据其操作智商将语言障碍与智能发育迟缓区分开来。

4. 促进言语及语言发育障碍的改善方法

（1）治疗策略：

● "听力轰炸"即用单词或叠词作语言刺激，反复应用于环境中。

● 将儿童感兴趣的物品和玩具与单词相匹配。

● 鼓励儿童用姿势、发声作交流。

● 用最简单的语言与儿童交流。

● 纠正哭叫、发怒、扔物等不良的交流。

● 创造情景，促使儿童与他人交流，并迅速给予应答。

干预策略是在想象性游戏中，使儿童模仿，治疗人员在示范性语言中用手势和动作加强儿童的感受；激励儿童有意识的交流；创造各种机会与儿童对话；在角色扮演的游戏中教儿童生活用语，如去商店购物，接待来访朋友，礼仪等。

（2）构音异常的治疗：包括构音治疗程序和口功能训练。

（3）语言异常的治疗：在有意义的情景中结合游戏活动进行。

（4）家庭配合：在生活中父母要积极参与应用语言治疗的方法和策略，向治疗的目标努力，效果最佳。

（5）嗓音问题的治疗：主要用于对听力障碍和智能发育迟缓儿童的发声训练，包括音调、响度、清浊音、起音和声时的训练。可利用多媒体功能,采用临床医学软件作为治疗手段,结合个体治疗中的其他方法,如改变响度、喉部按摩、半吞咽、改变舌位、减少硬起音、放松、呼吸训练等。

(6)语言不流利的治疗:常采用非直接的治疗,如儿童的游戏、父母的指导、改变父母与儿童的交流方式、调整环境等。间接治疗可避免儿童因刻意矫治语言不流利而引起紧张。对孩子的不流利说话家人不要指责,让他重说和复诵。可设计一些游戏性情境,如故事接龙、儿歌、童谣等,促进语言表达的流利。

5. 如何早期识别言语及语言发育障碍?

儿童出生后,即应生活在丰富的语言环境中,并且定期进行听力筛查和发育监测,一旦发现异常,立即进行干预。在临床中,及早识别语言发育异常的警告信号是非常重要的(表4-3)。如存在应进一步证实问题的存在,及早干预。

表4-3 语言发育异常的警告信号

年龄	表现
12个月内	2个月对熟悉的声音和脸无微笑
	3个月对他人无微笑
	4个月不能试图模仿声音
	8个月无牙牙学语
	8个月不会"躲猫猫"游戏或对此无兴趣
	12个月不能说一个字的词
	12个月无任何手势,如挥手"再见"或摇头
	12个月不能指点任何物品或图片
1~2岁	18个月不能使用15个单词
	18个月用手势代替说话表示需求
	18个月不愿意模仿声音或有限地运用辅音和元音
	2岁不能模仿说单词或动作
	2岁不能听从简单的指令

续表

年龄	表现
2~3岁	3岁不能将单词组成短句或句子
	3岁不能自发与人进行交流
	3岁不能正确发"b、p、m、d、t、n、lg、k、h"
	与人进行交流时常常表现受挫
	局限于玩某些玩具或反复玩某些玩具
	词汇有限
	不能与他人交往和游戏
	不能理解或回答简单的问题
4岁	外人(非家庭成员)听不懂其说的话
	不能复述简单的故事或不能清楚地回忆最近发生的事件
	句子发音错误多或替代或遗漏一些音

八、注意缺陷多动障碍

注意缺陷多动性障碍又名儿童多动症,是以注意力不集中、活动过度、好冲动、任性和伴有学习困难为特征的一组综合征。目前国际上较常用的名称"注意缺陷障碍伴多动"。国外报道患病率为3%~10%。国内报道患病率为1.5%~12%。由于调查诊断所用的方法和量表不一致,再者国家、地区间的本身,使现患存在较明显的差异。另外,男童明显多于女童,两者之比为(4~9):1。这可能与男孩多动症状突出,冲动、攻击及品行问题较多有关。

1. 什么原因会导致儿童发生注意缺陷多动障碍?

● **遗传、素质因素:**目前有较多专家研究发现,在家系调查中,有血缘关系的患多动症者明显高于非血缘者。一些有酒精中毒、反社会人格、癔症或曾有患注意缺陷多动性障碍等病史父母所生的孩子,一出生就被他人领养,这些孩子当中,以后出现注意缺陷多动性障碍和品行问题的比例远较对照组儿童高。另外，不少母亲反映患儿在胎儿期特别好动，在新生儿期及婴儿期特别好哭、入睡困难、进食不好、难于照顾，提示有素质因素的存在。

● **精神发育损害或延迟**：现代研究发现神经发育延迟或损害常常伴随严重而持续的多动。常见的问题有某些精细运动笨拙、语言发育延迟、言语异常，以及母孕期或围产期并发症较多等。这些发育延迟在女孩较男孩明显。

● **神经递质及有关酶的研究**：国内外许多学者对患儿的血、尿及脑脊液中的多巴胺、去甲肾上腺素及5-羟色胺及前身或代谢产物进行了多方面的分析研究，有不少研究结果报告患儿血或尿中的去甲肾上腺素和多巴胺功能低下而5-羟色胺的活动亢进。

● **铅中毒及食物添加剂问题**：严重的铅中毒可以产生致命的中毒性脑病、痴呆等，许多专家研究认为轻微的铅中毒可以产生多动症，但是至今未发现明确的因果关系。

● **社会、家庭和心理因素**：不良的社会环境、破裂家庭、经济过于贫困、住房过于拥挤、父母性格不良或有其他心理障碍者，长期寄养于不良条件的家庭等，均可以构成本病的诱因。这些原因也可导致儿童出现品行障碍、情绪问题、学习困难等。现代研究认为情境性多动症与不良的社会、家庭或学校的环境关系密切，而持续性多动症环境因素起主要诱因作用。

总之，近十多年的研究认为儿童多动症是由于多种生物因素、心理因素及社会问题等原因，单独或协同一起所造成的一种综合征。

2. 儿童注意缺陷多动障碍有哪些特征？

本症有两大主要的症状，即注意障碍和活动过度。其他还有一些常见症状，虽不一定为诊断依据，但对于诊断本症有一定帮助。

（1）注意障碍：表现为上课不能坚持认真听老师讲授，常易受外界细微干扰而分心，如被教室外面的脚步声、谈话声或汽车喇叭声所吸引，或观察黑板上、天花板上或课桌上的污点，或追视偶尔飞进教室的小虫等；做作业也不能全神贯注，做做玩玩，或粗心草率；做事不能坚持始终，不能按照规则、要求去完成，常半途而废或频繁地转换；当他们注意到新的事物时，对原来的事物则完全不再注意（注意不集中时要与相应年龄的儿童比较）。

（2）活动过多：表现为明显的活动增多，特别是小动作严重增多。患儿过分地不宁静，如过分地来回奔跑；在教室内不能静坐，常常在座位上扭来扭去，或站起；有时特别多嘴多舌，过度喧闹；喜欢玩危险的游戏；常常丢失东西。

如何评定一名儿童是否活动过多？

● 结合患儿的年龄、性别及智商，即与同年龄同性别的儿童比较，他的活动是否明显较多。

● 应了解患儿活动的环境，如在操场上又跑又叫是正常的，而在教室内上课时跑动，或太多小动作，或高声大叫则应考虑是否有问题。

● 应了解活动的性质，患儿的行为常常唐突、冲动、冒失、富于冒险性、过分的恶作剧、富破坏性，事先缺乏缜密的考虑，事后不顾后果等。其活动与正常儿童比较常常不仅有量的差异，还有质的不同。

● 在了解患儿活动是否过多时，还应注意反映情况的家长或教师的心理素质。如果是一位过于好静或神经质的病史提供者，常常会夸大患儿的活动量。因此，除应深入细致地了解外，还应结合临床观察，有些患儿常常在诊室内也会表现得多动不宁、毛手毛脚。但如果在短暂的候诊时间内未能发现患儿有多动行为，也不能完全否认其症状的存在。

在日常情况下记录24小时活动量，发现患儿在各种情况下（包括睡眠时）其活动量高于正常儿童。

持续性多动：患儿的多动性行为问题见于学校、家中等任何场合，而且较严重。

情景性多动：患儿仅在某种场合（多数在学校）出现多动性行为，而在另外的场合没有多动性行为。这是一种轻型多动症。

● 有的儿童有咬或吸吮手指等不良的习惯性动作，少数儿童可能同时有头、躯干、肢体的不自主运动，表现为挤眉弄眼、歪头斜颈、耸肩扭臀、投手踢足等。合并有品行障碍者，除多动外还可有攻击性行为，好斗、偷窃等多种问题。

(3) 冲动性：患儿情绪不稳而波动大，易激惹冲动、易于过度兴奋、易受外界影响，且易受挫折。但是冲动并非多动症的特异性症状。

(4) 学习成绩不佳：持续性多动症常伴有学习成绩低下，学习困难，可能是由于智力偏低，或是注意障碍所致。

(5) 神经发育障碍或延迟症状：多见于持续性多动症，如精细协调动作笨拙——翻掌、对指运动不灵，系鞋带，扣纽扣不灵便，视-运动障碍，空间位置感觉障碍，左右分辨不清、听觉综合困难及视-听转换困难以及其他神经系统软体征。尚可伴语言发育延迟、言语异常、智力偏低等。

3. 怎么评定儿童注意缺陷多动障碍?

本症的评定，主要为临床诊断。诊断依据是详细而正确的病史，包括从父母、老师及其他亲属处获得的病史资料。再结合体检及精神状态检查的结果，综合考虑。

(1) 起病年龄早（<6岁），症状持续存在超过6个月。

（2）症状标准：

● **必需的临床症状：**注意损害和活动过度2大症状，必须同时存在，缺一不可。

● **常见可协助诊断的症状：**易冲动、行为鲁莽、做事不顾场合、不重视社会或学校的规范等，但这类症状不是诊断本症所必需。学习困难及运动笨拙等神经发育性障碍也甚常见，如果明显，应同时诊断。不能将这类症状作为多动症诊断所必需的表现。

（3）排除标准：排除其他行为障碍、情绪障碍或明显智力低下者。须注意，如本症与品行障碍的症状均十分突出，则诊断为多动性品行障碍。如同时存在广泛性发育障碍或情绪障碍，则诊断上优先考虑此类疾病，而不是多动症。学龄期儿童急起多动性行为障碍，常常是某些器质性（如脑炎、风湿性脑病）或功能性精神病（如精神分裂症或躁狂状态）的表现，均不能轻易给予多动症的诊断。

4. 儿童注意缺陷多动障碍的预后如何？

通过30多年来世界广泛性的研究，特别是一些追踪10年以上的前瞻性研究，对多动症的预后已有较详细的了解。较早期的研究认为多动症预后不佳，到青少年和成人后仍有人格障碍，反社会行为、成瘾，伙伴关系不良、自尊心低下、成就低下、注意障碍、易冲动、不安分等。其中持续性多动症较情境性多动症的预后差。社会心理因素对预后影响甚大，破裂家庭、家庭不和、父母离婚、母患抑郁症、父有反社会行为等不良社会心理因素的患儿预后差，易于并发品行障碍。有严重的注意力不集中、语言发育迟滞、智商偏低、学习成就低下者预后差。智商正常，家庭环境较好，父母注意教育帮助，早期给予干预治疗，对预后有较好的影响。

5. 对患注意缺陷多动障碍的儿童如何进行干预？

（1）教育：针对这类患儿注意力不集中、易分心、多动、易激惹、自尊心低等特点，采用一些特殊性的教育方法：

● 去除可能的致病诱因，不要歧视、粗暴、打骂。要耐心，发现其优点及时加以表扬，以利于逐渐提高自尊心。

● 对过多的精力要给予出路，如安排一些户外活动、打球、跑步等。

● 订立简单的规矩，从小培养一心不二用，如吃饭时不看图书，做作业时不玩玩具等。但规矩要切实可行、简单明了，以免难以遵守。

● 对于打架、伤人等攻击性行为及毁物等破坏性行为，应像对待正常儿童一样严加制止，不可袒护。

● 有条件时，学校对这类患儿应采用小班教课，环境安静，加强个别辅导。对于有良好行为时，如静坐听课、注意力集中、作业不粗心等应及时给予表扬鼓励，以利于巩固。

（2）心理治疗：对单纯的多动症状，如无明显社会心理因素者，采用系统的心理治疗对患儿行为矫正或家庭治疗有帮助。

（3）药物治疗：对本症唯一有效的药物为精神兴奋剂。

常用的药物：哌醋甲酯 5~40 毫克 / 天；苯异妥因 5~100 毫克 / 天，用这类药物须注意由小剂量开始，在早餐后顿服。如用药量较大，可在早、午餐后服，晚上不可服。并实行星期日、节假日停药。根据疗效及副作用决定剂量及用药时期，一般须服用数月至数年。6 岁以下、青春期以后原则上不用药。对于多动症患儿只要不伴有情绪障碍，则不论是否伴有品行障碍，均有疗效，主要是能改善患儿的注意障碍。

总之，教育要持之以恒，有信心、有耐心，坚持数年，对提高自尊心、提高学习成绩会有所裨益。

九、多动性抽动—秽语综合征

1. 什么是多动性抽动—秽语综合征？

多动性抽动 - 秽语综合征是以多动性抽动、暴发性发声、伴随污秽性言语为其特征的一组病征。本综合征病程长，病情富有波动性，虽可缓解，但多复发，治疗较难。早期治疗者可控制抽动，预后有所改观，但不能根治，须坚持长期服药（停药易复发）。少数患者最终可能形成人格衰退或发展成其他精神病。

2. 产生多动性抽动—秽语的原因是什么？

自首次报道本症以来，其病因尚未完全明了。但多数学者认为，该症是器质性疾病。Shapiro（1973年）分析了34例患者，发现有各方面的器质性改变，其中50%有脑电图异常，54%有程度不等的神经系统异常体征。有人指出，本症可能由于纹状体中多巴胺能活动过度所致。也有人认为本症病因是多方面的，有先天遗传型和后天获得型。前者有家族史，以犹太和东欧后代人中多见；后者为后天因素所致。

3. 多动性抽动—秽语综合征的临床表现

男性多见，约为女性的3倍，90%以上于2~15岁发病。不自主的突发的多动性抽动为其临床特征之一。首发症状从面、颈部开始，并自上向下蔓延。抽动的部位和形式多种多样，头面部有眨眼、斜眼、皱额、揪鼻、努嘴、歪嘴、张口、舐舌、咬唇、咬牙、摇头、点头、仰头等不自主动作。抽动至四肢则可见耸肩、缩颈、上肢屈曲、伸直、甩动、举臂指划、握拳伸指、髋膝关节伸屈和局部肌肉抽动。在胸部可见挺胸、弯腰、扭腰、胸腹肌抽动。还可出现惊跳、四肢甩舞，以拳击胸、躯体旋转等全身不自主运动。以上不自主运动均有突然、短暂、似冲动强制、闪电式的特点，且往往多个部位同时抽动。

另一特点是在抽动的同时，可有暴发性的不自主的发声和秽语。表现为喉鸣声、吼叫声，以后转变为突发的刻板式咒骂，陈述污秽词句。有些患者在不自主抽动后逐渐产生语言运动障碍。部分患者还可出现模仿言语、模仿动作、模仿表情等行为。不自主喉鸣或秽语出现较晚，仅20%在早期出现，60%在起病

6~7年后出现。此症状出现的平均年龄为13.5岁。有些患者在该症状出现后又可消失。此症状在本症中是一种十分特殊、很有价值的症状。但由于多数患者在早期并不出现，且在后期还可自动消失，故不见其出现并不能排除本病的存在。约50%的患儿可出现神经系统体征以及脑电图的改变。神经心理检查可呈现轻度器质性损害的表现。

本症一般不会有智力及其他精神行为问题，但随着年龄的增大，症状若持续不愈，会给社会生活、社交活动带来问题，如退缩、抑郁等。尚有报告，本病可伴注意缺陷、学习不能及情绪障碍如强迫观念和强迫行为，如强迫性性欲和强迫性攻击行为等。本症在紧张、焦虑、疲劳、睡眠不足时可使症状加重；入睡、精神松弛、萎靡或发热症状可消失或减轻。本症的另一特点是病情有波动性，时轻时重，可缓解，可恶化；抽动部位及强度、频度均可发生变化。

4. 多动性抽动—秽语综合征的诊断标准？

早期诊断比较困难，常常误诊或漏诊。但随着病情的进展，症状的不断出现，诊断不难。以下表现可供诊断时参考：

- 起病年龄在2~15岁，多在3~10岁之间。
- 多发性抽动，主要表现为不自主的、重复、快速、无目的性的多组肌肉抽动。
- 喉鸣或秽语的出现具有诊断价值。
- 症状的强度及部位富有波动性和变化性，一般每隔数周或数月有一次变化。
- 睡眠或极度兴奋时症状可消失，也可有短暂性的自行强行抑制使之不发作，但以后短时间内抽动更剧烈。
- 症状持续1年以上，常为终生慢性经过。

5. 如何防治多动性抽动—秽语综合征？

（1）行为疗法：对患儿进行心理支持，鼓励患儿参加体育活动，合理安排作息时间，避免过度紧张和劳累。

（2）药物：

● **氟哌定醇**（haloperidol，HAL）：当不自主运动对小儿的学习、社会-心理有不良影响时即可用本药治疗。剂量按每天0.02~0.05毫克/千克。一般从小剂量开始：0.25毫克，1天2次或者每天1次，每次0.25毫克亦有见效者。如无效，可每周加量一次，直到取得满意疗效为止，一般在儿童可高达1~6毫克/天（分3次口服）。该药平均疗效约85%。停药后可复发，继续用药可控制症状。故需坚持用药，有时达数年之久。本药最常见的副作用为锥体外系征，可用等量盐酸苯海索口服避免之，亦可口服东莨菪碱。近来有报道，本药与肌苷联合用药的效果优于氟哌定醇单独应用。肌苷剂量为每天30~50毫克/千克。当取得满意效果后，可用肌苷维持治疗。

● **可乐定**（clonidine）：当氟哌定醇为取得满意效果或临床上需用其干预时可换用可乐定。开始剂量为0.05毫克，1天2次。每1~2周剂量可增加（0.05毫克/天）直到每天0.2~0.5毫克。副作用有口干、一过性嗜睡、噩梦、情绪变化、胃肠道症状。如突然停药可发生反跳性血压增高。因此如停用药时需在4~5天内逐渐减量。

● **哌咪清**（pimozide，orap）：氟哌定醇无效时可考虑应用哌咪清。该药是强力的多巴胺阻断剂。开始剂量为0.1~1毫克，如无效每周增加一次剂量（1毫克），直到6毫克。

● **泰比利**（tiapridum）：对中枢边缘系统多巴胺能亢进有抑制作用，对纹状体多巴胺能运动障碍有拮抗作用。剂量为100毫克，1天3次。本药毒性低，作用快，无锥体外系不良反应。

● **其他**：还可试用三氟拉嗪、左旋色氨酸、二甲氨基乙醇、r-氨基丁酸、氯硝西泮等治疗。由于该症的抽动及不自主喉鸣等是多巴胺功能增强的表现，应用哌甲酯、苯丙胺等中枢神经兴奋药可使症状加重，故属禁忌。催眠抗痉药物也无明显疗效。

十、儿童孤独症

儿童孤独症最早由Kanner(1938)在Johns Hopkins医院观察到一例5岁男孩Donald,表现一些奇特的症状。患儿似乎生活在自己独有的世界里,他旁若无人,尽管他有惊人的词语量,但他不能与人正常对话。他的父亲说,当他2.5岁时就表现出记忆力很好,能流利地背诵圣经第23节及美国历届正副总统的名字,能顺背和倒背字母。很少与人讲话,又常常把自己说成"你",把对话人说成"我"。他迷恋于旋转木棍、车轮和其他圆的东西,他对周围物体安放的位置记忆清楚,对位置的变动和生活规律轻微的改变感到烦躁不安。至1943年,Kanner又陆续看到10例与Donald类似的病例,Kanner将这类患儿命名为"早发性婴儿孤独症",又有人称它为"自闭症"。

1. 什么是孤独症?

孤独症或自闭症(Autism)属于儿童广泛性发育障碍范畴内的疾病单元,指起病于婴幼儿期,具有社会交往、语言沟通和认知功能特定性发育迟缓和偏离为特征的神经精神障碍。Kanner(1943年)首次报道"早期婴儿孤独症"的概念时提出,出生后不久即出现:①极度孤独;②言语发育迟缓;③言语不起交流作用;④游戏活动重复而简单;⑤孤立性才能。Rutter(1968年)将孤独症的主要特征归结为:①缺乏社会兴趣和反应;②言语障碍:从无言语至语言形式奇特;③异乎寻常的动作行为:游戏形式僵硬、局限,动作具有刻板、重复、仪式性以及强迫性行为;④出生后30个月内起病。这些特征几乎所有的孤独症儿童均可出现。Kanner和Rutter的临床研究为国际ICD-10和DSM-Ⅳ两大系统诊断儿童孤独症的标准奠定了基础。

根据Kanner和Rutter诊断孤独症的标准,该病的患病率在0.02%~0.05%。北美、欧洲和亚洲学者的流行病学研究资料患病率为0.02%~0.13%;日本的资料为7.2/万~11.5/万,近年来日本个别报道高达 1/500~1/200，加上相关系谱病症则可达 1% 左右；用 ICD-10 诊断标准患病率为 0.064%。我国尚无流行病学调查资料。男女发病有明显差别，多数报道在（4~5）：1 之间，我国报道为（6.5~9）：1。在伴有严重智能发育迟缓的患儿中，男女性比例相近，但女性病情更为严重，有认知障碍家族史者也偏多。

2. 儿童为什么会患孤独症呢？

（1）遗传因素：有研究表明，遗传因素在孤独症的发病中是一个不可忽视的因素。

● **同胞患病率：**Smalley 于 1988 年报告孤独症中，同胞患病率为 2%~3%，超过一般群体的 50 倍。

● **高发家系的研究：**Ritvo 等于 1985 年进行了一份较大样本的高发家系研究，在 46 个家庭中 41 个家庭有 2 名孤独症患者，其余 5 个家庭有 3 名孤独症。作分离分析最大可能分离率估计为 0.19，与常染色体显性遗传预期值 0.50 不符，而与常染色体隐性遗传预期值 0.25 较接近。故推测孤独症有可能是常染色体隐性遗传。

● **家族中认知功能缺陷者频率较一般群体高：**20 世纪 80 年代初，Rdtter 研究孤独症认知功能活动认为，认知功能活动缺陷是孤独症的基本缺陷。基于这一论点，Rutter（1971）发现约 25% 的孤独症患儿家庭内有言语发育延迟者。

（2）神经生物学因素：孤独症儿童可能有异常所在，但其发育障碍与正常组对照无清楚的界限，与病情严重程度无一致反应；神经生化代谢研究大约有 1/3 的孤独症儿童血中 5-HT 水平增高，但其意义亦尚不清楚；有研究发现孤独症儿童血浆中肾上腺素和去甲肾上腺素增高，血小板中肾上腺素、去甲肾上腺素和多巴胺下降，此结果提示孤独症的许多症状可能受到包含去甲肾上腺素系统的蓝斑部位的影响。

（3）神经生理学因素：孤独症儿童自发脑电图异常率为

10%~83%,大多为广泛性异常,表现为慢波增多,无特殊性。其中慢波棘波多见可能由于孤独症伴发癫痫有关;诱发电位研究发现孤独症 P3 波较小,意义尚不清楚。

(4) 围产期并发症问题:孤独症儿童与正常儿童比较,围产期有较高的合并症发生,或者他们在围产期不是处在良好状态。研究 30 例孤独症患儿,其母亲有孕产期不利因素者共 21 例(70%),其中母孕期存在各种健康问题 7 例,分娩中不利因素 14 例。

(5) 社会心理因素:孤独症的社会生理学原因在 20 世纪 70 年代前已作了大量的研究,结果表明孤独症不是任何单独的社会学和心理学原因引起的。孤独症可以发生在任何阶层的家庭中,并且以后研究亦提示了孤独症的发病与许多重要的生物学、医学的因素有关。当然,迄今为止,仍未能阐明孤独症的病因和发病机制,但至少把它看成是多种生物学原因引起的广泛发育障碍所致的异常行为综合征。

3. 孤独症有什么临床表现?

(1) 社会交往障碍:Kanner 认为,社会缺陷是孤独症的核心。

● 有的患儿在婴儿期就表现出避免与他人目光接触,也缺少面部表情。

● 当别人要抱他起来时,往往不会像正常儿童那样伸出双手表现出期待让人抱起的姿势。有的患儿甚至拒绝别人的拥抱,或当抱起他时表现僵硬或全身松软。

● 当父母离开时没有明显的依恋,而父母回来时也没有愉快的表示。

● 当他们感到不愉快或受到伤害时,也不会去寻找母亲的安抚。

● 和父母容易分离,跟随陌生人和跟他们的父母一样;亲人呼唤他们的名字时也常不理会,无反应,使人怀疑他们是否有听力问题。5 岁以后症状有所改善,患儿与家庭成员的接触可能得到较大的发展，变得对他们有些感情，但患儿仍极少主动进行接触，在与伙伴玩耍的活动中常常充当被动角色，缺乏主动兴趣。

● 有追踪研究报道他们青春期后仍缺乏社交技能，以至不能建立恋爱关系或结婚。

（2）言语发育障碍：孤独症患儿表现的言语、语言障碍十分常见亦十分严重。孤独症的语言障碍是一种质的全面损害，具体表现以下几种形式：

● **沉默不语或较少使用语言**：有的患儿在婴儿期就不咿咿呀呀学语；有的是在2~3岁以前曾经有表达性语言，以后才逐渐消失，有的则完全消失。有报道大约有1/2的孤独症患者终生沉默；他们倾向用手式或其他方式来表达他们的要求及意愿，在极少的情况下使用极有限的语言。

● **语言运用能力的损害**：表现在不会主动与人进行交谈，不会提出话题或维持话题；他们常常是自言自语，毫不在意对方听不听，也不顾及周围的环境或者别人正在谈话的主题；他们的眼光不看着对方，也不在意对方回答或不回答；有的患儿还不会使用代词，或代词使用颠倒，以致他们的言语变得毫无意义或不知所云。为此有的患儿即使具有相当的词汇量，他们也不能运用词汇、语句来与人进行正常的语言交流。

● **刻板重复的言语或模仿言语**：这一表现十分常见，模仿言语可以表现为即刻模仿或延迟模仿。即刻模仿：别人刚说完，患儿立刻重复别人刚说过的话；延迟模仿：患儿模仿重复别人说过的或收音机、电视播过的话，可能是几小时、几天，甚至数十天。刻板重复的语言有的是反复模仿别人说过的话，有的是患儿重复提类似的问题或要对方回答一样的话，或重复自己自造的话，这种刻板重复言语有时表现患儿反复写一样的字、画一样的画，或讲一样的“小故事”，有的患儿则表现出无原因反复的尖叫、喊叫。

● **言语音调、节奏的障碍**：言语缺乏声调，存在速度、节律、韵律、重音等方面的问题，语言单调平淡，缺乏抑扬顿挫和情感表达。

● **出于自我刺激的使用言语：**患儿有时尖叫，哼哼或发出别人听不清或不可理解的话；或者是他们自顾自地说话，仿佛是他们自我进行的一种游戏，也有称之为“自我中心”语言。

● **非语言性交流的损害：**缺乏手势或姿势的语言，患儿很少用点头、摇头或其他面部表情来表达某种需要和要求，即使他们完全懂得别人姿势的含意，也不常使用姿势。

（3）兴趣范围狭窄以及刻板、僵硬的行为方式：

● **对环境倾向于要求固定不变或不正常反应：**表现对日常生活常规变化的拒绝，有的患儿每天要吃同样的饭或菜，数年不变，每天固定的排便时间、地点或便器，出门一定要走某条路线，若变动了则表现烦躁不安、吵闹或拒绝。

● **不寻常的兴趣和非同一般的游戏方式：**表现对某些物件或活动的特殊迷恋，患儿常常对一般儿童所喜欢的玩具、游戏缺乏兴趣，相反对某些通常不是作为玩具的物品及游戏活动具有特别的兴趣和迷恋，尤其是圆的或可以旋转的物品，如喜欢锅盖、瓶盖、车轮，观察旋转的电扇，观察奔驰火车的车轮，达到着迷的程度。对喜欢的物件终日拿着，可数十天不让更换，若最后强迫更换，那么往往会选择另一件作为新的迷恋对象。

● **刻板、重复的行为和特殊的动作姿势：**表现来回踱步、自身旋转、转圈走、重复地蹦跳，最常见的姿势是将手置于胸前凝视，这种动作常在1~2岁时发生；随着年龄增长而减轻消失，有的是手部有些奇特的动作，这些手部动作最常见是置于其头、脸、额前或胸前还有扑打、摇动、敲击、撞击、前后摇摆身体或头部等动作，有的甚至带自伤、自残的性质，如咬手、撞头、以拳击墙等，这些行为往往在患儿无事可做时出现，有时则在其兴奋、烦躁时频繁出现。

● **对物体的非主要特性感兴趣以及特殊的接触方式：**这是

孤独症患儿常见的现象。如反复触摸光滑物体的表面，有的对光亮的家具、墙面，对光滑的杂志封面、地面反复摸，似乎从中得到一种舒适愉快，有的则不论给他们食物或非食物，接过来都先闻一闻，如一患儿当别人走后要闻别人刚坐过的凳子，抱着闻别人的袜子。有的以体验动感为快，如迷恋于看快速翻动的书页，要求反复地坐快速行进的火车、汽车等。

（4）感知觉的异常：它主要表现为感知觉过弱、过强或不寻常，有的患儿对疼痛刺激反应迟钝。对注射或自残没有反应或反应迟钝。有的对声音、光线特别敏感或特别迟钝，如患儿遇到一点小声就捂上耳朵或斜眼皱眉看光线。有的特别能忍耐苦味、咸味或甜味。有的患儿平衡的能力特别强，如登高，走在窄窄的床上从不摔倒。

（5）智能和认知缺陷：孤独症患儿的智能约有50%处于中度和重度低下水平（IQ低于49），约20%为轻度低下水平（IQ为50~70），还有25%可保持正常。由于大多数患儿不能合作，故通常无法进行智力测量。有的孤独症患儿在普遍智力低下的同时，可具有某些特殊的能力，如对数字、地名、人名不寻常的记忆力或对日期推算和速算能力。儿童广泛性发育障碍的具体表现见图4-7。

4. 诊断儿童孤独症的标准有哪些?

● 起病于3岁以前、病前无明显正常发育期。

● **症状标准**：严重的社交障碍；不同程度的社交用语或语言发育障碍；重复刻板单调的动作或行为。以上三大类症状的表现可参阅临床表现。

● 排除了其他精神病，如精神分裂症、婴儿痴呆等。儿童广泛性发育障碍筛查见表4-4。

● **注意您的孩子**：是否有下面的行为举止（表4-5）；如有任何一条，请及时看儿童心理专科！

图 4-7　儿童广泛性发育障碍的具体表现

表 4-4　克氏行为量表

行为表现（根据您的孩子最近一个月内的情况）		从不	偶尔	经常
1	不易与别人混在一起玩			
2	听而不闻，好像是聋子			
3	教他学什么，他强烈反抗，如拒绝模仿、说话或做动作			
4	不顾危险			
5	不能接受日常习惯的变化			
6	以手势表达需要			
7	莫名其妙地笑			
8	不喜欢被人拥抱			
9	不停地动，坐不住，活动量大			
10	不望对方的脸，避免视线的接触			
11	过度偏爱某些物品			
12	喜欢旋转的东西			
13	反复做些怪异的动作或玩耍			
14	对周围漠不关心			
记分		0	1	2

填写人：　　　　　　　　　　与儿童的关系：

表 4-5　早期发现孤独症患儿临床症状的排查项目

没有视觉接触	和人不亲近	莫名其妙的笑	极端好动	难以与别的儿童交往
旋转东西	对痛反应迟钝	不怕真正的危险	持续的怪异玩法	过度被动的安静
听而不闻，像聋子	冷漠的态度	以手势表达需要	无特别原因却表现极度难受	
可能不愿踢球但可堆积木	对某物有不当的密切关系	粗动作与精细动作发展不平均	仿说（重复别人的话）	

5. 孤独症儿童的预后怎样？

孤独症大多是慢性病程，预后较差。到成年期他们的行为可能有以下三种类型：①仍然远离他人，与正常人不同；②积极友好，能长期与人在一起亦无明显的焦虑不安；③虽被描述成活跃，但行为离奇有社会交往的不适应。

6. 孤独症怎么矫治？

（1）教育性治疗：教育性治疗是孤独症的主要治疗方法之一。教育的目标是教会他们有用的社会技能，如日常生活的自助能力、与人交往方式和技巧、与周围环境协调配合及行为规范、公共设施的利用等最基本的生存技能。在教育训练的过程中要特别注意个别化。按照每位患儿的具体症状、程度，分别制订详细的计划和步骤。教育训练开始的年龄越小越好，获得后越容易固定下来。教育训练中要特别注意父母所起的作用。在这里父母不仅作为教师和训练人员出现，而且作为一个“人”，通过训练使他们对父母即对人感兴趣，并且学会交往技能和技巧，以及不同的交往方式。他们不宜长期住院，有条件可让父母与患儿同时住院，目的在于让父母学会训练的方法。教育治疗还应做到坚持性和长期性，要让教师和父母懂得不能期望在短期的训练中改变患儿的行为或一定能学会一项技能。有时看起来是非常简单的生活基本技能和习惯，而对孤独症儿童来说则需要6个月或更长的时间。因此，必须极耐心和持之以恒地坚持教育与训练。

（2）行为矫治：治疗重点应放在促进孤独症儿童的社会化和语言发育上，尽量减少那些干扰患儿功能和与学习不协调的病态行为，如刻板、自伤、侵犯性行为。一般采用在高度结构化的环境中进行特殊行为矫正。

● 由于家庭环境的个体差异较大，因此，治疗方案应个别化。有的治疗措施对某些患儿有效而对另一些患儿却无效。

● 由于孤独症儿童的缺陷可以在环境中泛化，所以设计治疗的方案，应该是保证有步骤地改善行为的泛化，帮助他们尽量把在医院或学校里学得的技巧移植到家里或其他场合。

● 治疗的另一目的是促进儿童的社会化发育，故不宜长期住院，以家庭为基地的措施能取得家庭成员的密切合作，共同解决家中的问题，通过训练父母和当地的特殊教育老师去实施行为治疗可取得最佳效果。

（3）药物治疗：目前药物治疗尚无法改变孤独症的病程，但可能在某种程度上控制某些症状。使用的药物有抗精神病药、中枢神经兴奋剂、抗组织胺类药、抗抑郁制剂和维生素等，但疗效均无定论。

十一、社会能力发育及适应障碍

近些年来，随着社会的发展，儿童社会能力的发展备受关注。儿童丰富的社会生活每天都在经受环境的考验，它既可以为儿童带来欢乐，也会给儿童造成沮丧和焦虑。例如，如何面对成人和同伴的相互关系、如何处理自已感到棘手的“生活问题”……。如果处理不当，就会给儿童的社会认知功能带来适应障碍。

1. 儿童的社会认知能力包括哪些？

儿童在社会环境中的“成功与失败”取决于他们的社会认知能力。社会认知能力包括语言的社会认知和非语言的社会认知。

（1）语言的社会认知：儿童时期，语言能力在社会认知的成功方面起着至关重要作用。良好的语言应用能力可以使儿童更好地与人（成人或者同伴）沟通、可以让儿童在与人沟通时说适合适宜的话；语用（在社会情境下，儿童能有效地使用语言）能力差的儿童常常在社会情境下，出现交流问题。有这样问题的儿童可能也存在语言障碍。

语言应用功能及其障碍主要表现在：专用语言的流利性、话题的选择和保持、情绪的表达和解释、幽默的应用和理解、相匹配的情感、语言方式的改变、正确了解听者的需求和要求技能等。下面是对比较常见的语言应用功能及其障碍简单的表述：

● **专用语言的流利性**：是指儿童运用一定的流行语言，在群体中进行交流的能力。有些儿童在使用流行语言中有困难，即使试图使用也表现得不自然，有些根本不会讲。话题的选择和保持是指儿童在和别人交流时，选择的话题恰当性。有些儿童在与别人交流时，语言运用不够恰当，不懂得自己该什么时候说、说什么、说多久，以至于自己说个不停，也不能围绕一个话题进行交流，东扯西拉。情绪的表达和解释是指运用语言表达自己的情绪与情感。如“语用”困难的儿童在生气时，不能用语言表达自己的感受，会与别人产生摩擦；或者由于他们语调、选择的词语及口气不当，常常引起他人的误解。幽默的应用和理解是指运用语言的趣味性。语言运用能力有缺陷的儿童常不适当地使用趣味性，使人感到哭笑不得；与此同时这样的儿童也不能理解别人的幽默。相匹配的情感是指用语言作为情感的交流，即别人说笑话时，儿童也能用幽默的语言参与。当儿童有语言运用缺陷时，在别人说笑话时，他很难做出正确的反应。语言方式的改变是指在不同情境和不同对象说话的方式也会不同。但是这一能力差的儿童很难掌握这种分寸。正确了解听者的需求是指说话者能够知道听者的理解水平和他们需求。该方面有缺陷的儿童不能估计对方的需求。要求技能是指自己有求于他人时，运用的语言规范。有些儿童在这方面的确有问题，如当他有求于别人时，自己的运用的语言生硬、语调和用词不当，会与他人产生摩擦，甚至采取行动，容易被人否定。

（2）非语言的社会认知：这类社会认知有助于儿童与同伴的交流。当这类能力不足时，会使儿童的社会生活感到不愉快，甚至痛苦。非语言应用功能及其障碍主要表现在：自我表现的技能、相互交流的行为、觉察自己的影响、合适宜的交往、社会反馈的敏感性、社会控制水平、冲突的解决、恢复的策略等。下面是对比较常见的非语言应用功能及其障碍简单的表述：

● 自我表现的技能是指儿童能有意或无意向外界展示自己的能力。他们知道自己应该如何穿着、懂得个人卫生、发展个人的兴趣及适当地表现自己以引起别人的注意。而有些儿童却令人讨厌，但是自己又不意识到，影响与同伴的交往。

● 相互交流的行为是指个人的行为表现使他人产生好感。这一能力不足的儿童往往以自我为中心，不愿意与他人分享，不肯为他人做好事。

● 觉察自己的影响是指能正确评估自己在群体中的影响。某些儿童这种能力低下，常常对自己的社会状况认知不足。

● 合适宜的交往是指儿童理解如何发展与他人关系的能力。有问题的儿童常常在交往的早期非常冒失，而在交往中常常冒犯他人。

● 社会反馈的敏感性是指个体必须知道如何发展与他人的关系。有些儿童在与同伴交往中，常常不能意识自己的行为或者语言已经引起别人的反感，或者说“好得罪”别人，仍然我行我素。

● 社会控制水平是指社会认知成功的儿童常常能与他人保持良好的人际关系，既不专横也不胆小。而有社会认知问题的儿童常常不能保持这种平衡，从而过分地要求别人。

● 冲突的解决是指社会认知较好的儿童能较妥当地处理人际冲突。许多社会适应不良的儿童面对社会的应急事件，常常反复无常，有进攻性和自我伤害行为，他们缺乏忧患解决社会冲突的能力。

● 恢复的策略是指儿童受到社会挫折，恢复的能力。有些儿童遇到挫折后，不过于忧虑，比较坚强；但是有些却留下伤疤，产生退缩或过度焦虑，很难从挫折中恢复过来。

2. 如何处理儿童的社会认知问题？

● **说明存在的问题，进行个体咨询：**发现儿童有社会认知问题后，应该及时指出他需要注意、学习和纠正的地方。在矫治的过程中，应该让儿童自己用词汇描述自己的社会认知不足的地方，以更好、有针对性的治疗。值得注意的是，有社会认知问题的儿童需要一对一的咨询。当儿童与某人相处不好时，应该在给予儿童咨询的同时，又给予有问题儿童相关的人也进行指导。

- **家庭、学校、社会共同支持：**当儿童被同伴排斥，父母的支持起非常重要的作用。这可以让孩子感到父母同情他并站在他的一边；与此同时，父母应该与孩子一起分析社会能力不足的原因、回顾孩子的社会经历，使他内心逐渐强大，逐渐拥有克服自己社会能力不足的勇气。学校最好开设社会认知课程，使学生更好地理解社会生活的复杂性；对在学校表现出认知能力差的学生，要倡导同学的“同情心”，以帮助他们能力的增强。社会各界应采取一些措施帮助社会认知不足的儿童，使他们发挥自己的长处，如在学校的活动中展现自己长处的一面，以增加自己的信心。

- **社会技能训练：**通过教学的手段，培养儿童有关社会认知的能力。在教学中，还可以请训练有素的人进行指导、进行小组活动、展开讨论、看录像，使儿童社会能力的意识形成及维持有意义的社会关系。

十二、虐待与忽视

儿童虐待所涉及的范围很广，包括各种不同的虐待行为、犯罪行为以及失职行为，而这些行为所致的结果会引起儿童患病或死亡。1962年，国外研究人员提出“虐待儿童综合征”，该综合征是指受虐儿童出现的临床症状、体征。从此，对虐待儿童的研究也日渐增多。虐待或忽视儿童是一个严重的国际性的公共卫生问题，它既可导致儿童躯体伤害、疼痛和伤残，也可引起心理精神障碍、生长发育落后等问题。因此，越来越多地受到政府部门、非政府组织及公众的关注。目前，联合国儿童基金会宣布：虐待已经和艾滋病、战争、生存条件欠佳以及失学一起成为世界儿童面临的五大威胁。由于对儿童虐待行为尚未有统一标准；种族、文化习俗、价值观、社会制度以及经济状况等背景的不同；家庭中发生儿童虐待具有隐匿性，被掩盖或漏报等情况，其发生率的报道有一定差异。由于人们对受虐经历羞于报告，虐待的报告发生率往往低于实际情况。因此，在一般人群中，儿童虐待的确切发病率尚不清楚。WHO 估计每年有 1/10 000~1/5000 的 5 岁以下儿童遭受躯体虐待。西方国家社区样本研究显示，躯体虐待发生率为 8.1%~10.7% 之间；性虐待发生率在 9%~28% 之间。美国 20 世纪 80 年代调查的儿童躯体虐待的年发生率为 3.4%~5.7%。日本调查表明，躯体虐待在婴幼儿和小学生发生率最高，初中多见性虐待，53.6% 为躯体虐待，26.7% 为忽视，11.1% 为性虐待。在 2003 年举行的“国际防止虐待儿童研讨会”上，有调查显示，我国 3~6 岁的城市儿童中平均三成遭受了某些形式的“忽视”。这个调查是有关专家在 25 个城市，1163 个 3~6 岁儿童中进行的。结果显示，对儿童的平均忽视率为 28%，家长经常不与孩子交流、游戏而造成的情感忽视是发生率最高的一种忽视形式。2005 年由联合国儿童基金会与中国全国妇联等机构联合进行的一项调查显示，如同世界其他国家一样，中国也普遍存在着虐待儿童的现象。在北京等 6 个省市对近 4000 名大、中专学生进行的匿名问卷调查显示，约四成曾受到过不同程度的身体、情感或性虐待。

从现有的资料，可得出以下结论：①儿童期的身体虐待、忽视和性虐待非常普遍，已经是一个不容忽视的公共卫生问题；②在虐待受害者中，女性往往多于男性；③虐待多发生在家庭中；④虐待的报告率远远低于实际情况，受害者中仅有一小部分人报告了他们的受虐经历。

儿童虐待的预后与治疗干预的利用程度及治疗效果有关，承认虐待事实并自愿寻求帮助的父母，比不承认虐待且不愿接受治疗的父母更可能改变其虐待行为。有报道，没有接受治疗干预的受虐儿童，约20%~50%发展为较难治愈的神经行为伤害。

1. 儿童虐待与忽视如何分类?

（1）身体虐待：①仅涉及行为本身，如虐待方式（拳打脚踢等）、殴打的身体部位、是否使用器械；②侧重于虐待的行为后果，包括儿童所受躯体伤害和精神伤害的程度；③侧重于行为动机或意图。身体虐待常见于年轻的父母或者文化程度较低的监护人。

（2）情感虐待：由于长期持续或严重的情感拒绝或虐待致使对儿童的情感和行为发育造成实际的或潜在的伤害，包括限制活动、威胁、恐吓等行为，或者贬低、诋毁、讽刺等非身体性的敌视或拒绝。

情感虐待不仅来自父母，亦可由家庭其他成员或亲戚、邻居、保育员以及拘留所、弱智中心、幼儿园、医院等场所的人员所为，亦可是有权力的人士甚至负责儿童福利的有关人员所致。由孩子自己的父母所致的情感虐待可能更为严重。有时虽然孩子无父母照护，但在这种情况下情感虐待亦相当严重。它可通过言语、威胁等方式表现。

（3）忽视：父母或监护人由于忽视而未履行对儿童需求的满足，以致危害或损害了儿童的健康或发展。目前国际上普遍认为忽视应包括：身体忽视、情感忽视、医疗忽视和教育忽视。

● **身体忽视：**指忽略了对孩子身体的照护（如衣着、食物、住所、环境卫生等），它也可以发生在儿童出生前（例如孕妇酗酒、吸烟、吸毒等）。

● **情感忽视：**指没有给予儿童应有的爱，忽略对儿童心理、精神、感情的关心和交流，缺少对儿童情感需求的满足。

● **医疗忽视：**指忽略或拖延儿童对医疗和卫生保健需求的满足。

● **教育忽视：**指没有尽可能为儿童提供各种接受教育的机

会，从而忽略了儿童智力开发和知识、技能的学习。

（4）性虐待：①接触性性活动：指发生与成人和未满18岁儿童之间的以儿童为性满足工具的性接触，包括抚摸、亲吻、生殖器接触及性交等；②非接触性的性活动：如露阴、窥阴、观看色情影视片、目睹成人性行为等。

儿童性虐待是在儿童未认识到此种行为的情况下的一种犯罪，是成人或年龄大于孩子的人引诱或强迫孩子进行的性行为，是成人为满足性要求而进行的性剥夺和性利用。

2. 发生儿童虐待与忽视的原因是什么?

● **儿童个体因素：**儿童出生后的生理与智力情况是否让父母满意，会影响到他们以后是否被虐待。部分受虐儿童有智力和躯体发育迟缓，或有出生前后脑损害、早产及低出生体重的病史，致使被父母视为负担，遭受虐待。气质为养育困难型儿童，易激惹、哭闹无常、难于安抚和纠缠母亲等，容易导致父母的厌烦情绪而遭忽视或打骂排斥。具有多动、顽皮、攻击性行为等特征的儿童也易遭致父母打骂；入睡困难、睡眠不宁、遗尿、抽动性问题和慢性疾病的儿童亦容易遭到虐待。儿童长期受虐可造成心理和生理发育不成熟或异常，进而给抚养造成困难，容易形成负性亲子关系，导致受虐的延续。

● **家庭因素：**不期（非计划内）怀孕、家庭经济情况欠佳、社会地位低下、过频的应激事件、家庭破裂或夫妻不睦等可成为父母或监护者虐待儿童的直接原因。父母本身容易冲动或应付生活事件能力差，当遭受挫折时易将怨恨转嫁给孩子；家庭出现危机时（如夫妻吵架、婆媳不睦、失业、同别人吵架、与上司矛盾等），父母更难于忍受儿童哭闹或纠缠，容易对儿童施暴；施虐者在儿童期本身有被虐待的经历；一些施虐父母存在智力偏低，有酗酒、吸毒、人格和情绪障碍；家庭保姆不耐烦儿童哭闹、报复其父母、个人素质差等问题在近年来虐待儿童事件中有上升趋势。

● **社会因素：**某些落后的文化模式、风俗习惯对儿童虐待有重要影响，如信仰某些宗教拒绝送患病儿童就医而导致患儿死亡；中国古训“不打不成材，棍棒出孝子”的教育方法导致一些家长与老师体罚儿童；家庭片面重视早期教育，剥夺儿童的游戏玩耍时间，造成许多儿童继发情绪和行为问题；传统的性别歧视致使丢弃女婴、虐待女童的现象存在；近年来，在日美等国家校园内暴力事件和虐待（欺侮）同学事件日渐增多，导致受虐儿童逃学、离家出走、拒绝上学、报复性凶杀、自杀等事件时有发生。

● **神经心理改变：**儿童期遭受虐待，可造儿童后期出现极端的人格改变。童年受虐可影响大脑的边缘系统。早期遭受虐待儿童的脑电图（EEG）异常率明显高于正常儿童。功能磁共振（fMRI）研究发现，这类儿童到成年期时大脑的海马出现缩小，而且杏仁核也缩小。

3. 儿童虐待与忽视有哪些表现？

儿童躯体受虐的表现取决于受虐方式，可出现多部位的皮肤青肿、紫块和伤痕，皮肤烧灼伤，头皮下血肿，骨折，内脏损伤，营养不良，脱水，有的儿童在暴力虐待后死亡。忽视常导致儿童意外伤害的发生，如烫伤、跌落伤、触电、呼吸道异物窒息、淹溺、误服药物、车祸、遭歹徒攻击等。虐待事件可构成童年期创伤性体验，印刻在儿童长时记忆或潜意识中；有些儿童可出现创伤后应激障碍（posttraumatic stress disorder，PTSD）。受虐儿童的近期表现主要是极度自卑、焦虑、抑郁，伴有噩梦和睡惊、惊恐发作、惊跳反应、警觉性增高，还可产生苦恼和悲伤，自尊心降低，甚至有自杀企图和自杀行为。也可表现对他人攻击行为、对动物残忍和虐待、自虐、自残等，儿童常对该事件进行反思，易出现内疚感，心情压抑、害羞、胆小，青春期时可以诱发癔症性发作。长时间受虐待的儿童常出现否认和麻木为特点的心理状态，受所谓“心理防御机制”作用，对痛苦的经历守口如瓶或否认、避而不谈，甚至遗忘。对痛苦的感觉迟钝、情感体验缺乏、回避心理上的亲近、行为上表现淡漠和残忍。长期的心理防御机制作用可以罹及儿童的人格发展,出现某种特质的“问题人格”,以负性情绪为主,如抑郁、自我评价低下、性功能障碍、反社会人格、PTSD、边缘性人格等。长期受虐儿童可出现智力与躯体发育延迟,语言能力差。大量资料表明,受虐儿童较多发展为成年期精神障碍、攻击倾向及反社会行为。不论受一次或长期的虐待,儿童会表现如下特征:①反复的想象性回忆,多在厌烦学习、入睡前、看电视等不太紧张时出现,小年龄儿童的回忆形式以感觉为多,言语成分较少;②重复行为增多,回忆受虐待时,常伴随当时的心理生理性反应;③特定的恐惧,对与虐待相关的事物可泛化到害怕黑暗、陌生人、动物、车辆、房间、弃屋等,不敢独处、外出;④对人、社会、未来的态度发生改变,表现为对周围人、物不信任,对前途悲观失望,认为周围布满危机等,要么自我封闭,要么自暴自弃。边缘人格对待他人的方式容易绝对化,通常从崇拜某人到极端地诋毁和敌视同一人。甚至突然发怒或有瞬时的偏执狂或精神严重变态。

● **如何诊断儿童虐待与忽视呢?**

凡因躯体损伤而就诊的儿童都要考虑被虐待的可能,要仔细了解受虐待病史,躯体检查有损伤存在和特殊检查。如有骨折证据等即可作出诊断,但应排除骨骼系统疾病、出血性疾病和意外受伤等情况。下列情况也应予以关注:就诊时儿童表现与场景不符的恐惧、焦虑、表情淡漠、退缩、对视回避、不明原因的营养不良、穿着脏破等。了解父母的下列情况,会提供虐待可能存在的信号:父母本身或孩子经常挨打或挨饿,父母有精神疾病史或犯罪违法记录,父母过去被怀疑过虐待孩子,父母属于缺乏自尊、孤僻和抑郁型的人,父母婚姻不和,债务和生活压力大,频繁搬家,父母性格容易冲动,父母对孩子有不切合实际的过高期望,父母认为孩子经常给他们制造麻烦,父母不想要孩子等。

4. **怎么防治儿童虐待与忽视呢?**

● **社会干预及家庭危机干预**:我国已颁布实施《未成年人

保护法》,全社会都要宣传儿童的合法权益,反对体罚和虐待儿童的行为。对虐待儿童的家庭进行直接干预和家庭治疗,必要时对施虐者予以刑事追究和处罚。对父母存在的病态人格和情绪异常等进行必要的心理治疗。开展学校和家庭健康教育,将适宜知识传授给广大家长和教师。

● **治疗儿童:**尽可能及时处理好危机,积极治疗躯体损伤的同时,采取行为矫治和心理治疗方法治疗儿童的情绪创伤。治疗期间,受虐儿童一般应继续留在家中,如有继续受虐的可能时可暂时寄养于健康家庭与施虐者隔离。

● **治疗施虐的父母:**根据父母情况采取相应的心理治疗,如精神分析、人本主义疗法等。设立热线电话或危机护理中心;雇佣社区工作志愿者,其职能是临时安置和安抚受虐儿童。

虐待和忽视儿童的预防需要对社会、家庭进行公共教育。同时要提高父母和儿童的自尊意识以及父母对儿童教育的关注。可通过三级预防进行。

一级预防:首先要提高儿童父母(监护人)的育儿知识和技能,充分认识儿童的虐待与忽视。如儿童家长、监护人及各界儿童工作者要了解不同年龄时期儿童体格生长心理发育的特点,合理的营养、护理、锻炼,安全的防护和适宜的教育训练、技能学习等。其次要宣传、普及、实施有关未成年人保护的宪法和各种法律。此外,要改善养育子女的观念。要懂得儿童应在德、智、体、劳全面得到发展,懂得儿童是一个独立的个体,要尊重儿童,又不能视为“成人的缩影”,即“小成人”;同时还要重视保护和培养儿童的自尊心和自信心。针对有儿童忽视或虐待的危险因素人群,要给予特别的教育培训,提供防范措施,以免不良行为逐步升级,对有人格障碍心理问题的父母,要给予及时治疗和心理疏导或减压处理。

二级预防:主要针对有发生儿童虐待或忽视的高危人群,以减少使儿童成为被虐待者和使父母成为虐待者的危险因素。其基本措施是采用访谈、观察、调查等方式评估儿童的行为方法,以求早期预防虐待与忽视的不良行为的发生。对已经发生虐待和忽视的儿童要给予及时有效的帮助和处理,同时提供额外的精神或物质支持。

三级预防:是针对那些已经发生儿童虐待或忽视的人群。虽然不能预防已发生的虐待,但应该保证虐待不再发生。基本措施是采用某些法律的保护方法,阻止儿童虐待或忽视的发生。同时对受到虐待或忽视的儿童或家庭,要给予合适的治疗,减少儿童在身体、心理、行为和情感等方面进一步伤害。

5. 虐待与忽视对儿童有何影响?

儿童期正是生长发育时期,在这一时期遭受虐待,会严重干扰儿童正常的生理和心理发育过程,可导致儿童近期或远期不同程度的身体功能、生长发育、行为、认知和情感障碍,造成身体、智力和精神损害。

儿童期虐待所导致的身体伤害由轻到重,有时还伴有脏器功能性和器质性损伤,甚至危及生命。轻者出现躯体损伤、疼痛,严重者造成永久性的伤疤、残疾、死亡等。长期情感虐待还会引起营养不良、体重过轻、发育迟缓、仪表不整、经常疲劳等症状。WHO的资料显示,1999年全世界有281 000例14岁以下儿童死于虐待,以婴幼儿为主,0~4岁因虐待而死亡的儿童数是5~14岁的2倍。《世界暴力与卫生报告》一书中指出:"在2000年,约有57 000名儿童被杀害,其中0~4岁幼儿的危险性最高。更多的儿童遭受非致死性的暴力和忽视。"美国的研究者还发现:在被虐待和被忽视的孩子中,成年后容易患心脏病。

同时,虐待也严重影响儿童的心理和行为发展。经常受到虐待的儿童会对成人及父母产生不信任和惧怕心理;缺乏自信心,行动会变得极端,要么倾向于攻击性,要么畏缩、惧怕;学习成绩显著退步;社交能力差,朋友关系恶劣,害怕回家;经常做噩梦或失眠,情绪低落,自卑感重,甚至有自杀倾向。不仅如此,虐待也会影响儿童的智力发育,妨碍其智能和才能的发挥。众多的研究表明,儿童时期的虐待经历不仅会给受害者今后的生活带来精神和行为方面的问题,包括酗酒、暴力和有自杀倾向等,而且受虐待的儿童更容易误入歧途,走向犯罪,形成严重的社会问题。

与身体虐待明显的症状相比,忽视几乎不造成身体直接伤害的征象,在近期反应中,其危害程度及严重性无明显特异表现,具有“内隐性”,是“看不见的灾难”,故较少引起人们的注意。但是目前越来越多的研究表明:单纯受到忽视的儿童,比仅受到虐待或同时受到忽视和虐待的儿童更易发生心理、行为或情感的异常问题。可以说,儿童忽视的后果不亚于一般身体虐待的损害。

性虐待对儿童期的影响表现为严重忧虑、愤怒、躯体伤害、性生理及心理发育障碍、逃学和离家出走等,对成年后的影响则主要是压抑。有些儿童期遭受性虐待的妇女也出现焦虑、丧失自尊、孤独、性功能障碍和自我伤害行为。其后果可分类如下:①不健康的性观念和性行为:包括自暴自弃的乱交、卖淫、性偏见、性功能障碍(如原发性或继发性性高潮障碍);②叛逆感:其源于对施虐者丧失信任,随后发展为人际间亲密关系的不信任,甚至愤怒与敌视;③无能感:由于孩童时受到心灵和肉体的伤害,表现为恐惧、噩梦、身体不适、无助和失望感;④受辱感:受虐者常常具有犯罪感、羞愧感、丧失自尊,有自我伤害和自杀企图。

参考文献

1. Benoit D. Infant-parent attachment: Definition, types, antecedents, measurement and outcome. Paediatr Child Health, 2004, 9(8): 541-545.
2. Wagner CL, Greer FR. American Academy of Pediatrics, Section Breastfeeding American Academy of Pediatrics Committee on Nutrition. Prevention of rickets and vitamin D deficiency in infants, children, and adolescents. Pediatrics, 2008, 122(5): 1142-1152.
3. Gilbert R, Widom CS, Browne K, et al. Burden and consequences of child maltreatment in high-income countries. Lancet, 2009, 373(9657): 68-81.
4. Chen J, Stahl A, Hellstrom A, et al. Current update on retinopathy of prematurity: screening and treatment. Current Opinion in Pediatrics, 2011, 23(2): 173-178.
5. McGowan JE, Alderdice FA, Holmes VA, et al. Early Childhood Development of Late-Preterm Infants: A Systematic Review. Pediatrics, 2011, 127: 1111.
6. McAnulty G, Duffy FH, Kosta S, et al. School-age effects of the newborn individualized developmental care and assessment program for preterm infants with intrauterine growth restriction: preliminary findings. BMC Pediatrics, 2013, 13: 25.
7. Bronson GW. Self-Regulation in Early Childhood: Nature and Nurture. New York: Guilford press, 2000.
8. Shonkoff JP, Phillips DA. The Science of Early Childhood Development-from Neurons to Neighborhoods. Washington. D. C: National Academy Press, 2000.
9. Ronald E Kleinman. Pediatric Nutrition Handbook, 5th Edition. American Academy of Pediatrics, 2004.
10. Wiener JM, Dulcan MK. Textbook of Child and Adolescent Psychiatry. 3rd edition. Washington, DC: The American Psychiatric Publishing Inc, 2004.
11. WHO/UNICEF. Indicators for assessing infant and young child feeding practices. Geneva: World Health Organization, 2007.

12. Greer FR, Bhatia JJS, Daniels SR, et al. Pediatric nutrition handbook. 6th edition. USA: American Academy of Pediatrics, 2009.
13. Judith E Brown, Janet S Isaacs, U Beate Krinke, et al. Wooldridge. Nutrition Through The Life Cycle. 4th Edition. USA: Cengage Learning, 2010.
14. Robert M Kliegman. Nelson Textbook of Pediatrics. 19th ed. W. B: Sunders Company, 2011.
15. Kliegman RM. Nelson Textbook of Pediatrics, 19th Edition. Philadelphia: Saurder, 2012.
16. WHO/UNICEF. Care for Child Development. Geneva: World Health Organization, 2012.
17. 桦子．教子百问．海拉尔:内蒙古文化出版社,2001.
18. 桦子．我们如何做父母．海拉尔:内蒙古文化出版社,2001.
19. 玛利亚．蒙台梭利．蒙台梭利育儿全书．北京:中国妇女出版社,2006.
20. 石淑华．儿童身心发展与情、智商潜力开发．武汉:武汉出版社,2006.
21. 李雪荣．儿童行为与情绪障碍．上海:上海科学技术出版社,1987.
22. 石淑华．儿童保健学．第3版．北京:人民卫生出版社,2014.
23. 黎海芪．实用儿童保健学．北京:人民卫生出版社,2016.
24. 王卫平．儿科学．北京:人民卫生出版社,2013.
25. 沈晓明,金星明．发育和行为儿科学．南京:江苏科学技术出版社,2003.
26. Marjorie J Kostelnik. 儿童社会性发展指南——理论到实践．北京:人民教育出版社,2009.
27. 顾景范,杜寿玢,查良锭,等．现代临床营养学．北京:科学出版社,2003.
28. 陶国泰．儿童少年精神医学．南京:江苏科学技术出版社,1999.
29. 王声涌．伤害流行病学．北京:人民卫生出版社,2003.
30. Adele Faber, Elaine Mazlish. 如何说孩子才会听、怎么听孩子才肯说．北京:中央编译出版社,2016.

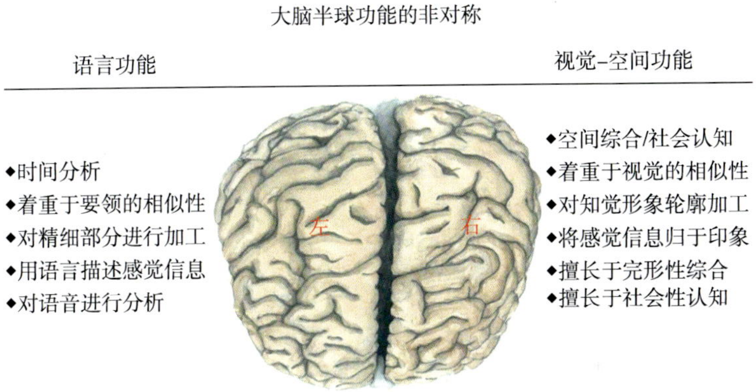

彩图 1-9　大脑两半球非对称功能

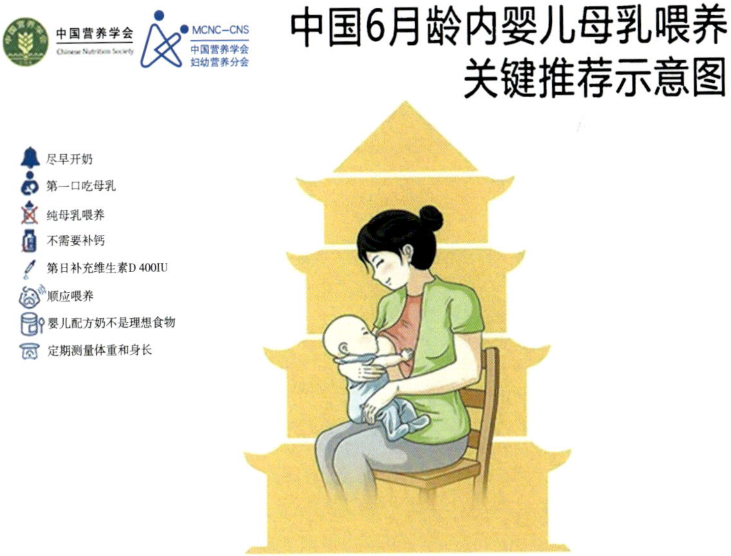

彩图 1-11　中国 6 月龄内婴儿母乳喂养关键推荐示意图

添加目的:补充铁 刺激味觉 吞咽训练	 强化米粉:
 泥状食物:水果泥、蔬菜泥	添加目的:补充铁、少量矿物质、 维生素 刺激味觉 吞咽训练

A

添加目的:口腔功能训练: 咀嚼能力 吞咽训练	 碎状食物
 条状食物	添加目的:眼手协调能力训练 手抓、自己用勺

B

彩图 1-14　婴儿辅食添加

A. 第一阶段:婴儿半固体食物　B. 第二阶段:固体食物

彩图 1-15　中国 7~12 月龄婴儿平衡膳食宝塔

彩图 1-16　中国 13~24 月龄幼儿平衡膳食宝塔

彩图 1-17　中国 2~3 岁幼儿平衡膳食宝塔

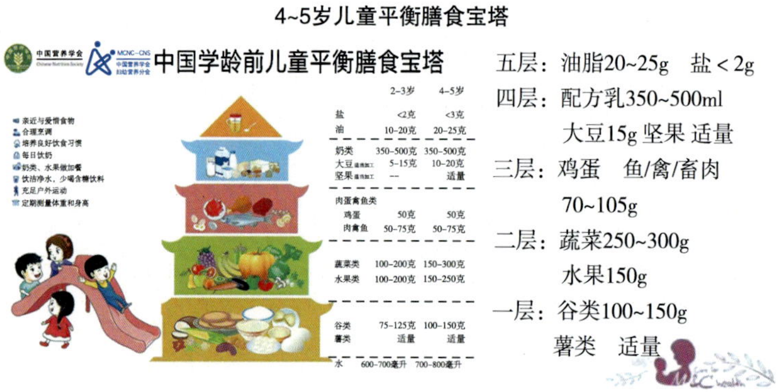

彩图 1-18　中国 4~5 岁学龄前儿童膳食宝塔

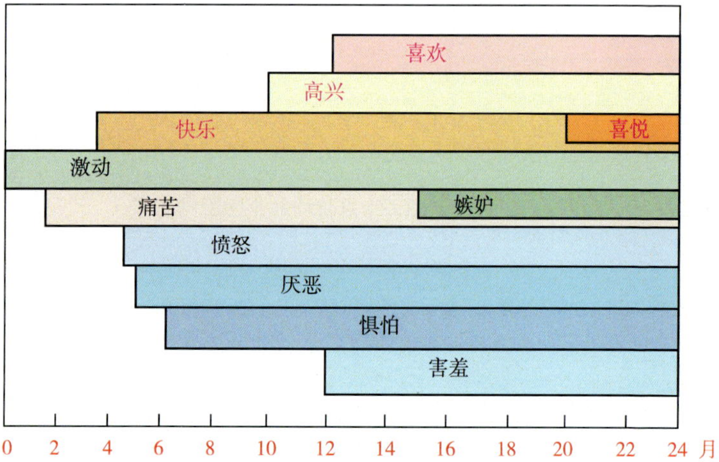

彩图 2-4　婴幼儿情绪分化时间表